東洋古典百選・4

孟 子

金文海 譯解

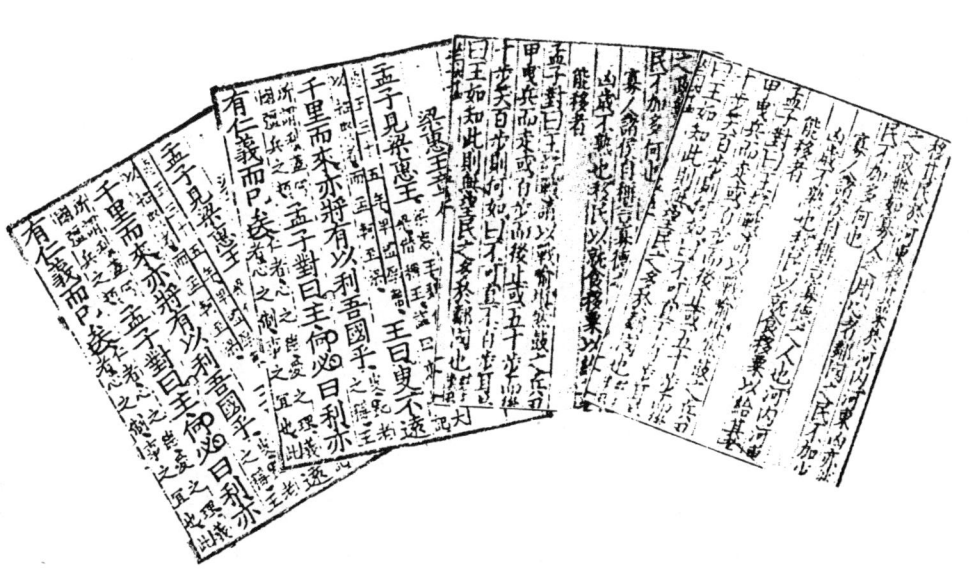

一信書籍出版社

머 리 말

중국 전국시대(戰國時代)의 유교 사상가이며 교육자, 정치가이기도 한 맹자(孟子)를 말할 때 우리는 먼저 맹모삼천지교(孟母三遷之敎)라는 고사(故事)를 생각한다. 그와 함께 성선설(性善說)도 떠올린다. 그 만큼 맹자는 우리 주변에 있다고 볼 수 있다.

성은 맹(孟), 이름은 가(軻), 자는 자여(子輿)인 맹자는,《사기(史記)》의『맹자전(孟子傳)』에 '맹가(孟軻)는 추(鄒)나라 사람으로서 자사(子思)의 문인(門人) 밑에서 학업을 닦은' 사람이라고 전하고 있다. 따라서 맹자는 공자(孔子)의 유교 사상을 계승한 사람이며, 전국시대 제자백가(諸子百家)의 한 사람이다.

약 15년 동안의 편력 후에 제자 교육과 저술 활동을 통하여 펼친 그의 유교 사상은 중국의 정통 사상으로서 하나의 큰 맥을 형성하였다. 특히 맹자의 사상은 인의설(仁義說)과 성선설(性善說), 왕도정치론(王道政治論) 등으로 요약 설명될 수 있다. 이러한 사상은《맹자》7편에 상세하게 서술되어 있다. 물론,《맹자》를 맹자 자신의 저술이라고 보는 견해와 후세들이 맹자의 말을 모아 편찬한 것이라고 보는 견해가 있지만, 이를 떠나서 그 내용에 담긴 사상은 맹자 자신의 것임은 확실하다고 할 수 있다. 유교가 맹자에 의하여 비로소 도덕학(道德學)으로 정립되고, 유가 철학이 하나의 관념론적 이론 체계를 갖추게 되었다는 것도 학계의 정설이다. 이런 의미에서《맹자》라는 책은《논어(論語)》,《대학(大學)》,《중용(中庸)》과 더불어 사서(四書)의 하나로서 유교 경전으로 추존 되고 있다. 유교를 가리켜 공맹지교(孔孟之敎)라고 하는 것 또한 유교 정통 사상으로서의 공자와 맹자의 사상을 중히 여긴 탓이다.

'아무런 교육도 받지 못하고 안일하게 시간만을 보내기만 하면 금수와 다를 바 없다'라는 맹자의 가르침처럼《맹자》속에서 그의 사상을 음미해 보는 것도 의미있는 일일 것이다.

目 次

머리말 …………………………………………… 3
해 제 …………………………………………… 6

梁惠王篇
梁惠王章句 上 …………………………………… 39
梁惠王章句 下 …………………………………… 61

公孫丑篇
公孫丑章句 上 …………………………………… 91
公孫丑章句 下 …………………………………… 115

滕文公篇
滕文公章句 上 …………………………………… 139
滕文公章句 下 …………………………………… 161

離婁篇
　離婁章句　上……………………………………184
　離婁章句　下……………………………………213

萬章篇
　萬章章句　上……………………………………242
　萬章章句　下……………………………………266

告子篇
　告子章句　上……………………………………289
　告子章句　下……………………………………316

盡心篇
　盡心章句　上……………………………………342
　盡心章句　下……………………………………376

《孟子》解題

1. 맹자(孟子)에 대하여

 사서집주(四書集註)가 행해지고 나서 《맹자》는 《논어(論語)》와 아울러 유교(儒敎) 경전(經典) 속의 중요한 서책이 되었으나, 옛날에는 별로 중요시되지 않았던 것 같다.
 《한서(漢書)》의 『예문지(藝文志)』를 조사해 보면, 《논어》는 육예략(六藝略)에 실리고 많은 주석서가 있는 데 반해 《맹자》는 제자략(諸子略) 속에 약간 그 이름을 비칠 뿐이다.
 또 후한(後漢) 말에 채옹(蔡邕)의 석경(石經)이 각립(刻立)되었을 때 《논어》는 이미 새겨져 있었으나, 《맹자》는 훨씬 뒷날 당(唐)의 개성 석경(開成石經)이 만들어졌을 때도 아직 경전 속에 포함되어 있지도 않다.
 그리고 당의 《육전(六典)》에 의하면 《논어》는 당시 대학의 교과에 규정되어 있었으나 《맹자》는 아직 그 속에 들어가 있지 않다. 이러한 사실들은 《맹자》가 《논어》와는 달리 아직도 중요시되지 않았다는 것을 뒷받침하는 것이다.
 《맹자》의 중요성이 인정되기 시작한 것은 당의 한퇴지(韓退之―韓愈)가 그 문장의 교묘함과 이단 배척(異端排斥)의 의기를 칭양(稱揚)하고 스스로도 거기에서 배우려고 한 것이 당초의 시작으로서 그 뒤

송(宋)나라 때에 들어와 학계의 형세가 일변하여 사서가 세상에 널리 받아들여지게 되어 오늘과 같이 저명해졌다.

그리고 만당(晩唐)에 있어서 피일휴(皮日休)가 《맹자》를 과거(科擧)에 추가하려고 주청(奏請)한 일이 있었으나 허용되지 않았고, 송에 들어와서 비로소 이것을 경(經)에 올려 국자감(國子監—大學)에서 간행(刊行)하고, 이어서 신종(神宗)의 시대에 이르러 맹가(孟軻)를 공자에 배향(配享)케 하고 과거 시험에도 《맹자》를 두게 되어 비로소 《맹자》의 지위가 높여졌다. 그러나 그것이 가장 널리 읽히게 된 것은 주자(朱子)의 집주(集註)가 이루어진 데서 비롯된다.

당 이전에 나온 《맹자》의 주석서로는 후한(後漢)의 정회(程會)가 쓴 맹자 장구(孟子章句), 정현(鄭玄)의 맹자주(孟子註), 조기(趙岐)의 맹자 장구, 고유(高誘)의 맹자 장구, 유희(劉熙)의 맹자주, 진(晋)의 기무수(綦毋邃)의 맹자주, 당의 육선경(陸善經)의 맹자주, 장일(張鎰) 및 정공저(丁公著)의 맹자 음의(孟子音義) 등을 들 수 있는데, 그 가운데 현존하는 것은 단지 조기(趙岐)의 장구(章句) 하나뿐이고 다른 것은 모두 전해지지 않는다.

송 이후 맹자의 주석서는 점점 많아지고 오늘날에 전해지고 있는 것도 상당히 많은데, 그 대표적인 것은 역시 주자(朱子)의 집주(集註)이며, 조기(趙岐)의 장구(章句)를 고주(古註)라고 일컫는 데 대해 주자의 집주는 신주(新註)라고 일컫는다.

신주는 주자 특유의 철학으로 《맹자》를 설명한 것으로서 청신한 느낌은 있지만, 그 텍스트는 역시 조기본(趙岐本)으로서 문자의 훈고(訓詁)·해석도 대체로 조기(趙岐)의 주(註)를 따르고 있다. 따라서 《맹자》를 《맹자》 자체의 형태로 구명하려고 하면 역시 조기의 장구로부터 들어가지 않으면 안 된다. 그래서 조기 장구의 선본(善本)을 구하는 것이 《맹자》 연구의 첫걸음이 되는 셈이다.

《맹자》의 해석에 있어서 조주(趙註)를 기초로 해야 한다는 것은 이의가 없는데, 조주에 입각해서 훈고학적(訓詁學的)으로 고증을 가한 것으로 초순(焦循)의 맹자 정의(孟子正義)가 있다. 초순은 건륭(乾隆) 중의 학자로서 정의 안에는 그 이전의 고증이 망라되어 있으므로 그 후의 연구를 참고로 하여 수정을 가하면 대략 정곡을 잃지 않은 해석을 얻을 수 있게 된다.

맹자(孟子)의 생애에 대해서는 논란의 여지가 있으나 비교적 정돈된 기록인 《사기(史記)》의 연표와 《죽서(竹書)기년(紀年)》의 비교를 통해 고찰해 보기로 하자.

《사기(史記)》의 『맹자전(孟子傳)』에

'맹가(孟軻)는 추(鄒)나라 사람으로서 자사(子思)의 문인(門人) 밑에서 학업을 닦았으며 도(道)를 통하게 되어 제(齊)나라로 가서 선왕(宣王)을 섬겼으나 등용되지 못하자 양(梁)나라로 갔다. 양나라 혜왕(惠王)은 그 가르침이 세상 실정에 맞지 않는다 하여 돌아보지 않았다. 그래서 뜻을 당세와 단절하여 물러앉아 만장(萬章) 등과 시서(詩書)를 풀이하고 공자의 뜻을 펴서 《맹자》 7편을 지었다.'

라고 하고, 〈육국표(六國表)〉에서는 그가 양나라에 간 해를 양혜왕 35년(전 336)이라고 하고 있으니까 제나라에 간 것은 그보다 얼마쯤 전일 것이다.

그러나 여기에서 수상쩍은 것은 《맹자》의 『양혜왕 장구 상편(梁惠王章句 上篇)』 제 5 장을 보면 혜왕은 맹자에 대해

"그런데 내 대(代)에 들어와서 동쪽으로는 제나라에 패해서 태자까지 죽었습니다. 서쪽으로는 진(秦)나라에 7백 리의 영토를 잃었으며, 남쪽으로는 초(楚)나라에 욕됨을 받게 됐습니다. 과인은 이를 부끄럽게 생각하고, 죽은 사람의 영혼을 위로하기 위해서라도 한 번 설욕(雪)을 하고 싶습니다."

라고 말하고 있는데, 이 말은 〈육국표〉에 의하면 양왕(襄王) 5년에 하서(河西)의 땅 소량(少梁)을 진(秦)에게 주고 7년에 상군(上郡)을 진에게 바친 일, 또 같은 양왕 12년에 초(楚)가 위(魏)의 양릉(襄陵)을 무찌른 것을 말하는 것으로서 모두 혜왕이 죽은 뒤의 사건이다.

따라서 양왕의 즉위 전에 혜왕이 이것을 말할 까닭이 없다. 이것은 《맹자》와 《사기》가 일치하지 않는 점으로서 《맹자》의 기사가 후세의 손으로 만들어진 것이거나 《사기》의 연표에 잘못이 있거나 둘 중의 하

나임이 분명하다.

 그러나 나중에 설명하겠지만 《맹자》 7편은 꽤 믿을 수 있는 서책이므로 잘못은 차라리 《사기》 쪽에 있을 것으로 생각된다.

 사기의 〈육국표〉는 그 서문을 보면 진나라 때 6국의 기록이 모두 불에 타 없어져서 전해지지 않았기 때문에 사마천이 이 연표를 만듦에 있어서 꽤 고심한 것으로서 겨우 불완전한 진기(秦記)에 의거하여 전국 종횡가의 언설을 참고로 하여 만든 것이라고 하였으며, 그 기년은 때로 세가(世家)의 기사와 모순되는 점도 있어서 오류가 없다고는 보증할 수가 없다.

 그리고 사마천 때는 아직 세상에 나오지 않았기 때문에 진대(晋代)에 와서 흡군(汲郡)의 부준(不準)이라는 사람이 흡현(汲縣— 지금의 하남성 흡현의 서남쪽)의 구총(舊塚)을 들추어 낡은 〈기년〉을 발굴하였다.

 이 〈기년〉은 그것이 죽간(竹簡)에 적혀 있었기 때문에 〈죽서 기년(竹書紀年)〉이라고도 불리며 그 발굴된 연대는 진(晋)의 함녕(咸寧) 5년(서기 279)이라고도 하고, 태강(太康) 원년 또는 2년(서기 280 또는 281)이라고도 하고, 그 발굴된 구총은 위(魏)의 양왕의 무덤, 또는 안리왕(安釐王)의 무덤이라고도 전해지고 있는데, 이른바 〈죽서 기년〉의 기재는 양왕 20년에 끝났다고 하니까 아마 양왕의 무덤이었을 것이다. 이 〈죽서 기년〉은 지금은 전해지고 있지 않지만 두예(杜預)의 《좌전 후서(左傳後序)》에 소개된 글과 《사기》의 색인 속에 나오는 단편에 따라 그 내용의 일부를 엿볼 수 있다.

 그런데 이 〈기년〉의 내용을 《사기》의 〈육국표〉와 비교하면, 〈육국표〉에서는 위(魏), 즉 양(梁)의 세차(世次)는 혜왕 36년, 양왕 16년, 애왕(哀王) 23년으로 되어 있는데 〈기년〉에는 혜성왕(惠成王)은 36년에 개원(改元)하여 그 후 16년 계속되었고 다음에 금왕(今王)을 들고 있다.

 이른바 금왕은 혜성왕의 아들인 양왕을 말하며 이렇게 보면 〈육국표〉의 양왕의 연대는 혜성왕의 후원(後元) 16년에 해당하며 〈육국표〉의 애왕이 양왕에 해당하는 것이 된다. 따라서 〈육국표〉가 양왕의 치세에 지배했던 소량이나 상군을 진(秦)에 할양한 일이나, 초(楚)를 위해 양릉을 공격한 사실은 〈기년〉에 의하면 혜성왕 후원 중의 일로서 혜왕이 맹자에 대해 "서쪽 땅을 진나라에게 7백 리 잃고 남쪽은 초나라에게 욕을 당했다."고 말한 것도 있을 수 있는 일이다.

또 〈육국표〉에 따르면 양(梁―魏)이 왕호(王號)를 칭한 것은 양왕의 원년 이후의 일이지만 〈기년〉에서는 혜성왕이 개원한 뒤는 왕호를 칭한 것으로 되어 있어 이것도 맹자가 양혜왕을 불러 '왕'이라고 칭하고 있는 것과 일치한다. 이런 것으로 미루어 생각해 보면 〈육국표〉보다는 〈기년〉쪽이 《맹자》의 기재와 잘 부합되므로 〈기년〉의 세차가 옳을 것이다.

글자 중에서 양(襄)과 애(哀)는 형태가 비슷하므로 혼동되기 쉽다. 《노자》제69장에 '抗兵相加 哀者勝矣'라고 되어 있는 '애자(哀者)'는 '양자(襄者)'의 잘못으로서 '물려주는[讓] 자'라는 뜻이라고 하는데, 이것이 양(襄)과 애(哀)가 잘못된 한 예로서 애왕(哀王)이 〈죽서기년〉이나 〈세본(世本)〉에는 없고 다만 《사기(史記)》에만 있는 점을 고려하면 사마천은 양왕(襄王)을 혼동하여 애왕(哀王)으로 만든 기록을 보고 양왕(襄王) 이외에 애왕(哀王)이 있는 것으로 판단하고 마침내 혜왕의 후원 16년을 양왕(襄王)에 배속시켰을 것이라는 학설이 지배적이다. 요컨대 위(魏), 즉 양(梁)의 세차는 《사기》보다도 〈죽서 기년〉쪽이 바르다.

〈죽서 기년〉은 위왕의 능묘에서 발굴된 위(魏)의 역사이므로 위의 세차에 잘못이 없으리라는 것은 수긍이 되지만, 이것을 《맹자》와 비교하면 제왕(齊王)의 세차도 또 《사기》보다는 신용을 할 수 있을 것 같다.

제왕(齊王)의 연대에 대해서 사기에 기재된 의심스러운 점은 연상(燕相) 자지(子之)가 나라를 빼앗고 제(齊)로부터 토벌된 것을 《사기》는 제의 민왕(湣王) 때로 규정하고 있으나, 《맹자》는 이것을 선왕(宣王) 시대의 사건으로 보고 있다는 것이다.

《전국책(戰國策)》의 연책(燕策)에 연왕(燕王) 쾌(噲)가 자지(子之)에게 나라를 물려주고 자지가 국정을 전횡하여 나라가 어려워졌기 때문에 제의 선왕(宣王)이 장자(章子)에게 명하여 오도(五都)의 병마를 거느리고 이를 치게 한 기재가 있는데 이것을 선왕의 시대라고 하는 것은 《맹자》와는 일치하지만 《사기》와는 합치하지 않는다.

그리고 《사기》에 의하면 선왕의 치세는 양혜왕의 29년(전 342년)부터 후원(後元) 12년(전 324년)에 이르는 19년간이지만 〈죽서 기년〉에 의하면 양 혜성왕의 후원 16년(전 320년) 이후로 되어 있어서 22년이 밀려나 연왕 쾌(噲)와 거의 동시대의 사람이 되는데 이 점에 있어서도 〈죽서 기년〉은 《맹자》의 기재와 일치하고 또 《전국책》과도 부합하지만 〈육국표〉와는 맞지 않는다.

또 《장자(莊子)》의 『거협(胠篋)』편에 '전성자(田成子)가 제의 임금을 죽이고 그 나라를 훔친 뒤 12세(世) 동안 제나라를 유지했다.'라고 되어 있는데 《사기》에 의하면 전성자에서 제의 멸망까지 전성자, 전양자(田襄子), 전장자(田莊子), 태공화(太公和), 환공(桓公), 위왕(威王), 선왕, 민왕, 양왕, 왕건(王建)의 10세 밖에 없지만 《사기》 전경중 완세가(田敬仲完世家)의 색인에 인용된 〈죽서 기년〉에 의하면 전장자와 태공화 사이에 전도자(田悼子)가 있고 태공화와 환공 사이에 전후염(田侯剡)이 있어서 모두 12세가 된다.

이것은 제왕(齊王)의 세차대수도 사기보다는 〈죽서 기년〉쪽이 선진(先秦) 문헌과 일치한다는 증거이다.

이를 미루어보아 제왕의 연대도 〈죽서 기년〉쪽이 더 신용할 만한 것인 듯하다.

따라서 〈죽서 기년〉의 일문(逸文)을 모아 〈육국표〉를 정정하고 여기에 《맹자》 7편 중의 사적을 안배하면 대략 다음과 같은 연표가 얻어지며 이것에 따라 맹자 유력(遊歷)의 전후 순서를 밝힐 수가 있다.

맹자 유력 연표

서기전	梁	齊	紀年(史記)	孟子
336	惠侯35	20	(孟子遊梁)	
334	惠成王1	22	(魏與諸侯會以相王)	
330	5	26	(魏與秦河西少梁)	

328	7	28	(魏入上郡于秦)	
323	12	33	(楚破魏襄陵)	
321	14	35		○孟子見梁惠王. (梁惠王上第1章)
320	15	36	齊威王薨去.	○梁惠王曰, 及寡人之身, 西喪地于秦云云. (梁惠王上第5章)
319	16 宣王1		(燕王噲元年)	○孟子見梁襄王, 曰, 望之不似人君, 乃之齊. (梁惠王上第6章)
316	襄王3	4	(燕王噲讓國其臣子之)	○沈同以私問曰, 燕可伐與. (公孫丑下第8章)
314	5	6	(齊人禽子之而醢其身)	○齊人伐燕勝之. (梁惠王下第10章)
312	7	8	楚景翠圍雍氏, 秦助.	○孟子之宋, 宋牼將之楚, 遇於石丘. 宋牼曰, 秦楚構兵, 我將說而罷之. (告子下第4章)
308	11	12		○滕文公爲世子, 過宋而見孟子. (滕文公上第1章)
306	13	14		○滕定公薨. 然友至鄒問葬事於孟子. (滕文公上第2章)
304	15	16		○孟子之滕, 館上宮. (盡心下第30章)

303	16	17	(魯平公 20 年卒)	○魯欲使樂正子爲政. 孟子喜而不寐.(告子下第 13 章)
301	18	19		○魯平公將見孟子, 嬖人臧倉沮之.(梁惠王下第 16 章)
299	20			

【註】〈죽서 기년〉은 금왕 20년으로 끝나고 있으나 금왕은 양의 양왕(襄王)에 해당한다. 〈기년〉은 제의 선왕이 언제까지 있었는지 밝히고 있지 않다. 금왕의 20년에는 아직 생존하고 있었던 모양이지만 《사기》는 선왕의 재위를 19년으로 끝내고 있다.

위는 〈죽서 기년〉의 일문을 모아 양·제의 세차를 정하고 여기에 《맹자》 7편 중의 기사를 안배한 것으로서 《사기》의 연표와 일치하지 않는 점이 많다.

《사기》에 의하면 맹자가 양에 간 것은 혜왕 35년으로 되어 있고 양이 왕호를 칭한 것은 그 2년 후라고 했는데 맹자는 언제나 양의 혜를 왕이라고 부르고 있고, 혜왕이 맹자에 대해 "자기의 대(代)에 와서 진(秦)에게 땅을 빼앗기고 초(楚)로부터도 욕을 당하고 있으니까 어떻게 해서든지 이 치욕을 씻고 싶다."라고 하고 있는 것을 아울러 생각하면 혜왕의 35년이라는 것은 혜왕의 후원(後元) 15년의 잘못일 것이다.

맹자는 양혜왕의 후원 15년(전 321)에 양나라에 갔으나 왕은 그 다음해에 죽고 그 아들 양왕이 들어섰다. 맹자는 양왕의 사람됨이 군주에 어울리지 않는다고 하여 곧 양을 떠나 제(齊)로 가서 선왕(宣王)을 만났다. 이때 왕은 즉위한 지 얼마 안 되었을 때로서 제환(齊桓)·진문(晋文)의 패업을 꿈꾸고 있었으나 맹자는 이것을 배척하고 왕도(王道)를 역설했다.

그러나 왕의 꿈은 좀처럼 깨어나지 않아 때마침 이웃나라 연(燕)에서 대신 자지(子之)가 국정을 전횡하여 공자 평(平)을 죽이려고 한 것을 틈타 연을 치고 자지를 사로잡아 이를 죽였다.

이 싸움은 겉으로는 정의를 위장했으나 실은 연을 취할 목적으로 계획된 것으로서 맹자는 이에 반대했으나 왕은 자기의 뜻을 관철시켰다. 그리고 그 결과 연인(燕人)은 왕에 거역하고 제후는 연을 구하였고 맹자도 그 간언이 받아들여지지 않았으므로 제를 떠났다. 맹자가 제에 있었던 것은 5, 6년 동안이었을 것이다.

그 뒤 맹자는 어디로 갔는지 명료하지 않지만 『고자 하편(告子下篇)』제 4 장에 맹자가 석구(石丘)라는 곳에서 송경〔宋牼―《순자비(荀子非)》『십이자편』의 송견(宋鈃), 《한비자(韓非子)》『현학편』의 송영자(宋榮子)와 동일인〕을 만나 어디로 가는가고 묻자 송경은 진과 초가 싸움을 시작했으므로 이를 말리러 간다고 대답했다는 얘기가 나와 있다.

이 진과 초의 싸움은 제선왕 8년에 초의 경취(景翠)가 한(韓)의 옹(雍)씨를 포위했으므로 진이 한을 도와 초를 친 것을 가리키는 모양으로 송경은 송나라 사람이므로 이때 맹자는 송에 있었던 것 같다. 그리고 이 송에 있는 동안에 등(騰)의 정공(定公)의 세자 문공(文公)에게 알려져 그 뒤 맹자는 추(鄒)로 돌아간 듯하지만 등의 정공이 죽자 문공은 사절을 보내어 장례를 의논하였고 이윽고 맹자도 등으로 갔다. 여기에서 맹자는 문공의 자문에 응함과 동시에 허행(許行)의 이단을 평하고 있다. 이러한 사적은 언제 일어났는지 명확하지 않지만 제를 떠나 노(魯)의 평공(平公)에게 알려지기까지의 사이였음은 틀림이 없다.

노의 평공은 《사기》의 〈육국표〉에서는 주(周)의 난왕(赧王) 원년부터 19년까지 (전 314~296) 재위한 것으로 되어 있으나 노의 세가에서는 주의 현왕(顯王) 47년(전 322)에 즉위하여 난왕 12년(전 303)에 죽은 것으로 되어 있다. 과연 어느 것이 옳은지는 모르지만 지금은 노의 세가를 따랐다.

『고자(告子) 하편』제13장에, 노가 악정자(樂正子)에게 정사를 맡긴다고 하는 것을 듣고 맹자는 너무 기뻐서 잠을 이루지 못했다고 적고 『양혜왕 하편』제16장에 악정자의 권고에 따라 노의 평공은 맹자를 만나려고 했으나 폐인(嬖人) 장창(臧倉)의 방해로 이루지 못하고 맹자도 "내가 노나라 제후를 만나지 못한 것은 하늘의 뜻."이라고 체념했다고 기술된 것은 아마도 맹자의 사적으로서 알려진 마지막 것이리라.

이상의 논술에서 알 수 있는 것은 《맹자》 7편 중에 실린 맹자의 족적은 기원전 321년부터 303년에 이르는 19년간에 한정되어 있다고 말할 수 있다. 그리고 이것만이 맹자의 사적 중에서 확실한 부분이고 그 밖에 갖가지 이설이 있지만 이것은 의심의 여지가 있는 것들이다.

여기에 또 하나 짚고 넘어가야 할 것은 《사기》의 『맹자전』에는 맹자는 먼저 제에 가고 나중에 양에 갔다고 되어 있는데, 그것은 〈육국표〉 때문에 잘못된 귀결로서 《맹자》 7편의 기사하고도 모순되는 것이다. 만일 먼저 제에 갔다고 한다면 제선(齊宣)을 양혜(梁惠) 이전에 놓아야 할 것이지만 그렇게 하면 맹자가 선왕(宣王) 때의 일이라고 분명히 말하고 있는 벌연(伐燕)을 민왕(湣王) 때의 일로 하지 않으면 안 된다. 이것은 아무리 설명해도 모순이라고 하지 않을 수 없다.

사마광(司馬光)의 《자치(資治) 통감》은 선왕의 재위 연수를 늘려 맹자와 만나게 하려고 시도했고 염약거(閻若璩)의 맹자 생졸 연월고(生卒年月考)는 벌연 관계의 기사를 선왕의 치세로 끌어 올려 앞뒤를 맞추려 했지만 필경은 억측에 지나지 않고 근거가 없다. 그리고 이러한 모순은 〈육국표〉를 버리고 진본의 〈죽서 기년〉에 의거함으로써만 해결되는 것이다.

이번에는 《孟子》 7편의 서(書)의 진위(眞僞)에 대한 여러가지 이설을 살펴 보기로 하자.

《사기》의 『맹자전』이나 조주(趙注) 《맹자》의 제사(題辭)에 따르면 사마천도 조기(趙岐)도 7편의 서를 맹자가 직접 편찬한 것으로 생각했던 것 같고, 송의 주자(朱子)도 그렇게 생각했다. 또 청의 염약거도 《논어》에는 공자의 거동이 씌어져 있지만, 《맹자》 7편 중에는 다만 언론이나 출처만을 적고 있을 뿐 용모에는 언급하고 있지 않다. 이것은 《논어》가 후세 사람의 편찬으로 이루어졌음에 비해 7편의 서는 맹가 자신의 손으로 되었음을 증명하는 것이라고 말하고 있다.

예로부터 《맹자》 7편은 맹가의 손으로 되었다고 여겨져 왔음은 상술한 바와 같지만 이에 대한 이의가 없는 것도 아니다.

청유(淸儒) 최술(崔述)은 세 가지 이유를 들어 《맹자》가 맹가 자신의 저작이라고 하는 것에 대해 반대하고 있다. 그 이유란 첫째, 7편 중에는 우(禹)가 여한(汝漢)을 결하고 회사(淮泗)를 배(排)하여 강(양자강)으로 흘렀다고 말하고 이윤(伊尹)이 다섯 차례 탕(湯)에 붙고 다섯 차례 걸(桀)에 붙었다는 기사가 있어서 맹자의 자저로는 생각할 수 없다는 것, 둘째, 7편중 열국의 군주를 부르는데 모두 그 시호(諡號)로 쓰고 있다는 것, 셋째, 7편 가운데는 맹자의 문인(門人) 악정자(樂正子)·공도자(公都子) 등이 자(子)라고 존칭되고 있는데 이것은 스승인 맹자가 사용할 수 있는 칭호는 아니라는 등의 세 가지다.

이상 세 가지 이유 중에서 첫째 것은 맹자의 자저라는 것을 부정하는 이유가 되지는 않지만, 둘째 번과 셋째 번의 주장은 확실히 그 이유로 들 수가 있다.

《사기》의 『맹자 열전』에 의하면 사마천이 본 《맹자》의 서는 7편으로서 그 내용도 현행본과 일치하는 모양이지만 《한서(漢書)》『예문지(藝文志)』에 실린 맹자는 11편으로서 지금보다는 4편이 많다. 후한(後漢)의 조기(趙岐)가 지은 《맹자 제사(孟子題辭)》에 따르면 그가 본 책에는 현행 7편 외에 성선(性善)·변문(辨文)·설효경(說孝經)·위정(爲正)이라는 제목의 4편이 있는데 그 문장은 내편(內篇)과 비슷하지 않아 《맹자》의 본진(本眞)이 아닌 것 같다고 말했다.

이른바 외서(外書) 4편에 현행본 7편을 더하면 11편이 되니까 《한서(漢書)》에 11편이라고 적힌 책도 현행본에 외서를 추가한 것일 것이다.

대저 《한서》에 수록된 서적은 한대에 교정 보족된 책으로서 사마천이 본 책보다 분량은 늘어나 있지만 질에 있어서는 옥석을 가리지 못한 것이 보통이어서 《맹자》 11편도 그 예에서 벗어나지 못한 것이리라.

그러나 현행본은 조기(趙岐)가 불필요한 부분을 제거하고 신용할 만한 부분만을 남긴 것으로서 그 내용으로 보나 그 체제로 보나 의심할 여지가 없는 것이다.

2. 《맹자(孟子)》 소고(小考)

(1) 《맹자》 7편에 대하여

당초 《맹자》 7편의 편명은 《논어》의 그것을 본따 편수(篇首)의 말을 따서 편명으로 한 것으로서 편명 그 자체는 아무런 특별한 의미를 가진 것이 아니다. 《사기》의 『맹·순 열전』에는 "《맹자》 7편을 만들다." 라고 되어 있는데 《사기》의 성립보다는 훨씬 이르게 7편은 완성되어 있었던 것이 틀림없다. 그 7편을 학자들의 연구를 종합해서 개술해 보면 우선 최초의 『양혜왕편(梁惠王篇)』은 맹자 일대의 제국 유력기(諸國遊歷記)라고도 할 수 있는 것으로 양(梁)·제(齊)·추(鄒)·등(滕)·노(魯)라는 식으로 유력순으로 정리되어 있고 그들 제국의 군주와의 사이에 주고받은 문답이 실로 생동감 있는 문장으로 자세하게 서술되어 있어서 당시를 방불케 하는 박진감이 있고, 매우 잘 정리된 기록이다. 이것만으로도 족히 독립된 단행본이 될 수 있는 것이다.

다음의 『공손추편(公孫丑篇)』은 아마도 공손추가 필록한 것에 바탕한 것인 듯 공손추의 향관인 제(齊)에 관한 기사가 많다.

『만장편(萬章篇)』도 또한 마찬가지로 문인 만장의 필록을 바탕으로 한 것으로 생각된다.

『등문공편(滕文公篇)』도 등나라에 관계된 기사가 많은 것으로 보아 누군가 특정한 사람이 있어서 정리한 필록에 바탕한 것으로 생각되고 그밖에 『이루(離婁)』·『고자(告子)』·『진심(盡心)』 등의 3편은 대개 짧은 훈화를 모은 것이다.

특히 마지막의 『진심편』은 『양혜왕편』 등과는 달리 정치적인 관심이 희박해진 은퇴 후의 말인 듯, 주로 개인적인 수양에 관한 것이 많이 기술되어 있다.

이들 7편은 맹자 자신의 저술은 아니지만 적어도 맹자의 제자나 재전

(再傳)의 제자(제자의 제자)가 몇몇 필록을 바탕으로 편찬한 것인 듯하다. 모두가 뛰어나게 생동감을 지닌 신용할 만한 자료의 집대성이며 맹자라는 사람의 풍모가 잘 나타나는 언행록이다.

사마천의 《사기》에는 "맹자는 은퇴하여 만장 등의 제자와 시(詩) 서(書)를 풀이하고 공자의 뜻을 펴서 《맹자》 7편을 지었다."라고 적혀 있어서 이 7편은 맹자의 자저로 간주되고 있다. 예로부터 줄곧 맹자의 자저로 간주되어 올 만큼 그야말로 생생하게 서술되어 있고 매우 잘 정리된 신용할 만한 문헌이기는 하지만 이 7편은 한 사람의 손으로 만들어진 것이 아니라 이를테면 일종의 '결집' 같은 형태로 몇 사람의 손으로 꽤 일찍이 정리되어서 이루어진 것으로 생각된다.

(2) 『양혜왕편』

1) 제의 선왕(宣王)에 대하여

제의 선왕과 맹자 사이의 문답은 『양혜왕 상편』에는 1장, 하편에는 11장, 도합 12장이나 있어서 양적으로 보아서는 실로 전체의 3분의 2를 차지하고 있어서 압도적으로 많지만 다만 편명이 되지 않은 것은 상편의 제1장으로 된 것이 없었기 때문이다.

그러저나 제의 선왕과의 교류가 어째서 이토록 대량으로 기록되고 채택되게 되었을까?

그 이유는 다음과 같이 정리할 수 있다.

① 맹자는 선왕에게 상당한 기대를 가졌다는 것.
② 제(齊)가 강대한 나라였다는 것.
③ 국빈으로 대우 받는 등 제에 오래 머물러 있었다는 것.
④ 제의 도읍 임치(臨淄)는 이른바 직하(稷下)의 학자가 운집하여 백가 쟁명(百家爭鳴)의 장관을 드러내고 있던 사상 학술의 중심지였다는 것.

그런데 여기에 한 가지 문제가 있다. 그것은 제선왕과의 문답은 전술한 바와 같이 『양혜왕편』에 잘 정리되어 있는데도 예외로서, 『공손추 하편』, 『이루 하편』, 『만장 하편』 등에 각각 한 장씩 산재하는 것은 어떤 의미가 있는가 하는 것이다.

우선 첫째로 『공손추 하편』 제4장은 제의 평륙(平陸)의 대부 공거심이 자기의 책임을 통절히 느끼고 있는 양리(良吏)인 사실을 맹자가 칭찬하여 왕의 책임을 물은 문답인데 장 가운데 나오는 세 개의 '王' 자는 분명히 선왕을 가리키고 있음을 알 수가 있는 것이다. 『공손추편』은 제나라 관계의 기사가 많으며 공손추의 필록에 의한 것이라고 여겨지는데, 이 장은 제의 가신 공거심과의 문답이 주된 내용이며 제왕은 그것을 듣고 '此則寡人之罪也'라고 대답했을 뿐인 단순한 후일담으로서 『양혜왕편』 등에 채택될 성질이 아니므로 다른 일련의 기사와 함께 『공손추편』에 남게 되었을 것이다.

다음에, 『이루 하편』 제3장은 악덕한 군주를 원수로 간주하는 격렬한 주장인데, 『이루 하편』 제4장·제5장과 함께 군덕(君德)의 중요성을 역설한 것이기 때문에, 하나의 주제로서 한군데에 정리된 것이다.

그리고 『만장 하편』 제9장은 군주의 폐립을 시인하는 혁명과 통하는 사상인데 아마도 만장이 필록한 것이라고 생각된다. 어째서 여기에 놓았는지 편찬자의 의도를 분명히 알 수는 없지만 원래 만장이 필록한 것이 매우 많은 『만장편』이고 보니까 그대로 『만장편』에 남겨져서, 이를테면 이 편의 마지막을 장식하게 된 것이라고 여겨진다.

이상을 요약해 보면 제선왕과의 문답은 『양혜왕편』에는 12장이나 있어서 편 전체의 3분의 2를 차지한다. 이것은 당시 제가 강대국이며 그 도읍은 중국의 사상·학술의 중심지이고, 맹자는 선왕에게 상당한 기대를 가지고 있어서 그 체재 기간도 길고 왕과의 교류도 많았기 때문이라고 생각된다. 그리고 또 그러한 선왕과의 문답 형식에는 두 종류가 있으므로 필록자도 각각 다른 사람이었으리라고 생각된다.

2) 등문공에 대하여

등문공에 대해서는 『등문공 상편』 제1장·제2장·제3장의 세 장에 기재되어 있고 제4장도 또 그 내용으로 보면 문공과 관계가 깊다. 이에 대해 『양혜왕 하편』에는 맹자와 등문공의 문답은 제13장·제14장·제15장의 세 장, 즉 절반이 수록되었다.

『등문공편』에 있는 세 장은 문공(文公)이 아직도 세자(태자)였던 때의 맹자와의 첫 접견이나, 맹자의 주장에 따라 부군(父君) 정공(定公)에게 복상(服喪)한 용단, 그리고 즉위하여 갓 군주가 되었을 때 필요한 마음가짐에 대해 맹자에게 가르침을 청한 일 등이 그 내용이다. 모두 문공의 초기 시대에 관한 것들이다.

그러나 『양혜왕편』에 있는 세 장은 문공이 드디어 소국 등(滕)의 본격적인 군주가 되어 강대한 제와 초 두 나라 사이에 끼여 그 압력에 대한 대책에 전전 긍긍하여 노심 초사하는 모습이 여실히 나타난다. 따라서 이 세 장은 이를테면 후기의 것이다.

등의 문공은 세자 때부터 맹자를 존경하고 또 친자(親炙)한 사람이므로 그같은 관계나 친밀한 교류 등에 대한 기사가 있는 것은 당연하고 또 실제로 그러한 기사가 전해지고 있는 이상 누군가 특정한 사람이 있어서 그러한 일들을 필록했으리라는 것은 충분히 헤아릴 수 있는 일이다.

그러한 등과의 관계의 필록을 바탕으로『양혜왕편』의 편찬자는 등의 문공에 관한 초기의 기록인 세 장은 그대로 현재의『등문공편』에 남겨두고, 후기의 기록인 세 장만을 골라내어『양혜왕편』으로 옮기고, 다시 마찬가지로 각기 조심스럽게 고른 제의 선왕 관계의 것 열두 장, 양의 혜왕·양왕 부자 관계의 것 여섯 장을 합하고 거기에 추의 목공(穆公)·노의 평공(平公) 관계의 것 각각 한 장씩을 추가, 모두 스물세 장을 가지고 하나의 편으로 편성한 것이『양혜왕편』일 것이다. 그리고 그것이 나중에 조기의 손으로 상·하로 나누어져서『양혜왕 상편·하편』이 되었다.

다시 정리해서 말하면 등의 문공과의 문답은 여섯 장이 있는데 문공이 군주가 된 뒤인 후기의 것, 즉 제·초의 양대국 사이에 낀 소국 등(滕)의 심각한 고민을 말해 주는 세 장만이『양혜왕편』에 뽑혀서 수록되고, 세자(태자) 시대 등의 초기의 세 장은 등(滕) 관계를 중심으로 하여 정리된『등문공편』에 그대로 남겨졌다.

3) 송(宋)과 설(薛)에 대하여

解題 21

『양혜왕편』을 읽고 조금 마음에 걸리는 것은 송이나 설 등의 군주, 특히 송군(宋君)에 관한 기사가 전혀 기재되지 않았다는 사실이다.

노(魯)의 평공의 경우에는 문인 악정자가 노우 정경(正卿)이 되어 그의 주선으로 평공의 맹자 방문이 실현될 듯 했으나 방문 직전에 폐인(嬖人)의 간계 때문에 끝내 실현되지 못했다는 이야기가 『양혜왕 하편』 말의 제16장에 기재되어 있지만, 송군에 대해서는 전혀 기재되지 않았다.

맹자는 제에서 송나라로 와서 잠시 거주했던 것 같다. 등의 문공이 세자 때 송나라에 들러 맹자와 접견한 것은 『등문공 상편』 제1장에도 나와 있고, 유명한 비전론자(非戰論者) 송경(宋牼)을 석구(石丘)에서 만나 문답을 나눈 사실이 『고자 하편』 제4장에 나와 있는데, 송경은 송나라 사람이므로 석구라는 곳도 아마 송의 지명이며, 따라서 맹자가 송나라에 있었을 때의 일이라고 추측된다.

또 문인 만장이 송을 위해서 강대한 제·초 두 나라에 대한 대응책을 맹자와 상의한 이야기가 『등문공 하편』 제5장에 실려 있고 뿐만 아니라 송을 떠날 때는 칠십일(七十鎰——鎰은 스물넉 냥쭝)의 돈을 전별금으로 받았다는 이야기가 『공손추 하편』 제3장에 기재되었다.

더욱이 『등문공 하편』 제5장을 보면, "송나라는 조그만 나라입니다. 이제 왕정(王政)을 실행하려고 하나……."하고 문인 만장이 말하고 있는 것으로 보아도 맹자가 송나라에 있었던 것은 확실하며 송의 군주와도 꽤 깊은 관계와 교류가 있었던 것으로 생각되는데, 그것들에 대해서 구체적으로는 아무런 기재도 남지 않았다.

접견을 했다고 하더라도 특별한 일이 없었기 때문에 필록하지 않은 것인지 아니면 또 필록은 있었으나 편찬자가 채택하지 않아 『양혜왕편』에 기재되지 않은 것인지 그것은 알 수가 없다. 따라서 일단 송에서는 다른 나라에서와는 달리 특필할 만한 것이 없었다고 해석하는 것이 좋을 것이다.

설(薛)의 경우도 마찬가지로 잠시 동안은 체재했던 모양으로, 설군(薛君)으로부터 오십일(五十鎰)의 전별금을 받았다. 『공손추 하편』 제3장에 있는 이 기사는 맹자의 유력이 제에서 송, 송에서 설로 이어졌음을 명백히 보여주며, 또 그 전별금의 액수도 제는 겸금(兼金──값이 보통의 갑절이나 되는 좋은 황금) 1백, 송은 70, 설은 50으로 나라의 대소에 따라 비례하고 있는데, 제와는 비교도 안 될 정도의 소국인 설이 오십일의 전별금을 보낸 것은 맹자에게 상당한 호의와 경의를 가졌던 것으로 추측된다.

설은 송나라와는 비교도 안 될 만큼 작은 나라이며 체류기간 역시 송나라에서보다는 훨씬 짧았을 것이다. 설군에 대한 기사가 없는 것은 송보다도 더욱 특필할 만한 일이 없었기 때문이라고 생각된다.

이를 다시 요약하면 송(宋)이나 설(薛) 등의 군주와의 문답도 혹은 있었는지 모르지만 특필할 만한 것이 못되었는지 『양혜왕편』에는 하나도 수록되지 않았다.

여기에 반해 노(魯)의 평공(平公)과의 경위는 문인 악정자의 주선에 의해 평공이 맹자를 방문하기 직전에 불행히도 폐인의 방해 때문에 갑자기 중지되고 만 통한사(痛恨事)이기도 하고, 이것을 기회로 맹자도 천명을 깨달아 정치를 단념하는 계기가 된 사건인 듯하여, 특히 『양혜왕편』 안에 채택되어서 맹자의 제국 유력의 최후를 장식했다.

4) 제인 벌연(齊人伐燕)의 기사에 대하여

현재 《맹자》에는 제인 벌연에 관한 기사가 네 장이 있다. 이것들은 그 내용으로 보아서 명백히 처음에는 일련의 기사였으며, 필록자도 동일인(공손추가 유력)이라고 생각되는 것들이다.

지금 그 네 장을 내용에 따라 순서적으로 배열해 보면 다음과 같다.

① 제의 대부 심동(沈同)이라는 자가, 사실은 왕(제의 선왕)의 명령이지만 표면으로는 개인 자격으로 내란에 시달리는 연(燕)나라를 쳐도 괜찮지 않은가고 물었다. 맹자는 쳐도 괜찮다고 대답했다. 그러나 결코 제(齊)가 쳐도 괜찮다고는 말하지 않았다.(『공손추 하편』 제8장)

② 제는 연을 침공하여 큰 승리를 거두었다. 제의 선왕은 자랑스러운 표정으로 물었다. "빼앗지 않으면 하늘의 재앙이 있을 것입니다. 빼앗는 것이 어떻습니까?" 맹자가 "연나라 백성들이 빼앗는 것을 기뻐하면 빼앗아도 좋습니다." 하고 대답하여 민의를 존중하고 학정을 하지

말도록 왕에게 단단히 간했다.(『양혜왕 하편』제10장)

③ 선왕은 끝내 맹자의 말을 받아들이지 않고 연을 점령했고 제의 군대는 약탈을 자행했다. 천하의 제후는 제의 불의를 탓하고 연합하여 연을 구원하자고 도모했다. 선왕은 크게 놀라 맹자와 의논을 했다. 맹자는 점령을 그만두고 민의에 따라 새 연왕을 선출하여 철병할 것을 권고했다.(그러나 왕은 듣지 않았다.)(『양혜왕 하편』제11장)

④ 연나라 사람들은 마침내 제에 반역하여 별도로 왕을 세우고 독립하고 말았다. 제의 선왕은 "맹자에 대해 이제는 볼 낯이 없다."라고 부끄러워했으나 측근인 진가(陳賈)라는 자가 스스로 변해(辯解)를 자처하고 나섰다가 반대로 맹자에게 책망을 듣고 타이름을 받았다.(『공손추 하편』제9장)

위에 요약한 바에 따르면 분명히 도중의 ②·③의 두 장만이『양혜왕편』에 뽑히고 처음과 마지막인 ①과 ④ 두 장이『공손추편』에 남아 있게 된다. 뽑히게 된 증거는『공손추편』에서는 단지 '왕(王)'이라고만 해도 알 수 있지만『양혜왕편』에 옮겨 놓으면 '王'이라고만 해서는 아무도 알 수가 없으므로 '제의 선왕'이라고 고쳐 썼다는 사실이다. 네 장 중에 두 장만을『양혜왕편』에 옮겨 놓아서는 제가 연을 친 동기나 그 결말을 도무지 알 수가 없는데, 어째서 편찬자는 이런 기묘한 이동을 감행한 것일까 하는 의문이 생긴다.

대답은 간단하고 명료하다. 그것은 ①과 ④는 심동이나 진가라는 제의 가신과의 문답이고 이에 반해 ②와 ③은 모두 제선왕과의 직접 문답이기 때문이다.

그래서 도중의 ②와 ③만을 뽑아서 제후와의 문답만을 모은『양혜왕편』에 옮겨 놓았을 것이다. 따라서 가신과의 문답이지 제후와의 문답은 아닌 ①과 ④는 모두 그대로『공손추편』에 남게 된 것이다. 이렇게 본다면『양혜왕편』의 특징으로 보아서 편찬자는 어디까지나 줄거리를 관철시켰다는 이야기가 된다.

제선왕의 벌연(伐燕)의 기사는『양혜왕편』에 두 장,『공손추 하편』에 두 장이 있으며, 아울러 모두 시종 일관하는 일련의 것이고, 필록자도 동일한 사람인데 네 장 중의 두 장만을『양혜왕편』에 채택한 것은 이들 두 장이 왕과의 직접 문답이기 때문이고, 다른 두 장은 왕의 가신과의 문답이기 때문에 『공손추편』에 그대로 남겨졌을 것으로 추정된다.

5) '不仁哉, 梁惠王也' 장에 대하여

『양혜왕편』에는 상편의 제 1 장에서 5장에 걸쳐 양의 혜왕 관계의 기사가 수록되어 있다. 그런데 모처럼 양의 혜왕을 편명으로 한 『양혜왕편』이라는 것이 있으면서 '不仁哉, 梁惠王也'라는 한 개의 장만이 멀리 떨어진 뒤쪽의 『진심 하편』의 첫머리에 수록되어 있는 것은 어떻게 된 연유일까? 정돈이 잘못된 것일까?

편명으로까지 되어 있으면서 이 한장만이 얼핏 보기에 다른 편에 남겨져 있는 것처럼 보여서 조금 석연치 않지만 대답은 간단하다. 이것은 문인 공손추와의 문답이며 『양혜왕편』에 있는 다섯 장과 같이 혜왕과의 문답은 아니기 때문이다. 그렇다면 어째서 『진심 하편』에 수록되어 있는 것일까?

그것은 이 장의 내용이 땅이 탐나는 나머지 가장 사랑하는 육친 황태자까지도 전쟁에 내몰아 끝내 희생시키고만 양의 혜왕을 비난하고 이를테면 '사람이 아니고' '악귀와 같다.'고 혹평한 것이어서 다음의 제 2 장 "춘추에 의전(義戰)이 없다." 제 3 장의 "지극히 어진 것으로 지극히 어질지 못한 것을 토벌하는데 어찌 절구공이가 피에 떠내려갈 수가 있겠느냐." 그리고 제 4 장의 "어떤 사람이 말하기를 '나는 진(陣)을 잘 치고 전쟁도 잘한다.'고 한다면 그 죄는 크다." 등의 내용과 함께 전쟁을 부정하는 평어이므로 그것으로 하나의 주제를 이루어 『진심편』에 수록한 것이라 생각된다. 그리고 나중에 조기가 『진심편』을 상·하로 나누었을 때 이것을 하편의 벽두에 놓아 제 1 장으로 삼았을 것이라고 생각된다.

그리고 또 이것은 왕에 대한 통렬한 혹평이기도 하기 때문에 아마도 양을 떠난 뒤의 발언일 것이라고 생각된다. 따라서 현재 『양혜왕편』에 수록되어 있는, 맹자가 양에 체재하고 있을 때의 혜왕과의 문답 다섯 장 보다도 연대는 약간 뒤지는 것이라 여겨지며 또 이 혜왕을 혹평한 문답의 상대방인 공손추는 맹자가 양을 떠나 제에 들어간 뒤의 문인인 듯하므로 이 문답은 아마 제나라에서 행해졌던 것이라 여겨진다. 또 이 것은 공손추 자신의 필록에 바탕한 것이 아닐까 생각된다. 그런 까닭에 『양혜왕편』에는 도저히 수록할 수 없는 성질의 문답이다.

　이상을 요약하면, 『양혜왕편』에는 양의 혜왕·양왕 부자 관계의 것 여섯 장, 제선왕 관계의 것 열두 장, 등의 문공 관계의 것 세 장, 그리고 추의 목공, 노의 평공 관계의 것 한 장씩을 배치하여 모두 스물세 장으로 편성되었다.

　더욱이 맹자의 유력순으로 각각 배열되어 있는 '제국 유력기'이며, '군주와의 문답집'으로서 《맹자》 7편의 핵심이기도 하다.

　또 『양혜왕편』 등의 제후의 이름이 모두 사후의 추호(追號)인 시호 (諡號)로 쓰인 것은 《맹자》 7편을 편찬할 때, 편찬자가 시호로 개서 한 것으로 여겨진다. 따라서 『양혜왕편』의 편찬자의 의도는 실로 용의 주도하다고 하지 않을 수 없다.

(3) 『고자편』

　『고자편』에는 맹자와 논적(論敵) 고자와의 인간의 성(性)에 관한 문 답이 모두 상편의 제1·제2·제3·제4 장에 걸쳐서 일련의 것으로 반듯 하게 정리되어 있다.

　그런데 맹자와 고자의 문답에는 없고 맹자가 문인과의 문답 속에서 고자의 인성론(人性論)을 비평한 것이 두 개 있는데 그 중의 하나는 공 도자(公都子)와의 문답이며 이것은 전기한 네장과 동일한 범주에 속하 기 때문에 마찬가지로 『고자 상편』 속에 제6장으로서 현재 수록되어 있다. 그런데 같은 고자의 말을 인용하여 비평을 내린 것이면서 『고자 편』 외에 있는 것이 있다. 『공손추 상편』의 제2장, 이른바 '부동심장 (不動心章)'이 곧 그것이다.
여기서 맹자는 공손추의 거듭된 질문에 응하여 고자의 부동심을 들어 날카롭게 비평하면서 참된 부동심을 풀이하고, 다시 지언(知言)과 호 연지기(浩然之氣)에 논급, 크게 지론을 강조·전개한다.

　이 장은 『고자 상편』 제6장과는 달리 인성론(人性論)이 아니라 오히려 실천적인 수양론이며, 내용면에서 차이가 있다. 뿐만 아니라, 원래 이 장은 공손추와 맹자 사이의 문답으로 시종 일관하므로『고자편』이 아니라『공손추편』에 수록되는 것이 오히려 자연스러우며, 결코 이상하지 않다.

따라서 논적 고자 관계의 기사를 주로 하여 널리 인성론에 관해 이야기하는『고자편』도 양의 혜왕의 경우와 마찬가지로 잘 정리되어 있다고 할 수 있다.

이를 다시 요약해서 설명하면, 맹자와 고자(告子)의 문답은 네 장이 있으며 주로 인간의 성에 관한 것이고 모두 반듯하게『고자 상편』에 정리되어 있다. 그밖에 인성론(人性論)에 관한 것은『고자편』에 실렸다. 또한 맹자가 고자를 비평한 장은 둘인데 인성론을 비평한 한 장은 『고자 상편』에 수록되었고 그렇지 않은 것은 실천적인 수양론으로서 공손추와의 문답이므로『공손추 상편』에 그대로 남겨졌다.

(4)『공손추편』

『공손추편』에는 제(齊)에 관한 기사가 무척 많다. 예를 들면 '당시의 제왕(齊王)'을 가리킨다고 생각되는 '왕(王)'이라는 글자가 나오는 횟수가 하편 제2장에는 열 번(단, 열째 번의 王자는 일반 왕을 가리키므로 다른 의미임.), 제3장에는 한 번, 제4장에는 세 번, 제5장에는 한 번, 제6장에는 한 번, 제8장에는 두 번, 제9장에는 네 번, 제10장에는 두 번, 제11장에는 한 번, 제12장에는 열 번, 제14장에는 한 번 등 매우 많이 나온다. 그리고 그 내용이나 전후 문맥으로 보아도 '왕(王)'은 '제(齊)의 선왕(宣王)'을 가리킨다는 것을 알 수 있는데, 이 '선왕(宣王)'을 단지 '왕(王)'이라고만 쓴 점에서 보면 선왕(宣王)의 재위 중에 제나라에서 쓰여진 것임을 알 수가 있다.

그리고 또 제의 왕을 비롯한 제의 인명·지명 및 제에 관한 사건 등이 많이 나오는 것, 또 공손추의 자나 호를 사용하지 않고 본명으로 부른 점으로 보아서, 아마도 공손추가 맹자 문하에 들어온 초기부터 맹자가 제를 떠날 때까지의 언행을 충실하게 필록한 것이라고 추정된다.

원래 공손추는 『공손추 상편』 제1장에 있는 맹자 자신의 말에 따르면, 제나라 사람으로서 맹자와는 관계가 깊은 문인이다. 『공손추편』에는 상편의 제1장·제2장, 하편의 제6장·제14장의 네 장을 제외하고는 별로 공손추의 이름이 나오지 않는데 『공손추편』을 중심으로 한 기록은 대부분 이 사람의 손으로 된 것이라고 생각된다.
　그래서 이 공손추의 필록에 따라 『공손추편』을 편찬한 사람은 상편의 맨 처음에는 제1장과 제2장, 하편의 맨 나중에는 제14장을 배치하고 있는 것으로 미루어 『공손추편』의 처음과 마지막에 공손추와 맹자의 문답을 의도적으로 배치한 것이 아닐까 하는 추측을 하게 된다.
　공손추와 맹자의 문답은 현재 열세 장이나 전해지는데 『공손추편』에는 전기한 바와 같이 상편에 두 장, 하편에 두 장, 도합 네 장밖에 수록되지 않았다. 모처럼 공손추를 편명으로 한 『공손추편』이 있는데 왠지 그 대부분을 다른 편들에 산재시킨 이상한 현상을 드러내고 있다. 즉 『진심편』에는 상편에 제31장·제32장·제39장·제41장의 네 장, 하편에 제1장과 제36장의 두 장으로, 모두 여섯 장이나 있고, 그밖에 『이루 상편』에는 제18장, 『등문공 하편』에는 제7장, 『고자 하편』에는 제3장으로 모두 한장씩 흩어져 있다.
　지금 이 장들을 비교해 보면 우선 다음과 같은 점을 깨닫게 된다.
① 표현 형식의 차이.
　『공손추편』 세 장은 모두 '公孫丑問曰'이라고 하여 '問'자가 있다. (『등문공 하편』·『고자 하편』에 있는 장도 마찬가지이다. 단, 『공손추 하편』 제6장만은 전문이 있기 때문에 '公孫丑曰'이라고 하여 '問'자가 생략되었다.)
　이에 대해 『진심 상편』의 네 장은 모두 '公孫丑曰'이라고 하여 '問'자가 없다. (『이루 상편』의 것도 또한 마찬가지이다.)
　이것은 필록자의 차이에 기인하는 것인지도 모르고, 혹은 또 필록자는 같더라도 연대에 따라 표현의 차이가 생긴 것인지도 모른다.
② 글의 장단의 차이.
　『공손추편』의 네 장, 특히 두 장은 매우 장문인 데 반해 『진심 상편』 등의 장은 대개 단문이다.

③ 내용의 차이.

『공손추편』의 네 장은 모두 제나라와 관계가 깊은 것들 뿐이지만 다른 편에 있는 것은 대부분 제나라와 관계가 없는 것들 뿐이다.

따라서 제나라 시대의 맹자와 공손추 사이의 문답은 『공손추편』에 수록되어 있고 다른 나라에서의 문답은 다른 편에 수록된 것으로 생각된다.

그런데 여기에 한 가지 예외가 있다. 그것은 『진심 상편』 제39장의 이야기이다. 이 장은 '제선왕(齊宣王)이 상(喪)을 단축하고 싶었을' 때의 맹자와 공손추의 문답이니까 당연히 『공손추편』에 수록되어야 마땅한데도 불구하고 『진심 상편』에 있는 것은 어딘가 석연치 않다. 그러나 『진심 상편』 제46장에는 "3년에 걸친 부모의 상을 제대로 지키지 못하면서 3개월 동안 입는 상복이나 2개월 상에 대하여 자잘하게 살핀다.……"라는 상에 관한 기사가 있으므로, 『공손추편』이 아니라 같은 『진심 상편』에 수록된 것인지도 모른다.

다음에 또 하나 문제가 있다. 그것은 『이루 상편』 제18장의 "군자가 자기 자식을 가르치지 않음은 무슨 까닭……."의 경우는 제17장의 "남녀가 물건을 주고받지 않는 것은 예의인가……."제19장의 "사람을 섬기는 일 중에서 가장 중대한 일은……." 등과 거의 같은 종류의 문제를 취급하고 있으므로 같은 『이루 상편』에 일련의 것으로 수록된 것도 수긍되지만, 『고자 하편』 제3장 · 『등문공 하편』 제7장 및 『진심 하편』 제36장의 세 장만은 앞뒤의 장과 무관하여, 어째서 그러한 편들에 산재되었는지 그 이유를 추측하기 어렵다. 따라서 공손추에 관한 것에 대해서는 좀더 정리 · 정돈의 여지가 있을 것이다.

『공손추편』에 대한 것을 다시 요약하면 다음과 같다.

첫째, 이 편은 제선왕의 재위 중에 쓰여진 듯 선왕은 '우리나라의 현재의 임금님'이라는 뜻이고 단지 '王'이라고만 쓰였다. 더욱이 그 '王'이라는 글자가 나오는 횟수가 매우 많다. 선왕 외에도 제의 인명이나 지명 · 제에 관한 사건 등이 아주 많은 점으로 미루어 보아, 아마도 제나라 사람 공손추가 맹자 문하에 들어온 초기부터 맹자가 제를 떠날 때까지의 언행을 충실하게 필록한 것이 중심이 되었다고 생각된다.

둘째, 기이한 점은 공손추의 이름을 딴 『공손추편』이 있는데도, 《맹자》 전편을 통해 13장이나 되는 맹자와 공손추의 문답이 『공손추편』에는 불과 네 편만 수록되었고, 『진심편』에 여섯 장을 비롯하여, 다른 편에 산재된 것이다.

『공손추편』의 세 장은 '公孫丑問曰'이라고 하여 '問'자가 있는 데 반해 『진심 상편』의 네 장은 '公孫丑曰'이라고 하여 '問'자가 없다.

그리고 다른 편의 경우도 이 두 가지 표현 형식이 혼용되었다. 이것으로 미루어 보면 필록자가 각각 다른 사람이거나 혹은 필록자는 같더라도 연대에 따라 표현의 차이가 생겼는지도 모른다.

다음에 『공손추편』의 장은 대개 문장이 길며 『진심 상편』의 장은 대개 문장이 짧다. 또 『공손추편』의 네 장은 모두 제나라와 관계가 깊은 것들뿐이고 다른 편의 것은 거의 제와 관계가 없다.

원칙적으로 제나라에서 행해진 문답은 『공손추편』에 수록되었고 제와 관계가 없는 문답은 다른 편에 수록된 것 같다. 다소의 예외도 있지만 그것은 나름대로 이유가 있는 것 같다. 그러나 개중에는 전혀 그 이유를 알 수 없는 것도 있다. 따라서 『공손추편』은 좀더 정리·정돈의 여지가 있다고 하겠다.

(5) 『만장편』

만장은 사마천도 《사기》의 『맹·순 열전』을 통해 특히 중요시하는 것처럼 맹자의 고제(高弟)이며, 문인 중에서도 비교적 앞선 사람으로 생각된다. 이 만장을 편명으로 한 『만장편』은 그의 본명을 부르는 점으로 보아서 주로 이 만장 자신이 필록한 바에 따른 것이 아닌가 생각된다. 맹자와의 문답은 『만장 상편』에는 제1장·제2장·제3장·제5장·제6장·제7장·제8장·제9장의 여덟 장, 하편에는 제3장·제4장·제6장·제7장·제8장의 다섯 장 등 모두 열세 장이나 있으며, 그 대부분이 『만장편』에 수록되어 있고 또 『만장편』의 거의 대부분을 차지한다.

그런데 눈에 띄는 것은 같은 『만장편』이면서 상편은 거의 '萬章問曰'이라고 하여 '問'자가 있는 데 반해, 하편은 거의 '問'자가 없이 그냥 '萬章曰'이라고 했다는 사실이다. 이것은 어쩌면 필록자가 다르거나, 필록자는 같더라도 연대에 따라 표현이 달라진 것, 둘 중의 하나이리라.

또한 『만장편』이외에 『등문공 하편』 제 5 장과 『진심 하편』 제37장의 두 장만이 보기 드물게 다른 편에 흩어져 있는데, 이들 두 장은 모두 『만장 상편』의 형식 ('問'자가 있다.)이어서 어쩌면 『만장 상편』의 필록자와 동일인일는지도 모른다. 그리고 『진심 하편』쪽은 명백히 맹자 은퇴 후의 것으로서 공자를 본떠 만년의 심경을 토로한 것이다. 이 것을 《맹자》 7 편의 마지막을 장식하는 『진심 하편』 제38장과 가지런히 맨나중에 배치한 것은 지극히 세밀한 관심을 둔 것이라 본다.

여기에서 한 가지 주의해야 할 것은 이 제37장에서는 다른 많은 장과는 달리 보기 드물게 만장을 '萬子曰'이라는 존칭으로 쓴 대목이 하나 있다는 것이다.

물론 장용(臧庸)도 지적했듯이 일반적으로 행해지는 《주자 집주》의 속본에서는 이 '만자(萬子)'의 두 자는 '만장'으로 되어 있는데, 조주(趙注)의 송간본(宋刊本)과 황천 서옥(璜川書屋)의 오지충(吳志忠)이 교간한 방송간본(仿宋刊本)의 《주자 집주(朱子集註)》에 '만자'로 되어 있으므로 '만자'가 옳다는 것은 이론이 없다.

조기도 "'萬子'는 '萬章'이다."라고 아래에 주를 달았으므로, 예로부터 그렇게 되었던 모양이다.

따라서 '子'라는 존칭으로 적힌 점으로 보더라도, 또 그 내용으로 보더라도 만장이 학덕(學德)을 갖춘 노령이었을 때 (물론, 맹자는 그 이상의 노령)의 문답으로 추정된다. 왜냐하면 맹자가 제국 유력의 최초라고 생각되는 양의 혜왕과의 접견 때 이미 70여세였던 혜왕으로부터도 '수(叟)'라고 불렸고, 그로부터 10여년이나 제국을 유력하고 나서 은퇴했다고 추정되니까 이 무렵의 맹자는 무척 나이가 많았을 것이다. 따라서 이 문답은 《맹자》 7 편 중에서도 가장 뒤늦은 만년의 문답이라고 추정된다. 이러한 점에서 보더라도 이 제37장이 『진심 하편』

제 38장, 즉 성인(聖人)의 출현은 5 백년마다 한 번이라는 주기설을 풀이하고, 요순 이래의 도통(道統)을 역설하여 7 편의 마지막을 장식한 유명한 말과 함께 배치 된 것은 그야말로 타당하다고 인정해야 한다.

그런데 『등문공 하편』 제 5 장만은 어째서 그 편에 수록되었는지 그 의도가 좀 납득되지 않는다. 이 장은 작은 나라인 송이 왕정을 행하려고 하지만 대국 제와 초의 질투심을 두려워하여 그 대책을 만장이 맹자에게 의논하는 문답이다. 『등문공 하편』 제 1 장부터 제 5 장까지는 모두 도(道)나 왕정에 대한 문답뿐이므로 그 때문에 이 편에 넣은 것인지, 아니면 필록자가 동일하기 때문인지, 혹은 또 그 양쪽 모두의 이유 때문인지 확실하지 않다.

『만장편』에 대하여 다시 요약하여 설명하면 다음과 같다.

첫째, 만장은 사마천도 중요시했던 맹자의 문인으로서 그 대표적인 사람이다. 이 만장을 편명으로 한 『만장편』은 만장을 본명으로 부르고 있는 것 등으로 보아서 주로 이 만장 자신의 필록에 따른 듯하다.

만장과 맹자 사이의 문답은 『만장 상편』에 여덟 장, 『만장 하편』에 다섯 장, 모두 열세 장이나 되어서 『만장편』의 대부분을 차지하는데, 상편에서는 거의 '萬章問曰'이라고 하여 '問'자가 있는 데 반해, 하편에서는 거의 '萬章曰'이라고 하여 '問'자가 없다. 이것은 필록자가 다르거나 혹은 또 동일인이라고 하더라도 필록의 연대가 다르기 때문인지 확실하지 않다.

둘째, 여기에서 주의해야 할 것은 『진심 하편』 제37장에서는 만장을 '만자' 라고 부른다는 점이다. '자(ʃ·)'는 존칭이니까 만장의 문인이나 또는 후배 중에서도 문인에 가까운 관계자가 필록했다고 보는 견해가 많다.

(6) 《맹자》에 보이는 '子'라는 존칭

맹자의 문인 중에서도 만장 등은 만자라는 존칭으로 불리는 장이 있는데 그밖에도 그러한 예가 있으므로 그것들을 고찰해 보기로 하겠다.

① 우선 문인 진진(陳臻)이다. 『공손추 하편』 제 3 장, 『진심 하편』

제23장에는 단지 진진이라고 쓰였지만 『공손추 하편』 제10장, 『고자 하편』 제14장에서는 모두 '진자(陳子)'라는 존칭으로 쓰였고 조기는 "진자는 맹자의 제자로서 진진이다."라고 주를 달았다. 『공손추편』에 수록된 두 장은 그 내용이 모두 제나라와 관계가 깊으므로 『공손추편』에 수록되었고, 진자라는 존칭으로 쓰인 두 장은 모두 진진과 깊은 관계에 있는 후학의 손으로 쓰여졌기 때문에 앞의 두 장보다 시대도 늦고, 그 필록자도 다른 것이 아닐까 하는 추측이 가능하다.

② 문인 서벽(徐辟)도 『등문공 상편』 제5장에서는 처음에는 서벽이라고 쓰였지만, 뒤에는 두 번 모두 '서자(徐子)'라고 쓰였고 『이루 하편』 제18장에서도 또 '徐子曰'이라고 쓰였다. 이들 두 장도 또 진진의 경우와 마찬가지로 관계가 깊은 후학의 손으로 쓰여졌다고 추정된다.

또 『등문공 상편』 제5장은 맹자가 서벽과의 문답에서 교묘하게 묵가(墨家)를 비판한 것이며, 바로 앞에 있는 제4장이 유가에서 신농(神農)의 도(농가)로 전향한 진상(陳相)과 맹자의 문답에 있어서 통렬하게 농가를 비판한 것과 같은 종류로서, 사설 절복(邪說折伏)의 기사이다.

이 두 장은 모두 등나라에서의 문답이므로 똑같이 『등문공편』에 수록되었고 필록자 또한 동일인이라고 추정한다.

다음에 『이루 하편』 제18장은 서벽이 공자가 물을 찬양한 이유를 맹자에게 물었을 때의 훈화이므로, 대체적으로 짧은 훈화만을 모은 『이루 하편』에 수록되었다고 생각된다.

상술한 만장·진진·서벽의 세 문인은 이름으로도 쓰이고, 때로는 '子'라는 존칭으로도 불리기도 한 사람들인 데 반해 언제나 '子'라는 존칭으로 불린 문인도 여럿 있다.

③ 악정자의 본명은 극(克)이다. 악정자가 악정극이라는 사실은 『양혜왕 하편』의 '克告於君'과 『이루 상편』의 '克有罪'에 나타나듯이 스스로 '극(克)'이라고 부른 점으로 알 수 있다. 『이루 상편』 제24장에 따르면 악정자는 노에 온 제의 우사(右師) 자오(子敖)를 따라 제에 가서 맹자를 만나려고 했으나 인사를 오는 것이 늦어서 맹자에게 꾸중을 듣고, "극에게 죄가 있다."고 솔직하게 빌었고, 다시 또 제25장에서는

권력자 자오에게 빌붙어 따라온 것은 먹고 마시는 비용을 절약하기 위해서인가 하는 꾸중을 맹자로부터 들었는데, 솔직하게 잘못을 시인하고 빈 것을 보면 순진한 인품이었던 것 같다.

『고자 하편』 제13장에서는 노나라가 악정자로 하여금 정(政──正卿)으로 삼으려 했기 때문에, 맹자는 기뻐서 잠을 못 이뤘다고 했다. 예전에는 맹자로부터 호되게 꾸중을 듣던 악정자도 오랜 수업이 이루어져서 경(卿──대신)으로 발탁될 만큼 큰 인물로 성장했던 것이리라.

따라서 이 장은 전기한 『이루 하편』의 두 장보다는 꽤 연대가 뒤졌던 것이 틀림없다.

『고자 하편』 제13장에서는 공손추가 악정자의 사람됨이 어떠냐고 물은 데 대해 맹자는 "선(善)을 좋아한다."라고 대답하여 높이 평가했고, 『진심 하편』 제25장에서는 호생불해(浩生不害)의 "악정자(樂正子)는 어떤 사람입니까?"라는 물음에 대해 맹자 "착한 사람이다. 믿음이 두터운 사람이다."라고 대답하여 칭찬한 것을 보면, 악정자는 원래 착하고 신의가 두터운 인품이었다고 생각된다. 따라서 맹자의 문인 중에서도 신망이 있는 유력한 인물로 그려졌다.

『양혜왕 하편』 제16장을 보면, 악정자가 노의 평공에게 맹자를 크게 칭찬했기 때문에 평공이 자진하여 맹자를 방문하려던 차에 공교롭게도 폐인(嬖人) 장창(臧倉)이라는 자가 방해하는 바람에 취소하고 말았다는 이야기가 있는데, 노나라의 대신이 된 악정자가 은사를 위해 애쓴 모습이 아주 잘 묘사되었다. 악정자는 만장 등과 함께 맹자의 대표적인 문인의 한 사람이었던 것 같다.

④ 다음은 옥로자(屋盧子)이다. 옥로자는 『고자 하편』 제5장에 따르면 연(連)이 그 이름이다. 따라서 옥로가 성이고 '子'는 존칭임을 알 수 있다.

『고자 하편』 제1장에 맹자의 본국 추(鄒)에 가까운 산동성의 임(任)나라 사람이 식욕과 색욕이라는 인간의 본능적인 것과, 예(禮)라는 도덕적인 것을 비교하는 데에 매우 극단적인 예외의 경우를 들어 일반의 원칙을 부정하려는 짓궂은 질문 때문에 옥로자가 대답이 궁하자 맹자의 도움을 받는 대목이 있는데, 이로 미루어 그가 당시에는 수업이 부족했음을 알 수 있다.

같은 『고자 하편』 제5장은 계(季)의 원님의 동생 계임(季任)과 제나라 재상 저자(儲子)의 두 사람이 똑같이 예물을 가지고 교제를 요구하자, 맹자가 각각 차별하여 대우했기 때문에 옥로자가 그 이유를 질문하는 것인데, 맹자가 어째서 차별했는지 모른다는 것은 역시 옥로자의 사려 분별이 아직도 부족함을 말해 주는 것이다. 더욱이 계임과 저자에 대한 차별적인 대우를 깨달은 옥로자가 기뻐하며 '連得間矣'('옳거니. 내가 선생님의 잘못을 발견했다.')라고 중얼거리면서 질문하는 대목에는 그야말로 감정을 솔직이 드러내어 기뻐하는, 미워할 수 없는 모습이 생생하게 엿보인다. 이윽고 이 소심하고 착한 문인도 맹자의 훈도를 받아 후학들로부터 '子'라는 존칭을 받을 만큼 성장했다.

악정자와 옥로자 두 사람은 맹자의 본문에서는 언제나 '子'라는 존칭으로 쓰였지만 문답 속에서는 각각 본명(克, 連)을 내세우고 있어서 분명한데, 다음의 두 사람은 그 본명을 전혀 알 수가 없다.

⑤ 먼저 공도자(公都子)인데, 이 공도자라는 석 자는 『공손추 하편』 제5장, 『등문공 하편』 제9장, 『이루 하편』 제31장, 『고자 상편』 제6장·제15장, 『진심 상편』 제43장에 각각 한 번씩, 그리고 『고자 상편』 제5장에 세 번 해서 일곱 장에 걸쳐 아홉 번이나 나온다. 『공손추 하편』·『이루 하편』의 두 장은 관계 인물이 제의 대부 지와(蚳鼃)나 제인(齊人) 광장(匡章) 등이므로 이것은 제나라에서의 문답이고, 『등문공 하편』 제9장에서 공도자는 "바깥 사람들은 선생을 일컬어 모두 변론을 좋아한다고 합니다."라고 하여 맹자에게 세간의 평판을 알려 문답을 하고 있는데, 이 바깥 사람들(외인―세인·세상 사람들)이라는 것은 제인(齊人)을 가리키고 있다고 생각되므로 이 또한 제에서의 문답이리라.

『고자 상편』의 두 장도 고자의 '인내 의외설(仁內義外説)'이나 '성무선 무불선설(性無善無不善説)'을 둘러싼 논쟁이어서 이것 역시 제나라 땅에서 행해진 것으로 추측된다.

그리고 그러한 문답의 내용으로 보아서도 공도자는 맹자의 유력한 문인의 한 사람이었다고 생각된다. 조기도 단지 "맹자의 제자이다."라고

만 주를 달고 있을 뿐, 본명은 전해지지 않지만, 이 '子'라는 글자도 역시 존칭으로 생각되므로 공도자와 관계가 깊은 후학들도 또 《맹자》 7편의 소재인 필록에 참가했었다고 생각된다.

⑥ 마지막에 고자(高子)이다. 『공손추 하편』 제12장을 보면, 맹자가 제의 선왕을 끝내 저버리고 제를 떠난 뒤에도 주(晝)라는 곳에 자주 머물렀기 때문에 윤사(尹士)라는 사나이가 격렬하게 비판한 것을 고자가 듣고 이것을 맹자에게 알린 점으로 미루어 보아 맹자가 제에 있을 때에 고자는 맹자에게 배우고 있었음을 알 수가 있다.

『진심 하편』 제21장에서는 맹자가 고자의 학문에 대한 태도를 호되게 꾸짖어 "산 속의 좁은 길이라도…… 잠시 다니는 것을 그만두면 띠풀이 우거져 막혀 버리게 된다. 지금 그대의 마음에 띠풀이 우거져 있다."라고까지 말하고 있을 정도로 보아, '子'가 존칭이라면 이 대목에서의 고자가 '子'라고 불리는 것이 오히려 이상할 정도이다.

조기는 "고자는 제의 사람으로서 일찍이 맹자에게 배웠으나 떠나서 다른 공부를 했다."라고 말하고 있다. 조기는 도대체 무엇에 근거해서 이러한 주를 달았는지 분명하지 않지만, 어쩌면 이 『진심 하편』 제21장의 경문에서 추측하여 이러한 주를 쓴 것이 아닐까 하는 의문을 가진다. 어떻든 경문과 조주를 함께 비추어 보면 고자는 일단 맹자의 문하에서 떠나 다른 학파에 갔다가 다시 돌아온 사람인 것 같다.

『진심 하편』 제22장에서 고자는 "하(夏)의 우왕(禹王)의 악기인 쇠종(鐘)의 손잡이가 썩어가고 있기 때문에…… 우왕의 음악은 주문왕(周文王)의 음악 위에 있는 것이 아닐까요?"하고 말하여 맹자로부터 "그것은 우왕 쪽이 문왕보다도 천 년 이상이나 오래 되었으니까 많이 닳았을 뿐이다. 이런 것으로 음악의 우열을 어찌 족히 말할 수 있겠는가?"라는 말로 타이름을 당하고 있다.

이상의 일들로 미루어 보면 이 사람은 나이가 많은 것에 비해서는 단순한 두뇌의 소지자로서 그다지 총명한 사람은 아닌 것 같다.

『고자 하편』 제3장에서는 공손추가 "고자께서는 '《시경(詩經)》『소반(小弁)』의 시는 소인의 작품이다'.라고 말씀합니다만……."하고 물었을 때 맹자가 그렇지 않다는 이유를 들고 "고루하구나, 고수(高叟—

고 노인, 고자를 일컬음.)의 시를 보는 눈은." 하고 두 번이나 탄식하고 있는데 맹자가 '수(叟)'라고 부른 것을 보면 고자는 꽤 나이가 많은 것 같고 이미 조기도 '高子年長'이라고 주를 달고 있어, 맹자보다 나이가 많았는지도 모른다.

공손추가 같은 맹자의 문인이면서 고자라고 부른 것을 보더라도 상당히 나이가 많은 사람이었던 것 같다. 또 공손추의 이 질문도 고자의 시학(詩學)에 대해 상당한 권위를 인정하는 것처럼 생각되므로 고자가 상당히 학문에 정진하여 '高子'라고 불리기에 합당한, 후기의 기사로 여겨진다.

또한 고자의 말은 모시서(毛詩序)에도 인용되었고, 《한시 외전(韓詩外傳)》(권2)에도 맹자와 위녀(衛女)의 시를 논하는 대목이 있으니까 이 사람은 시에는 상당히 밝았다고 생각된다.

『진심 하편』 제21장·제22장 등에서 볼 때는 고자를 그렇게 높이 평가할 수 없지만, '子'의 존칭으로 불리는 것을 보면 나이로 보아 문인 중에서도 어른격의 입장에 있었던 것으로 추정된다.

그것은 물론 고령인 탓도 있지만 또 다른 이유로서는 맹자의 문하로 되돌아 와서 많은 나이에도 불구하고 열심히 수업을 쌓아 상당한 학덕을 갖춘 선비가 되었기 때문일 것이다. 그리고 또 시학에 있어서의 상당한 조예도 하나의 이유가 된다고 하겠다.

그렇다고는 하지만 연령이나 그밖의 점으로 미루어 맹자 문하를 대표하는 유력한 학자일 뿐, 필록 등에 관해서 중요한 역할을 한 사람이라고는 생각되지 않는다.

이를 다시 요약해서 설명하면 다음과 같다.

첫째, 만장 외에 진진(陳臻)·서벽(徐辟) 등의 문인도 '子'라는 존칭으로 쓰인 부분이 있다. 따라서 본명으로 쓰인 기사는 초기의 것이며 '子'의 존칭으로 쓰인 기사는 후기의 것이라고 할 수 있다.

둘째, 또 이들 세 사람 외에 언제나 '子'라는 존칭으로 불린 제자가 네 명쯤 된다. 악정자(樂正子)·옥로자(屋盧子)의 두 사람은 언제나 '子'라는 칭호로 쓰이기는 하지만, 본인 스스로 각각 '극(克)·연(連)'이라고 이름을 부르고 있어서 그것이 본명임을 알 수가 있는 데 반해,

공도자(公都子)·고자(高子) 두 사람의 본명은 전혀 알 수가 없다. 이들 제자도 초기의 무렵에는 물론 나이도 젊고 미숙하기도 했겠지만, 이윽고 맹자의 훈도를 받아 세월과 함께 차츰 학덕도 이루어져서 후학들로부터 '子'라는 존칭으로 불릴 정도로까지 성장했다고 생각된다.

셋째, 이들 제자에게 '子'라는 칭호가 붙은 문장은 제자가 상당한 연배에 도달했을 때의 일이고, 따라서 맹자도 좀더 노령이 된 만년의 것이리라. 따라서 그 대부분은 여러 나라를 유력한 뒤, 향리에 은퇴하여 정치 세계에서 떠난 뒤의 것이라는 추측을 낳는다. 즉《맹자》7 편 중에서도 가장 후기에 속하는 것이라고 추정된다.

이상을 총괄해 보면 (가) 만장이나 공손추 등의 제자들이 필록한 것이 먼저 이루어지고 (나) 거기에 다시 만장·진진·서벽·악정극·옥로련·공도자·고자 등의 제자를 '子'라는 존칭으로 불러야 할 후학들, 즉 맹자가 볼 때는 제자의 제자라고나 할 사람들의 손으로 된 필록이 그 뒤에 나온 것으로 생각된다.

다시 말해 (가)는 맹자의 언행에 관한 초기의 기록이며, 제자들의 필록에 따른 것이고, (나)는 후기의 기록으로서 제자의 제자들이라고나 할 사람들의 필록에 따른 것이라고 할 수 있다.

이 전기·후기 두 종류의 필록에 따라 정리하고 편찬된 것이 오늘날의《맹자》7편이다.

■ 梁惠王篇

梁惠王章句 上

1. 仁義만이 第一

<blockquote>

맹자견양혜왕　　　　왕왈　수불원천리이래　　　역장
孟子見梁惠王 하신대　王曰, 叟不遠千里而來 하시니　亦將

유이리오국호
有以利吾國乎 이니까.

　　맹자　대왈　왕하필왈리　　역유인의이이의
孟子 對曰, 王何必曰利 이꼬. 亦有仁義而已矣 니이다.

　왕왈　하이리오국　　　대부왈　하이리오가　　　사
王曰, 何以利吾國 하시면　大夫曰, 何以利吾家오 하며 士

서인왈　하이리오신　　　상하교정리　　이국위의
庶人曰, 何以利吾身 하리니　上下交征利 면 而國危矣 리이다.

만승지국　　시기군자　필천승지가　　　천승지국　　시기
萬乘之國 에 弑其君者 는 必千乘之家 이고　千乘之國 에 弑其

군자　필백승지가　만취천언　　천취백언　불위부다
君子 는 必百乘之家 니 萬取千焉 하며 千取百焉 이 不爲不多

의　　　　구위후의이선리　　불탈불염
矣 언마는　苟爲後義而先利 면 不奪不饜 이니이다.

미유인이유기친자야　　　미유의이후기군자야
未有仁而遺其親者也 며 未有義而後其君者也 니이다.

왕역왈　인의이이의　　　하필왈리
王亦曰, 仁義而已矣 시니 何必曰利 이꼬.

</blockquote>

【解釋】 맹자가 양혜왕을 뵈었다. 왕이 말했다.
"천리를 멀다 않고 찾아와 주셨으니, 역시 이 나라에 앞으로 이익을

주시려 함입니까?"

맹자가 대답했다.

"왕께서는 하필이면 이익을 말씀하십니까. 오직 인의가 있을 뿐입니다. 왕께서 나라의 이익만을 생각하면 대신들은 어찌하면 내 집이 이로울까를 생각하며 선비나 백성들은 제 한 몸의 이익밖에 생각하지 않습니다. 윗사람이나 아랫사람 모두가 서로의 이익만을 취하게 되면 나라는 위태로워질 것입니다. 만승의 나라*(萬乘之國)에서 그 임금을 죽이는 자는 반드시 천승의 대신이고, 천승의 나라에서 왕을 죽이는 자는 반드시 백승의 대신입니다. 만승의 나라에서 천승을 지니고 천승의 나라에서 백승을 지니고 있다는 것은 결코 적은 것이 아닙니다. 진실로 의리를 뒤로 미루고 이익만을 앞세운다면 모든 것을 다 빼앗지 않고는 만족할 수 없게 됩니다. 아직 어질고서 그 부모를 버린 사람은 없고 의로우면서 임금을 뒤로 돌린 사람은 없습니다. 왕께서는 오직 인의만을 말씀하셔야 합니다. 하필이면 이익을 말씀하십니까."

2. 賢者의 樂

맹자견양혜왕 왕입어소상 고홍안미록왈
孟子見梁惠王 하신대 王立於沼上 이러니 顧鴻鴈麋鹿曰,

현자역락차호
賢者亦樂此乎 이까.

맹자대왈 현자이후낙차 불현자수유차 불락야
孟子對曰, 賢者而後樂此 니 不賢者雖有此 나 不樂也

니이다.

시운 경시영대 경지영지 서민공지 불일
詩云 經始靈臺 하여 經之營之 하니 庶民攻之 라 不日

성지 경시물극 서민자래
成之 로다. 經始勿亟 하나 庶民子來 로다.

왕재영유 우록유복 우록탁탁 백조학
王在靈囿 하니 麀鹿攸伏 이로다. 麀鹿濯濯 이어늘 白鳥鶴

> 鶴이로다. 王在靈沼하니 於牣魚躍이라 하니 文王이 以民
> 力爲臺爲沼하나 而民歡樂之하여 謂其臺曰靈臺라 하고
> 謂其沼曰靈沼라 하여 樂其有麋鹿魚鼈하니 古之人이 與
> 民偕樂으로 故能樂也니이다.
> 湯誓曰, 時日害喪고 予及女偕亡이라 하니 民欲與之偕
> 亡이면 雖有臺池鳥獸나 豈能獨樂哉리이꼬.

【解釋】 맹자가 양혜왕을 뵈었다. 왕은 궁중의 연못가에 서서 크고 작은 기러기들과 크고 작은 사슴들을 돌아보며 말했다.
"현자도 또한 이런 것을 즐기십니까?"
맹자가 대답했다.
"현자가 된 뒤에라야 즐길 줄 압니다. 현자가 아닌 사람은 비록 이러한 것들이 있으나 즐길 줄 모릅니다.
《시경》에 이러한 노래가 있습니다.

> 영대(靈臺)를 지으려고 시작하여
> 한편으로는 측량하고 그 땅에 줄을 치니
> 백성들이 모여들어 짓기를
> 며칠 못 가 다 이룩했네.
> 측량하고 줄을 칠 때 급할 것 없다*(勿亟) 해도
> 백성들은 자식같이 모여들었네.
> 왕께서 영대의 동산에 나오시니
> 암수 사슴들은 엎드린 채 그냥 있고
> 사슴들은 탁탁(濯濯), 윤기 흐르고
> 백조는 학학(鶴鶴), 깨끗하도다.

왕께서 영대의 못가에 있으오시니
아아 물고기들 가득히 뛰놀음.

문왕이 백성의 힘으로 영대를 짓고 연못을 팠으나, 백성들은 그 일을 기쁘고도 즐겁게 여겨 그 누각을 〈영대〉라 부르고 그 연못을 〈영지〉라 부르며, 많은 사슴과 물고기들이 뛰노는 것을 보고 즐겨하였습니다. 옛날의 왕들은 백성들과 더불어 즐거움을 같이 하였으므로 마땅히 즐길 수 있었습니다. 탕서(湯誓―書經의 상서편)에 이런 말이 있습니다.
'이 세상(桀王 때)이 어느 때 없어지나*(害喪) 망하려고 한다면 너와 같이 망하리라.'
백성들이 함께 망하기를 바란다면 누각과 연못, 새와 짐승이 비록 있다 하나 어찌 혼자서 즐길 수 있겠습니까."

3. 五十步百步

梁惠王이 曰, 寡人之於國也에 盡心焉耳矣로니 河內凶에 則移其民於河東하며 移其粟於河內하고 河東凶亦然하노니 察隣國之政하면 無如寡人之用心者로되 隣國之民이 不加少하며 寡人之民이 不加多는 何也이꼬. 孟子 對曰, 王이 好戰하시니 請以戰喩하리이다. 塡然鼓之하여 兵刃旣接이어든 棄甲曳兵而走하되 或百步而後止하며 或五十步而後止하여 以五十步로 笑百步면 則何如하니이꼬. 曰, 不可하니 直不百步耳언정 是亦走也니이다. 曰, 王如

지차   즉무망민지다어린국야
知此 하시면 則無望民之多於隣國也 하소서.
    불위농시   곡불가승식야   촉고   불입오지   어별
    不違農時면 穀不可勝食也며 數罟를 不入洿池면 魚鼈을
불가승식야   부근   이시입산림   재목   불가승용야
不可勝食也며 斧斤을 以時入山林이면 材木을 不可勝用也
    곡여어별   불가승식   재목   불가승용   시   사
니 穀與魚鼈을 不可勝食하며 材木을 不可勝用이면 是는 使
민양생상사   무감야   양생상사   무감   왕도지시야
民養生喪死에 無憾也니 養生喪死에 無憾이 王道之始也니이다.
        오묘지택   수지이상   오십자   가이의백의   계돈
        五畝之宅에 樹之以桑이면 五十者 可以衣帛矣며 鷄豚
구체지축   무실기시   칠십자   가이식육의   백묘지전
狗彘之畜을 無失其時면 七十者 可以食肉矣며 百畝之田
    물탈기시   수구지가   가이무기의   근상서지교   신
을 勿奪其時면 數口之家 可以無飢矣며 謹庠序之敎하여 申
지이효제지의   반백자   불부대어도로의   칠십자   의
之以孝悌之義면 頒白者 不負戴於道路矣러니 七十者 衣
백식육   여민   불기불한   연이불왕자   미지유야
帛食肉하며 黎民이 不飢不寒이요 然而不王者 未之有也
니이다.
    구체   식인식이부지검   도유아표이부지발   인
    狗彘 食人食而不知檢하며 塗有餓莩而不知發하고 人
사즉왈   비아야   세야   시하이어척인이살지왈
死則曰, 非我也라 歲也라 하나니 是何異於刺人而殺之曰,
비아야   병야   왕무죄세   사천하지민   지언
非我也라 兵也리오. 王無罪歲하시면 斯天下之民 至焉 하
리이다.

【解釋】 양혜왕이 말했다.
"과인은 나라 일에 모든 마음을 다 기울이고 있습니다. 하내 지방이 흉년이 들었을 때는, 그곳 백성들을 하동 지방으로 이주시키는 한편,

하동의 식량을 하내로 실어 보냅니다. 하동 지방이 흉년일 때도 역시 이웃 나라의 정치를 살펴 보아도 나만큼 마음 쓰는 자도 없었습니다. 그런데 이웃 나라의 인구가 줄지도 않거니와 내 나라 백성은 늘지도 않습니다. 어찌된 까닭입니까?"

맹자는 대답했다.

"왕께선 전쟁을 좋아하시니 전쟁에 비유하여 말씀드리겠습니다. 둥둥 북소리가 울리고 접전이 벌어졌을 때 갑옷을 벗어던지고 칼을 끌며 도망치는 군사가 생겨났습니다. 어떤 병졸은 백 보쯤 간 후 서고, 어떤 졸개는 오십 보쯤 도망가서 멈추었습니다. 그런데 그때 오십 보쯤 도망간 병졸이 백 보쯤 도망간 병졸을 보고 비웃었다면 어떠하겠습니까?"

"말이 안 되지요. 다만 더 가고 덜 갔다는 차이일 뿐 도망친 건 마찬가지 아닙니까?"

"왕께서 그걸 아신다면 이웃 나라보다 백성이 많기를 바랄 수는 없는 일입니다. 농사철을 때 맞추어 어기지 않으면 곡식은 배불리 먹고도 넉넉할 것이요, 잔 그물을 못에 넣지 않으면 물고기는 먹고도 남습니다. 때를 맞추어 도끼로 나무를 베면 목재는 쓰고도 남습니다. 식량과 물고기를 먹고도 남고 재목은 쓰고도 남게 되며, 백성들은 살아가는 데와 죽은 사람을 장사지내는 것에도 유감이 없게 됩니다. 살아가는 데와 장사지내는 것에 유감이 없게 하는 것이 바로 왕도 정치(王道政治)의 시작입니다. 5묘의 집터*(五畝之宅)에 뽕나무를 심도록 하면 쉰 살 노인에게는 비단옷을 입게 할 수 있습니다. 닭, 돼지, 개 등속의 가축을 기르는 데 그 시기를 잃지 않으면 일흔 노인에게는 고기 반찬을 드릴 수 있습니다. 백 묘의 밭*(百畝之田)에 때를 놓치는 일이 없으면 여러 명의 가족이라도 굶주리는 일은 없습니다. 그리고 학교 교육에 충실하여 부모에게 효도하고 형제에게 우애하도록 가르치면 반백의 노인이 짐을 지거나 이고 거리를 다니는 일이 없게 됩니다. 노인은 비단옷을 입고 고기 반찬을 먹으며 백성들이 배고프거나 추운 일이 없게 되고서도 왕자 노릇을 하지 못한 자는 없습니다. 개나 돼지가 사람의 식량을 먹는 걸 보고도 이를 금지시키려 하지 않고, 길가에 굶어죽은 시체가 있어도 창고를 열어 구제할 줄 모르고, 백성들이 굶어죽어도 '내 책임은 아니다. 흉년 때문이다.'라고 하신다면 사람을 찔러 죽이고도 '내가 죽인 것이 아니라 칼이 죽인 것이다.' 하는 것과 무엇이 다를 것이 있습니까. 흉년 진 탓에 죄를 돌리는 일이 없으면 천하의 모든 백성들이 찾아오게 될 것입니다.”

4. 政治的 殺人

> 梁惠王이 曰, 寡人이 願安承教하노이다.
> 孟子 對曰, 殺人以梃與刃이 有以異乎이까. 曰, 無以異也니이다.
> 以刃與政이 有以異乎이까. 曰, 無以異也니이다.
> 曰, 庖有肥肉하며 廐有肥馬요 民有飢色하며 野有餓莩면 此는 率獸而食人也니이다.
> 獸相食을 且人이 惡之하나니 爲民父母라 行政하되 不免於率獸而食人이면 惡在其爲民父母也리이꼬.
> 仲尼曰, 始作俑者 其無後乎인저 하시니 爲其象人而用之也시니 如之何其使斯民飢而死也리이꼬.

【解釋】 양혜왕이 말했다.
“과인은 선생님의 가르침을 받고자 합니다.”
맹자가 대답했다.
“사람을 몽둥이로 죽이는 것과 칼로 죽이는 것이 다르겠습니까?”

"다를 것이 없습니다."

"그러면 칼로 죽이는 것과 악정(惡政)으로 죽이는 것과는 다른 점이 있습니까?"

"다를 것이 없습니다."

"임금의 주방에 살찐 고기가 있고 마굿간에는 살찐 말이 있습니다. 그런데 백성들은 굶주린 얼굴 빛이고 들판에는 굶어죽은 시체가 널려 있습니다. 이것은 짐승들을 몰고 와서 사람을 잡아먹게 하는 것과 같습니다. 짐승끼리 서로 잡아먹는 것도 사람들은 보기 싫어합니다. 백성의 부모가 되어 그 정치를 행한다면서 짐승을 거느리고 사람을 잡아 먹게 하는 데서 벗어나지 못한다면 어떻게 백성의 부모라 할 수 있겠습니까. 공자는 '용*(俑)을 처음 만든 사람은 그 자손이 끊어지리라.' 했습니다. 그것은 산 사람 모양을 해서 썼기 때문입니다. 그러하거든 하물며 산 사람을 굶주려 죽도록 할 수 있겠습니까."

5. 仁者無敵

梁惠王 曰, 晋國이 天下에 莫强焉은 叟之所知也라. 及寡人之身하여 東敗於齊에 長子 死焉하고 西喪地於秦 七百里하고 南辱於楚하니 寡人이 恥之하여 願比死者하여 一洒之하노니 如之何則可니이꼬.

孟子 對曰, 地方百里而可以王이니이다. 王如施仁政於民하사 省刑罰하시며 薄稅斂하시면 深耕 易耨하고 壯者 以暇日로 脩其孝悌忠信하여 入以事其父

兄하며 出以事其長上하리니 可使制梃하여 以撻秦楚之
堅甲利兵矣리이다.
彼奪其民時하여 使不得耕耨하여 以養其父母하면 父
母凍餓하며 兄弟妻子離散하리니 彼陷溺其民이어든 王
이 往而征之하시면 夫誰與王敵이리이꼬.
故로 曰, 仁者는 無敵이라하니 王請勿疑하소서.

【解釋】 양혜왕이 말했다.

"우리 진나라*(晋國)가 천하에서 가장 강했던 것은 선생님께서도 다 아시는 일입니다. 그런데 내 대에 들어와서 동쪽으로는 제나라에 패해서 태자까지 죽었습니다. 서쪽으로는 진(秦)나라에 칠백 리의 영토를 잃었으며 남쪽으로는 초나라에 욕됨을 받게 됐습니다. 과인은 이를 부끄럽게 생각하고, 죽은 사람의 영혼을 위로하기 위해서라도 한번 설욕*(洒)을 하고 싶습니다. 어떻게 하면 좋겠습니까."

맹자는 대답했다.

"사방 백 리의 영토로써도 왕이 될 수 있습니다. 왕께서는 백성들에게 어진 정치를 베풀어 형벌을 되도록 줄이고 세금을 가볍게 하여, 백성들이 열심히 밭을 갈고 김매도록*(易耨)하여야 합니다. 장정들에게는 일없는 여가에 효·제·충·신을 배우게 하여, 집안에서는 부형을 잘 섬기고 바깥에서는 어른들을 공경하도록 지도한다면, 백성들은 몽둥이를 들고서도 저 진나라, 초나라의 견고한 갑옷과 예리한 무기를 두들겨 쫓게 할 수 있습니다. 저들 적국에서는 백성들의 시간을 빼앗아 밭갈고 김을 매어 부모를 봉양할 수 없게 부리고 있습니다. 부모들은 굶주림과 추위에 시달리고 형제와 처자식들은 사방으로 흩어져 가고 있습니다. 그들이 그 백성들을 구렁에 빠뜨려 허우적거리게 하는데, 왕께서

가서서 정벌을 하신다면 누가 왕에게 대적하겠습니까. '어진 사람에겐 적이 없다.'고 한 말은 이러한 까닭입니다. 왕께서는 조금도 내 말을 의심하지 마십시오."

6. 天下를 통일한 자는 누구인가

孟子ㅣ 見梁襄王하시고 出語人曰, 望之不似人君이오 就之而不見所畏焉이러니 卒然問曰, 天下는 惡乎定고 하야늘 吾ㅣ 對曰定于一이라 하나라.

孰能一之오 하여늘 對曰, 不嗜殺人者 能一之라 하나라.

孰能與之오 하여늘 對曰, 天下 莫不與也니 王은 知夫苗乎이까. 七八月間에 旱則苗 槁矣라가 天이 油然作雲하여 沛然下雨則苗 浡然興之矣나니 其如是면 孰能禦之리오. 今夫天下之人牧이 未有不嗜殺人者也니 如有不嗜殺人者면 則天下之民이 皆引領而望之矣나니 誠如是也면 民歸之由 水之就下하나니 沛然을 誰能禦之리오 하나라.

【解釋】 맹자가 양양왕을 만나고 나와서 사람들에게 말했다.

"왕을 멀리서 보아도 임금 같지가 않고, 가까이서 뵈어도 두려운 감이 없었다. 그런데 갑자기 물어서 말하기를 '천하는 어디로 정착 됩니까?' 하기에 나는 '한 군데로 통일이 될 것입니다.'라고 대답하였다.

다시,
'누가 통일할 수 있을까요?'
'사람을 죽이기를 좋아하지 않는 자가 능히 통일할 수 있습니다.'
'누가 그런 사람의 편이 되겠습니까?'
'천하가 다 편되지 않을 자 없습니다. 왕께서는 곡식의 싹을 아십니까. 칠팔월경에 한발이 되면 싹이 마릅니다. 하늘이 뭉게뭉게 구름을 만들어 성긴 비를 내려 주면 싹은 힘차게 살아날 것입니다. 이와 같이 되면 누가 능히 막을 수 있겠습니까. 오늘날 천하의 임금들이 사람 죽이기를 좋아하지 않을 자가 없습니다. 사람 죽이기를 좋아하지 않는 자가 있다면 천하의 백성들은 모두가 다 목을 빼고 기다릴 것입니다. 정말 이와 같다면 물이 낮은 곳으로 힘차게 흐르듯이 백성들은 다 모일 것입니다. 누가 이것을 능히 막아낼 수 있겠습니까.'
이렇게 문답을 계속했었다."

7. 仁이란 무엇인가

齊宣王이 問曰, 齊桓晉文之事를 可得聞乎이까. 孟子
對曰, 仲尼之徒 無道桓文之事者라 是以로 後世에 無傳
焉하니 臣이 未之聞也하니 無以則王乎인저. 曰, 德이 何
如則可以王矣리이꼬. 曰, 保民而王이면 莫之能禦也리이다.
曰, 若寡人者도 可以保民乎哉이까. 曰, 可하니이다. 曰,
何由로 知吾의 可也이꼬. 曰, 臣이 聞之胡齕하니 曰, 王
이 坐於堂上이시어늘 有牽牛而過堂下者러니 王이 見之하시고

曰, 牛는 何之오. 對曰, 將以釁鍾이니이다. 王曰, 舍之하라. 吾 不忍其觳觫 若無罪而就死地하노라. 對曰, 然則廢釁鍾與이까. 曰, 何可廢也리오. 以羊易之라 하시었으니 不識이지만 有諸이까.

曰, 有之하니이다. 曰, 是心이 足以王矣리이다. 百姓은 皆以王爲愛也어니와 臣은 固知王之不忍也하노이다.

王曰, 然하다. 誠有百姓者로다마는 齊國이 雖褊小나 吾何愛一牛리오. 即不忍其觳觫 若無罪而就死地라. 故로 以羊易之也하니이다.

曰, 王은 無異於百姓之以王爲愛也하소서. 以小易大어니 彼惡知之리이꼬. 王若隱其無罪而就死地 則牛羊을 何擇焉이리이꼬. 王이 笑曰, 是誠何心哉런고 我非愛其財而易之以羊也언마는 宜乎百姓之謂我愛也로다. 曰, 無傷也라. 是乃仁術也니 見牛코 未見羊也일새니이다. 君子之於禽獸也에 見其生하고 不忍見其死하며 聞其聲하고 不忍食其肉하나니 是以로 君子는 遠庖廚也니이다. 王이 說曰, 詩云, 他人有心을 予忖度之라 하니 夫子之謂也로소이다.

夫我乃行之하고 反而求之하나 不得吾心이러니 夫子言
之하시니 於我心에 有戚戚焉하여이다. 此心之所以合於王
者는 何也이꼬. 曰, 有復於王者 曰, 吾力足以擧百鈞
이로되 而不足以擧一羽하며 明足以察秋毫之末이로되 而不
見輿薪이라 하면 則王은 許之乎이까. 曰, 否라. 今에 恩足
以及禽獸로되 而功不至於百姓者는 獨何與이꼬. 然則一
羽之不擧는 爲不用力焉이며 輿薪之不見은 爲不用明焉이
며 百姓之不見保는 爲不用恩焉이니 故로 王之不王은 不爲
也언정 非不能也니이다. 曰, 不爲者와 與不能者之形이 何
以異이꼬. 曰, 挾太山하여 以超北海를 語人曰, 我不能
이라 하면 是는 誠不能也어니와 爲長者折枝를 語人曰, 我不
能이라 하면 是는 不爲也언정 非不能也니 故로 王之不王은
非挾太山以超北海之類也라. 王之不王은 是折枝之類
也니이다.

老吾老하여 以及人之老하며 幼吾幼하여 以及人之幼면
天下는 可運於掌이니 詩云, 刑于寡妻하여 至于兄弟하여
以御于家邦이라 하니 言擧斯心하여 加諸彼而已니 故로 推

恩이면 足以保四海오 不推恩이면 無以保妻子니 古之人이
所以大過人者는 無他焉이라 善推其所爲而已矣니 今에
恩足以及禽獸로되 而功不至於百姓者는 獨何與니이꼬.
權然後에 知輕重하며 度然後에 知長短이니 物皆然이어
니와 心爲甚하니 王請度之하소서.
抑王은 興甲兵하며 危士臣하여 構怨於諸侯然後에야 快
於心與이까. 王曰, 否라. 吾何快於是리오. 將以求吾
所大欲也로이다.
曰, 王之所大欲을 可得聞與이까. 王이 笑而不言한대
曰, 爲肥甘이 不足於口與며 輕煖이 不足於體與이까. 抑
爲采色이 不足視於目與며 聲音이 不足聽於耳與며 便嬖
不足使令於前與이까. 王之諸臣이 皆足以供之하나니 而
王은 豈爲是哉시리이꼬. 曰, 否라. 吾不爲是也로이다.
曰, 然則王之所大欲을 可知已니 欲辟士地하며 朝秦
楚하여 莅中國而撫四夷也로소이다. 以若所爲로 求若所
欲이면 猶緣木而求魚也니이다.
王曰, 若是其甚與이까. 曰, 殆有甚焉하니 緣木求魚

梁惠王章句 上　53

는 雖不得魚나 無後災어니와 以若所爲로 求若所欲이면 盡
心力而爲之라도 後必有災하리이다. 曰, 可得聞與이까. 曰,
鄒人이 與楚人戰이면 則王은 以爲孰勝이니이꼬. 曰, 楚人
이 勝하리이다. 曰, 然則小固不可以敵大며 寡固不可以
敵衆이며 弱固不可以敵強이니 海內之地 方千里者 九
에 齊集有其一하니 以一服八이 何以異於鄒敵楚哉리이꼬.
蓋亦反其本矣니이다.
今王이 發政施仁하사 使天下仕者로 皆欲立於王之朝하
며 耕者로 皆欲耕於王之野하며 商賈로 皆欲藏於王之市하
며 行旅로 皆欲出於王之途하시면 天下之欲疾其君者皆欲
赴愬於王하리니 其如是면 孰能禦之리이꼬.
王曰, 吾惛하여 不能進於是矣로니 願夫子는 輔吾志하여
明以敎我하소서. 我雖不敏이나 請嘗試之하리이다. 曰, 無
恒產而有恒心者는 惟士 爲能이어니와 若民則無恒產이면 因
無恒心이니 苟無恒心이면 放辟邪侈를 無不爲已니 及陷於
罪然後에 從而刑之면 是는 罔民也니 焉有仁人이 在位하여
罔民을 而可爲也리오.

是故로 明君은 制民之産하되 必使仰足以事父母하며 俯
足以畜妻子하여 樂歲에 終身飽하고 凶年에 免於死亡하나니
然後에 驅而之善하니 故로 民之從之也輕하니이다.
今也에 制民之産하되 仰不足以事父母하며 俯不足以畜
妻子하여 樂歲에 終身苦하고 凶年에 不免於死亡하나니 此
惟救死而恐不贍이어니 奚暇에 治禮義哉리오.
王欲行之시면 則盍反其本矣니이꼬.
五畝之宅에 樹之以桑이면 五十者 可以衣帛矣며 鷄豚
狗彘之畜을 無失其時면 七十者 可以食肉矣며 百畝之田
을 勿奪其時면 八口之家 可以無飢矣며 謹庠序之敎하여
申之以孝悌之義면 頒白者 不負戴於道路矣리니 老者
衣帛食肉하며 黎民이 不飢不寒이오 然而不王者 未之
有也니이다.

【解釋】 제선왕(齊宣王)이 물었다.

"제환공(齊桓公)과 진문공(晋文公)의 패업에 대한 일을 들려 줄 수 있습니까?"

맹자가 대답했다.

"공자의 제자들로 환공과 문공의 패업에 대해 말한 사람은 없습니다. 그러므로 후세에 전하지 않았습니다. 저도 그것을 들은 바가 없습니다.

군이 말하라 하시면*(無以則) 왕도에 대해 말씀 드리겠습니다."
"왕자가 되려면 어떤 덕(德)이 있어야 합니까?"
"백성을 보호하는 왕이 되면 아무도 막을 수 없습니다."
"과인같은 사람도 백성들을 보호할 수 있겠습니까?"
"가능합니다."
"어떻게 그걸 아십니까?"
"호흘(胡齕)에게 들었습니다. 왕께서 당상(堂上)에 계시는데 당 아래로 소를 끌고 지나가는 사람이 있었습니다. 왕께서 보시고
　'저 소는 어디로 끌고 가는 거냐?'
하고 물으니
　'흔종*(釁鐘)에 쓰려 하옵니다.'
하고 신하가 대답했습니다. 그러자 왕께선,
　'살려 주어라. 부들부들 떨면서 죄도 없이 사지로 끌려가는 것을 차마 볼 수 없구나.'
　'그럼 흔종하는 것은 그만두도록 하오리까?'
　신하가 이렇게 묻자
　'어찌 그만두겠는가. 양을 대신 쓰도록 해라.'
하고 말씀하셨다고 했습니다. 잘 모르겠지만 그것이 사실입니까?"
"그런 일이 있습니다."
"마음이 넉넉하면 왕이 될 수 있습니다. 백성들은 모두가 왕께서 소가 아까워서 그러는 것이라고들 합니다만, 저는 왕이 진심으로 그런 소를 차마 볼 수 없어서 그러신 것을 알 수 있었습니다."
"그렇습니다. 그렇게 말하는 백성들도 있습니다. 아무리 제나라가 작다 해도 내 어찌 소 한 마리를 아끼겠습니까. 부들부들 떨며 죽으러 가는 죄없는 소를 차마 볼 수 없어서 양과 바꾸라고 한 것입니다."
"왕께서는 그런 평을 이상하게 생각하실 것은 없습니다. 작은 것으로 큰 것과 바꾸었으니 백성들이야 그 마음 속까지 알 리 없습니다. 그리고 죄 없이 사지로 끌려가는 측은함이야 소나 양이나 마찬가지가 아닙니까."
　왕이 웃으면서 말했다.

"정말 내가 무슨 마음으로 그랬을까……. 내가 소가 아까워서 양과 바꿔치기한 것은 분명 아니지만, 백성들이 나 보고 아까워서 그랬다고 하는 것도 무리가 아니로군."
"마음 상할 건 없습니다. 이것이 바로 인술(仁術)입니다. 소는 직접 눈으로 보았고 양은 보지 않았기 때문입니다. 군자는 짐승을 대함에 있어 산 짐승이 차마 그 죽는 것을 보지 못하며, 우는 소리를 듣고 차마 그 고기를 먹지 못하는 법입니다. 그러기에 군자는 푸주를 멀리 하는 겁니다."
선왕은 기뻐하며 말했다.
"《시경》에 이르기를

남의 마음 가진 것을 내가 비춰 안다.

고 했는데, 바로 선생님 같으신 분을 두고 한 말입니다. 내가 그렇게 해 놓고도 반성하여 그 이유를 찾아도 내 마음으로는 깨달을 수가 없었습니다. 그것을 선생님께서 말씀해 주시니, 내 마음이 그것에 움직이는 바*(戚戚焉)가 있었습니다.
그러한 마음이 왕노릇 하기에 적합하다는 것은 어째서입니까?"
"여기 한 사람이 왕에게 아뢰기를 '내가 족히 백 균*(鈞)의 무게를 들 수는 있어도 깃털 하나를 제대로 들 수가 없고, 털 끝까지도 잘 분간할 수는 있지만 수레에 가득 실은 장작은 보지 못한다.'고 하면 왕은 그것을 믿겠습니까?"
"믿을 리가 있습니까?"
"이제 왕의 은혜가 짐승에까지 미치고 있는데, 백성에게 그 공덕이 미치지 못하고 있는 것은 무엇 때문입니까. 그렇다면 깃털 하나 들지 못하는 것은 들어 올리려 하지 않기 때문입니다. 수레에 가득 실은 장작이 보이지 않는 것은 보려고 하지 않기 때문입니다. 백성들이 보호되지 않는 것은 은혜를 베풀지 않기 때문입니다. 마찬가지로 왕께서 왕노릇을 하지 못하는 것은 안 하는 것이지 하지 못해서가 아닙니다."
"하지 않는 것과 하지 못하는 것과는 모양이 어떻게 다릅니까?"
"태산을 끼고 북해를 뛰어넘는 것을, 남들에게 말하기를 〈나는 못한다.)고 한다면, 이것은 정말로 하지 못하는 것입니다. 그러나 어른을 위해 나뭇가지를 꺾는 것을, 남들에게 말하기를〈나는 못한다.〉고 한다면, 그것은 하지 않는 것이지 하지 못하는 것이 아닙니다. 즉 왕께서 왕노릇을 하지 못하는 것은, 태산을 끼고 북해를 뛰어넘는 그런 것이 아니고, 어른을 위해 나뭇가지를 꺾는 그런 것을 하지 않기 때문입니다."
 "내 집 늙은이를 소중히 여기고, 그 마음을 남의 집 늙은이에게까지 미치게 하며, 내 집 어린 것을 귀여워하여 그 마음을 남의 집 어린 것에까지 미치게 합니다. 그러면 천하는 아주 쉽게 다스려집니다.
 《시경》에 이런 말이 있습니다.

  아내에게 본보기가 되면,
  형제에게 미쳐 집과 나라를 잘 다스린다.

 이것은 노인과 자식에 대한 자신의 사랑을 남에게까지 미루어 넓히라는 뜻입니다. 즉 은총을 이렇게 넓혀 나가면 천하도 잘 보존하게 되고, 반대로 이를 넓혀 나가지 못하면 처자도 제대로 거느릴 수 없는 것입니다. 옛날 사람의 위대한 점은 다른 것이 아니라, 바로 그가 하는 일을 미루어 넓혀 나간 것입니다. 왕의 은총이 짐승에게까지 미쳤는데도 백성들에게 그 공덕이 미치지 못한 것은 도대체 무엇 때문입니까? 저울질 한 후에야 무게는 알 수 있고, 자로 잰 후에야 길이는 알 수 있습니다. 모든 것이 다 그렇지만 특히 사람의 마음을 알기란 어렵습니다. 왕께선 깊이 자신의 마음을 살피십시오. 도대체 왕께선 전쟁을 일으켜 신하들의 목숨을 위태롭게 만들고, 이웃 나라의 제후들과 원한을 산 후에야 마음이 통쾌하십니까?"
 "아닙니다. 내 어찌 그것이 통쾌할 수 있습니까. 다만 내가 구하려는 큰 욕심을 위해서입니다."
 "왕의 큰 욕심이란 어떤 것인지 들려 주시겠습니까?"
 왕은 웃기만 하고 대답하려 하지 않았다. 맹자는 질문을 계속했다.
 "먹으실 고기와 맛있는 음식이 부족하기 때문입니까? 따뜻하고 가벼운 입으실 옷이 부족하기 때문입니까? 아니면 눈으로 보실 채색이 부족하기 때문이며, 귀로 들으실 풍악과 앞에서 부리실 시종들이 부족하기 때문입니까? 그런 것들은 신하들이 다 보살펴 드리고 있습니다. 왕께서는 설마 그런 일 때문입니까?"
"아닙니다. 나는 그런 일을 위해서가 아닙니다."
"그렇다면 왕께서 바라는 것이 무엇인지 알 수 있습니다. 영토를 확장하고, 진나라·초나라를 조공케 하여 중국에 군림하고 사방 오랑캐들을 무마하는 일입니다. 그러나 전쟁에 의해 그런 소망을 이룩하려고 하신다면, 그것은 나무를 잡고 물고기를 구하는 것과 같은 것입니다."
"그것이 그토록 바보스런 일입니까?"
"그런 정도가 아닙니다. 나무를 잡고 물고기를 구하는 것은, 비록 고기를 잡지 못하는 것뿐, 다른 재난은 없습니다. 그러나 왕께서 하는 그런 방법으로 소망을 이룩하려 한다면 아무리 전력을 다한다 해도 반드시 재난이 오고 맙니다."
"어째서 그런지 들려 주십시오."
"만일 작은 추(鄒)나라와 큰 초나라가 싸운다면 어느 쪽이 이기겠습니까?"
"그야 초나라가 이기지요."
"그렇습니다. 즉 작은 나라는 큰 나라를 당하지 못하고, 적은 무리는 많은 무리를 당하지 못하고, 약한 것은 강한 것을 당하지 못한다는 것은 너무나 뻔한 일이 아닙니까. 지금 천하에는 사방 천리 되는 큰 나라가 아홉이 있습니다. 제나라는 그 중의 하나에 불과합니다. 그 하나로서 여덟을 정복한다는 것은 추나라가 초나라를 상대로 싸우는 것과 무엇이 다르겠습니까. 역시 근본 문제부터 바로잡지 않으면 안 됩니다. 지금 왕께서 어진 정치를 실시하게 되면 벼슬을 원하는 사람은 모두 왕의 밑에서 벼슬하기를 원하게 될 것입니다. 농민은 다 왕의 들에서 밭갈이하고 싶어하고, 장사꾼은 다 왕의 시장에서 장사하고, 나그네는 다 왕의 영내로 지나가게 할 것이며, 자기 나라 임금에게 불만을 품은 사람은 모두 왕을 찾아와 호소하게 될 것입니다. 이렇게 되면 누가 감히 왕과 맞설 수 있겠습니까."
"나는 원래 혼미하여 그런 일까지 나갈 수 없습니다. 부디 선생께서 그 뜻을 보필하여 분명히 가르쳐 주십시오. 나는 비록 불민하지만 한번 시행해 보겠습니다."

"항산(恒産)이 없어도 항심(恒心)이 있는 것은 오직 선비만이 가능한 것입니다. 만약 백성들에게 항산이 없으면 그로 인하여 항심을 잃게 됩니다. 그리고 항심(恒心)이 없으면 방벽 사치(放辟邪侈) 못할 일이 없습니다. 자연 죄에 빠지게 만들어 놓은 다음에 이를 형벌로 다스린다는 것은 백성들을 그물질 하는 것과 같은 것입니다. 어진 사람이 임금의 자리에 있으면서 백성을 그물질하는 일을 할 수 있겠습니까. 그러므로 현명한 임금들은 백성들의 생산을 제정함에 있어 반드시 부모를 충분히 봉양하고, 처자를 넉넉히 기를 수 있게 하여 풍년이 들면 일생을 배불리 먹고 즐길 수 있고, 흉년이 되면 굶어죽는 사람이 없게 합니다. 이렇게 한 다음에 그들을 착한 길로 이끌어 갑니다. 그러므로 백성들도 저항 없이 따라오게 됩니다.

그런데 지금은 어떻습니까. 아무리 해도 부모를 충분히 봉양하고, 처자를 넉넉히 기를 수 있기에 부족합니다. 풍년이 들어도 고생을 면할 수가 없고, 흉년이 들면 죽음을 면하기가 어렵습니다. 이런 상황 아래에서는 죽음을 구제하기도 어려운 형편이니 어느 겨를에 예의를 다스리겠습니까. 만일 천하의 왕노릇을 하시기를 바라신다면 먼저 근본으로 돌아가야 합니다. 5묘(畝)의 집터를 이용해서 뽕나무를 심도록 하면, 쉰 살 노인이 비단 옷을 입을 수 있습니다. 닭, 돼지, 개 등을 기르는 데 때를 맞추면 일흔 노인도 고기를 먹을 수 있습니다. 백 묘의 전답자에게서 농사철을 빼앗지 않는다면 8명의 식구가 굶주릴 수 없습니다. 그런 다음 교육에 힘을 기울여 부모에게 효도하고 어른을 존경하는 도리를 배우게 하면, 길거리에 반백의 노인이 무거운 짐을 지거나 이거나 하고 길을 다니는 일이 없게 됩니다. 노인이 비단옷 입고 고기 반찬을 먹으며 백성들이 배고프고 추운 일이 없게 되고서도 왕노릇을 못한 자는 일찍이 없었습니다."

[註釋] *萬乘之國 전쟁 때 兵車(전차) 1만 대를 낼 수 있는 나라라는 뜻. 천자는 영토가 1천 리로서 전차 1만 대를 가질 수 있었고, 제

후는 그 땅이 백 리로서 1천대의 전차를 가질 수 있었다.
*勿亟 亟의 음은 〈극〉. 速, 急의 뜻으로 급히 서둘지 말라고 해석됨.
*害喪 害의 음은 〈갈〉. 何의 뜻.
*五畝之宅 周나라 제도로서 농민 한 사람이 받는 집터. 약 2백 60평.
*百畝之田 周나라 때의 井田法에서 9백 묘의 정방형 밭을 9등분한 다음 1백 묘씩 여덟 가구가 가지고 나머지 1백 묘를 공동으로 경작하여 그 수확을 조세로 납부했다.
*俑 나무로 사람 모양을 만들어 장사 지낼 때 함께 묻는 데 사용했다.
*晋國 양혜왕이 魏라 부르지 않고 자기 나라를 晋이라 부른 것은 晋나라의 전통을 계승한 것을 자부하며 어느 때인가 천하를 호령해 보고 싶기 때문이다.
*洒 〈세〉라 발음함. 설욕의 뜻.
*易耨 易는 다스린다는 뜻. 耨는 김맨다는 뜻.
*無以則 굳이 말하라 하시면의 뜻.
*釁鐘 종을 새로 만들어 완성되었을 때 희생의 피를 바르는 종교적 의식.
*戚戚焉 마음이 움직이는 모양.
*鈞 대단히 무거운 것을 가리켜서 하는 말. 1鈞은 30斤.

梁惠王章句 下

1. 與民同樂

莊暴(장포) 見孟子曰(견맹자왈), 暴(포)가 見於王(현어왕)하니 王(왕)이 語暴以好樂(어포이호악)어시늘 暴未有以對也(포미유이대야)하니 日(왈), 好樂(호악)이 何如(하여)하니이꼬. 孟子(맹자)曰(왈), 王之好樂甚(왕지호악심)이 則齊國(즉제국)은 其庶幾乎(기서기호)인저.

他日(타일)에 見於王曰(현어왕왈), 王(왕)이 嘗語莊子以好樂(상어장자이호악)하사소니 有諸(유저)이까. 王(왕)이 變乎色曰(변호색왈), 寡人(과인)이 非能好先王之樂也(비능호선왕지악야)라 直好世俗之樂耳(직호세속지악이)로이다.

曰(왈), 王之好樂甚(왕지호악심)이 則齊其庶幾乎(즉제기서기호)인저. 今之樂(금지악)이 由古之樂也(유고지악야)니이다.

曰(왈), 可得聞與(가득문여)이까. 曰(왈), 獨樂樂(독악락)과 與人樂樂(여인악락)이 孰樂(숙락)이니이꼬. 曰(왈), 不若與人(불약여인)이니이다. 曰(왈), 與少樂樂(여소악락)과 與衆樂樂(여중악락)이 孰樂(숙락)이니이꼬. 曰(왈), 不若與衆(불약여중)이니이다. 臣(신)이 請爲王言樂(청위왕언악)하리이다.

今王이 鼓樂於此어시든 百姓이 聞王의 鍾鼓之聲과 管籥
之音하고 擧疾首蹙頞而相告曰, 吾王之好鼓樂이여 夫
何使我로 至於此極也오 하여 父子가 不相見하며 兄弟妻子
離散하며 今王이 田獵於此어시든 百姓이 聞王의 車馬之
音하며 見羽旄之美하고 擧疾首蹙頞而相告曰, 吾王之
好田獵이여 夫何使我로 至於此極也오 하여 父子不相見하며
兄弟妻子 離散하면 此는 無他라 不與民同樂也니이다.
今王이 鼓樂於此어시든 百姓이 聞王의 鍾鼓之聲과 管籥
之音하고 擧欣欣然有喜色而相告曰, 吾王이 庶幾無疾
病與아, 何以能鼓樂也오 하며 今王이 田獵於此어시든 百姓
이 聞王의 車馬之音하며 見羽旄之美하고 擧欣欣然有喜色
而相告曰, 吾王이 庶幾無疾病與아 何以能田獵也오 하면
此는 無他라 與民同樂也니이다.
今王이 與百姓同樂 則王矣시리이다.

【解釋】 장포(莊暴)가 맹자를 뵙고 물었다.
"제가 왕을 뵈었더니 왕께서는 음악을 좋아하신다고 말씀을 하셨습니다. 나는 아무런 대답도 못하고 말았습니다. 묻건대, 음악을 좋아하는 것은 어떻습니까?"

맹자가 대답했다.
"왕이 정말 음악을 좋아하신다면 제나라는 이제 태평 성대를 이루게 될 것도 멀지 않았습니다."
얼마 뒤, 맹자는 왕을 만나 뵈었다.
"얼마 전 왕께서 장자*(莊子)에게, 음악을 좋아하신다고 말씀하신 적이 있습니까?"
왕은 얼굴을 붉히며 말했다.
"나는 선왕(先王)들의 음악을 좋아하는 것이 아니라 세속의 음악을 듣기를 좋아합니다."
"왕께서 음악을 매우 좋아하신다면 제나라가 태평을 누리게 되는 것도 멀지 않았습니다. 오늘의 음악이나 옛날 음악이나 크게 다를 것이 없습니다."
"그 까닭을 들을 수 있는지요."
"혼자서 음악을 즐기는 것과 남들과 같이 즐기는 것은 어느 쪽이 더 즐겁습니까?"
"그야 남들과 같이 즐기는 것이 더 즐겁지요."
"그러면 적은 사람과 같이 음악을 즐기는 것과 많은 사람과 같이 음악을 즐기는 것은 어느 편이 더 즐겁습니까?"
"그야 물론 많은 쪽이지요."
"그럼 제가 왕에게 음악을 말씀 드리겠습니다. 지금 왕께서 여기서 연주회를 열었다고 합시다. 백성들이 그 종소리와 북과 피리 소리를 듣고 모두 골머리가 아파 눈살을 찡그리며 서로 이렇게 말합니다.
   '우리 임금님은 북소리도 즐기시는군. 혼자만 마음껏 즐기며 어찌 우리들은 이꼴로 만들어 놓는 것일까. 부자가 서로 만날 수도 없고, 형제와 처자들도 흩어져 버렸네.'
또 지금 왕께서 사냥을 나갔다고 합시다. 백성들은 그 수레와 말 달리는 소리를 듣고, 깃발이 아름답게 나부끼는 것을 바라보며, 모두 골치 아파 눈살을 찡그리며 서로 이렇게 말합니다.
   '우리 임금님은 사냥을 꽤 좋아하는군. 혼자 그런 재미를 보며, 왜 우리들은 이 모양으로 만든단 말인가. 부자가 서로 만날 수 없고, 형제

처자도 뿔뿔이 흩어져 있지 않은가.'

그러면 이것은 무슨 까닭입니까? 백성들과 함께 즐기지 않기 때문입니다. 여기에 왕께서 지금 연주회를 열었다고 합시다. 그러면 그 종소리와 북, 피리 소리를 듣고 모든 백성들이 즐거운 표정으로 서로 이렇게 말합니다.

'우리 임금님은 요즈음도 무사하신 모양이로군. 어쩌면 저리도 음악에 능하실까.'

또 지금 왕께서 사냥을 나갔다고 합시다. 백성들이 수레와 말 달리는 소리를 듣고, 깃발이 나부끼는 아름다움을 바라보며, 모두 즐거운 표정으로 서로 이렇게 말합니다.

'우리 임금께서 요즈음 무사하신 모양이로군. 어쩌면 저렇게 사냥에 능하실까.'

그렇다면, 이는 다른 것이 아닙니다. 백성들과 즐거움을 같이 나누고 있기 때문입니다. 지금 왕께서 백성들과 즐거움을 같이 하신다면 천하의 왕노릇을 하실 수 있습니다."

2. 좁으면서 넓은 이야기

齊宣王이 問曰, 文王之囿 方七十里라 하니 有諸이까.

孟子對曰, 於傳에 有之 하니이다.

曰, 若是其大乎이까. 曰, 民이 猶以爲小也 니이다. 曰,

寡人之囿는 方四十里로되 民이 猶以爲大는 何也이꼬. 曰,

> 문왕지유   방칠십리   추요자   왕언   치토자   왕언
> 文王之囿 方七十里에 芻蕘者 往焉하며 雉兎者 往焉하여
> 여민동지   민   이위소 불역의호
> 與民同之하시니 民이 以爲小 不亦宜乎이까.
> 신   시지어경   문국지대금   연후   감입   신
> 臣이 始至於境하여 問國之大禁 然後에 敢入호니 臣은
> 문교관지내   유유   방사십리   살기미록자   여살인지
> 聞郊關之內에 有囿 方四十里에 殺其麋鹿者를 如殺人之
> 죄   즉시방사십리   위정어국중   민   이위대
> 罪라 하니 則是方四十里로 爲阱於國中이니 民이 以爲大
> 불역의호
> 不亦宜乎이까.

【解釋】 제선왕이 물었다.

"문왕(文王)의 사냥터는 사방 70리나 되었다는데 사실입니까?"

"책에 그렇게 전해지고 있습니다."

"그렇게 컸습니까?"

"백성들은 오히려 작다고 했습니다."

"과인의 사냥터는 사방 40리밖에 안 되는데도 백성들은 너무 크다고 불평들을 하니 어찌된 일입니까?"

"문왕의 사냥터는 사방 70리나 되었지만, 나무꾼은 여기서 땔감을 마음대로 얻을 수 있고, 사냥꾼은 사냥꾼대로 사냥을 할 수 있었습니다. 이렇게 백성들과 함께 이용을 했으니 백성들이 작다고 하는 것이 당연하지 않습니까.

 신은 처음 제나라 국경에 이르렀을 때, 먼저 나라에서 가장 엄금하고 있는 것이 무엇인가를 물어본 다음에야 감히 들어왔습니다. 신이 들으니 관문 안에 사방 40리 사냥터가 있는데, 여기서 사슴을 잡는 사람은 살인죄나 똑같이 다스린다고 했습니다. 이것은 나라 안에 사방 40리의 함정을 파놓은 것과 다를 것이 없습니다. 백성들이 너무 크다고 생각하는 것이 당연하지 않습니까."

3. 참勇氣

　　　　제선왕　　문왈　　교린국　　유도호　　　맹자대왈　유
　齊宣王이 問曰, 交隣國이 有道乎이까. 孟子 對曰, 有
하니　유인자　위능이대사소　　　　시고　탕　사갈
惟仁者아 爲能以大事小하나니 是故로 湯이 事葛 하시
　　문왕　사곤이　　　　　유지자　위능이소사대
고 文王이 事昆夷 하시니이다. 惟智者아 爲能以小事大 하나니
　　　태왕　사훈육　　　구천　　사오
故로 大王이 事獯鬻하고 句踐이 事吳 하니이다.
　　이대사소자　　낙천자야　　이소사대자　　외천자야
以大事小者는 樂天者也오 以小事大者는 畏天者也니
　낙천자　보천하　　　외천자　보기국
樂天者는 保天下 하고 畏天者는 保其國 이니이다.
　　시　운　외천지위　　　우시보지
詩에 云, 畏天之威 하야 于時保之라 하니이다.
　　왕왈　대재　언의　　과인　유질　　과인　호용
王曰, 大哉라 言矣여. 寡人이 有疾하니 寡人은 好勇하
노이다.
　　대왈　왕청무호소용　　　부무검질시왈　피오감당
對曰, 王請無好小勇 하소서. 夫撫劍疾視曰, 彼惡敢當
아재　　　　　　　차　필부지용　　　적일인자야　왕청대
我哉 리오 하나니 此는 匹夫之勇이라 敵一人者也니 王請大
지 하소서.
　　시　운　왕혁사노　　　원정기려　　　이알조려　　이
詩에 云, 王赫斯怒 하여 爰整其旅 하여 以遏徂莒 하여 以

　　　　　　독주호　　　　이대우천하　　　　　차　문왕지용야　　　문왕
　　　　篤周祜하여 以對于天下라하니 此는 文王之勇也니 文王
　　　　　　　　　일노이안천하지민
　　　이 一怒而安天下之民 하니이다.

　　　　　　　　서　왈　천강하민　　　작지군작지사　　　　유왈 기
　　　　書에 曰, 天降下民 하사 作之君作之師 하고는 惟曰, 其
　　　　조상제　　총지사방　　　유죄무죄　유아재　　　　천하 갈
　　　　助上帝라 寵之四方이니 有罪無罪에 惟我在커니 天下 曷
　　　　감유월궐지　　　　　일인　횡행어천하　　　　무왕　치
　　　　敢有越厥志리오 하니 一人이 衡行於天下어늘 武王이 恥
　　　지　　　차　무왕지용야　　이무왕　　역일노이안천하
　　　之 하시니 此는 武王之勇也니 而武王이 亦一怒而安天下
　　　지 민
　　　之民 하시니이다.

　　　　　　　금왕　역일노이안천하지민　　　　　민　유공왕지불호
　　　　今王이 亦一怒而安天下之民 하시면 民이 惟恐王之不好
　　　용 야
　　　勇也 리이다.

【解釋】 제선왕이 물었다.

"이웃 나라와 국교를 맺는 데 무슨 도리가 있습니까."

맹자가 대답했다.

"있습니다. 오직 인자(仁者)만이 대국으로서 소국과 국교를 맺을 수 있습니다. 그렇기 때문에 탕왕(湯王)이 갈백(葛伯)을 섬기게 되었고, 문왕이 곤이(昆夷)를 섬기게 된 것입니다. 오직 지혜로운 사람만이 능히 소국으로서 대국과 국교를 맺을 수 있습니다. 그러므로 태왕(太王)이 훈육(獯鬻)을 섬기고, 구천(句踐)이 오(吳) 나라를 섬기게 된 것입니다. 대국으로서 소국을 넘보지 않고 사귀는 임금은 천리(天理)를 즐기는 사람이고, 소국으로서 대국의 횡포를 막을 수 있는 사람은 천리를 두려워하는 사람입니다. 천리를 즐기는 사람은 천하를 보존할 수 있고, 천리를 두려워하는 사람은 나라를 보존하게 됩니다.

《시경》에
'하늘의 위엄을 두려워하여 이에 나라를 잘 보존한다.'
고 했습니다."
왕은 말했다.
"참으로 지당한 말씀입니다. 그러나 내게는 좋지 못한 버릇이 있어서 용맹을 좋아합니다."
"왕께선 작은 용기를 삼가 주십시오. 칼자루를 어루만지고 눈을 흘기며, '저놈이 감히 나를 당할 건가.' 한다면 이것은 필부의 용기로 겨우 한 사람을 상대로 하는 것뿐입니다. 용기를 가지시려거든 큰 용기를 가지십시오.

《시경》에는
왕이 크게 노하사,
이에 그 군대를 정돈하여
거(莒)로 가는 것을 막아
주나라의 복을 두텁게 하고 써
천하의 기대에 대답했다.

고 했습니다. 이것은 문왕의 용기입니다. 문왕이 한번 노함으로써 온 천하의 백성들이 안정을 얻게 되었습니다.
또 《서경》에는
〈하늘이 이 백성들을 내리실 때에 임금을 세우고 스승을 세우신 것은 오직 상제를 도와 온 백성에게 은총을 베풀고, 죄가 있는 사람은 이를 벌주고, 죄가 없는 사람은 이를 아껴 주는 것이 오직 나에게 있으니 천하에 어느 누가 감히 하늘의 뜻을 무시할 수 있으랴.〉
했습니다. 그런데 한 사람(紂王)이 횡행하는지라 무왕이 이를 부끄러워 하시니 이것이 바로 무왕의 용기입니다. 무왕이 한 번 성을 냄으로써 온 천하 백성들을 안정시켜 주셨습니다. 이제 왕께서도 한번 성을 내시어 천하의 백성들을 편안히 하여 주십시오. 그러면 백성들은 왕께서 용맹을 좋아하지 않으실까 두려워하게 될 것입니다."

4. 流連荒亡의 고민

　　　제선왕　　견맹자어설궁　　　　왕왈　　현자　　역유차락
齊宣王이 見孟子於雪宮이러니 王曰, 賢者도 亦有此樂
호　　　맹자　대왈　유　　　　인부득즉비기상의
乎이까. 孟子 對曰, 有하니 人不得則非其上矣니이다.
　부득이비기상자　　비야　　　위민상이불여민동락자　　역
不得而非其上者도 非也며 爲民上而不與民同樂者도 亦
비야
非也니이다.
　　　낙민지락자　　민역락기락　　　　우민지우자　　민역우기
樂民之樂者는 民亦樂其樂하고 憂民之憂者는 民亦憂其
우　　　　낙이천하　　　우이천하　　　연이불왕자　미지유
憂하나니 樂以天下하며 憂以天下하고 然而不王者 未之有
야
也니이다.
　　　석자　　제경공　　문어안자왈　　　오욕관어전부조무
昔者에 齊景公이 問於晏子曰, 吾欲觀於轉附朝儛하여
　준해이남　　　방우낭야　　　오하수이가이비어선왕관
遵海而南하여 放于琅邪하노니 吾何脩而可以比於先王觀
야
也오.
　　　안자　대왈, 선재　문야　　천자　적제후왈　　순수
晏子 對曰, 善哉라 問也여 天子 適諸侯曰, 巡狩니
　순수자　　순소수야　　제후조어천자왈　　술직　　　술직
巡狩者는 巡所守也오 諸侯朝於天子曰, 述職이니 述職
자　　술소직야　　무비사자　　춘성경이보부족　　　추성렴
者는 述所職也니 無非事者오 春省耕而補不足하며 秋省斂

而助不給하나니 夏諺에 曰, 吾王이 不遊면 吾何以休며 吾
王이 不豫면 吾何以助리오 一遊一豫爲諸侯度라 하니이다.
今也에 不然하여 師行而糧食하여 飢者 弗食하며 勞者
弗息하여 睊睊胥讒하여 民乃作慝이어늘 方命虐民하여 飮
食若流하여 流連荒亡하여 爲諸侯憂하나니이다.
從流下而忘反을 謂之流오 從流上而忘反을 謂之連이오
從獸無厭을 謂之荒이오 樂酒無厭을 謂之亡이니
先王은 無流連之樂과 荒亡之行하니 惟君所行也니이다.
景公이 説하여 大戒於國하고 出舍於郊하여 於是에 始
興發하여 補不足하고 召大師曰, 爲我하여 作君臣相説
之樂하라 하니 蓋徵招角招 是也라. 其詩曰, 畜君何尤
리오 하니 畜君子는 好君也니이다.

【解釋】 제선왕이 맹자를 설궁(雪宮—제왕의 離宮 이름)에서 만났다. "현자(賢者)에게도 역시 이러한 즐거움이 있습니까?"
"있습니다. 사람들은 이러한 즐거움을 가지지 못하면 그 임금을 비난합니다. 즐거움을 갖지 못하였다 하여 임금을 비난하는 것도 잘못이지만 백성과 더불어 임금께서 즐거움을 같이 못하는 것도 또한 잘못입니다. 임금께서 백성들의 즐거움을 즐기면 백성 또한 임금의 즐거움을 즐기고 임금께서 백성들의 근심을 걱정하면 백성들도 또한 임금의 근심을 걱정합니다. 천하와 같이 즐거움을 같이 하고 천하와 같이 근심을 같이 한 뒤에 왕노릇을 하지 못하는 사람은 아직 없습니다. 옛날에 제경공(齊景公)이 안자(晏子)에게 물었습니다.

'내 욕심은 전부산(轉附山)과 조무산(朝儛山)을 보고 바다를 따라 남쪽으로 내려가서 낭야(琅邪)에 이르는 것이니 내 자신이 어떻게 하여야 선왕들이 본 것과 견줄 수 있으리오.'

안자가 대답했습니다.

'참으로 좋은 질문입니다. 천자가 제후(諸侯)에게 가는 것을 순수(巡狩)라고 하며, 이것은 수비하는 곳을 순시하는 것입니다. 제후가 천자를 뵙는 것을 술직(述職)이라고 하는데, 술직은 직무를 보고하는 것이니, 일거리가 아닌 것이 없습니다. 봄갈이하는 것을 살피고 부족한 것을 보충해 주시고 가을 추수를 살피시고 모자라는 것을 도와 줍니다. 하(夏)나라의 속담에〈우리 임금께서 놀지 않는데 우리가 어찌 쉴 수 있으며, 우리 임금께서 즐기지 않으시면 우리가 어찌 도움을 받을 수 있으리.〉라는 말이 있습니다. 한번 놀고 한번 즐기심에도 다 제후의 본보기가 되었습니다. 지금에는 그렇지 않아서 임금이 행차시 수행원*(師)들이 양식을 징발하여 굶주린 자도 먹지 못하고 노동한 자도 쉬지 못하며 수행원들은 그들끼리 눈을 흘기며 서로를 헐뜯어 그 나쁜 짓이 백성들에게까지 미칩니다.

그런데 임금께서 선왕의 명령을 어기고*(方命) 백성들을 학대하고 음식을 버리기를 물같이 함이 유련황망(流連荒亡)하여 제후들의 걱정거리가 되었습니다. 물흐름을 따라 내려가서 돌아오는 것을 잊음을 유(流)라고 일컬으며, 산을 따라 위로 올라가서 오지 않는 것을 연(連)이라 합니다. 사냥을 가서 싫증을 모르고 보내고 있는 것을 황(荒)이라 일컬으며, 술을 즐겨서 싫증을 모르고 정사를 태만히 하는 것을 망(亡)이라고 합니다. 선왕들은 유련(流連)을 즐기거나 황망(荒亡)하는 행동이 없었습니다. 오직 임금께서 행하기에 달려 있습니다.'

경공은 이 말을 듣고 크게 기뻐서 나라에 훈령을 내리고 궁궐 밖으로 나와 민가에 머무르는 한편 곡식 창고문을 열어 부족한 것을 도와 주었습니다. 그리고 태사를 불러서 말하기를 '나를 위하여 임금과 신하가 같이 즐길 수 있는 음악을 지어달라.' 하시니 치소(徵招)와 각소(角招)

가 그것입니다. 그 가사에 '임금의 욕심을 막는다고 그 누가 허물하리.' 라는 말이 있으니, 임금의 욕심을 막는다는 것은 임금을 좋아함입니다."

5. 재물과 색을 좋아함

齊宣王이 問曰, 人皆謂我毁明堂이라 하나니 毁諸아. 已乎이까.

孟子 對曰, 夫明堂者는 王者之堂也니 王欲行王政則勿毁之矣소서.

王曰, 王政을 可得聞與이까. 對曰, 昔者文王之治岐也에 耕者를 九一하며 仕者를 世祿하며 關市를 譏而不征하며 澤梁을 無禁하며 罪人을 不孥하니이다. 老而無妻曰, 鰥이오 老而無夫曰, 寡오 老而無子曰, 獨이오 幼而無父曰, 孤니 此四者는 天下之窮民而無告者어늘 文王이 發政施仁하되 必先斯四者하니 詩에 云, 哿矣富人이어니와 哀此煢獨이라 하니이다.

王曰, 善哉라 言乎여. 曰, 王如善之則何爲不行이니이

王曰, 寡人이 有疾하니 寡人은 好貨하노이다. 對曰, 昔者에 公劉好貨하니이다. 詩에 云, 乃積乃倉이어늘 乃裹餱糧을 于橐于囊이오 思戢用光하여 弓矢斯張하며 干戈戚揚으로 爰方啓行이라 하니 故로 居者有積倉하며 行者有裹糧也니 然後에야 可以爰方啓行이니 王如好貨어시든 與百姓同之하시면 於王에 何有리이꼬.

王曰, 寡人이 有疾하니 寡人은 好色하노이다. 對曰, 昔者에 大王이 好色하여 愛厥妃하니이다. 詩에 云, 古公亶父來朝走馬하여 率西水滸하여 至于岐下하여 爰及姜女로 聿來胥宇라 하니 當是時也하여 內無怨女하며 外無曠夫하니 王如好色이어시든 與百姓同之하시면 於王에 何有리이꼬.

【解釋】 제선왕이 물었다.
"사람들이 모두 나에게 명당을 헐어 버리라고 합니다. 헐까요 말까요?"
맹자가 대답했다.
"명당이라는 것은 왕자의 집입니다. 왕께서 왕정(王政)을 행하시려거든 허물지 마옵소서."
"왕정에 대해서 들려 주실 수 있습니까?"
"옛날 문왕이 기(岐)를 다스릴 때에 농민에게는 정전제(九一)를 쓰고 관리에게는 세록(世祿)하였습니다. 관문이나 시장에서는 살피되 통행세나 물품세를 받지 않고*(不征) 어업을 금하지 않았으며 죄인을 다루되 그 죄가 처자에게까지 미치지 않았습니다. 늙어서 아내가 없는 것을 환(鰥)이라 하며, 늙어서 지아비가 없는 것은 과(寡)이며, 늙어서 자식이 없는 것은 독(獨)이요, 어려서 부친이 없는 것은 고(孤)입니다. 이 네 가지는 천하에 호소할 데도 없는 불쌍한 백성들입니다. 문왕이 정치를 하여 어짊을 베푸실 때 먼저 이 네 가지를 없게 하였습니다.《시경》에 이런 구절이 있습니다.

부유한 이들이야 괜찮지만
애달픈 건 지치고 외로운 사람들.

"옳은 말씀입니다."
"왕께서 옳으시다면 어찌하여 실행을 하지 않으십니까?"
"과인에게는 못된 것이 있습니다. 나는 재물을 좋아합니다."
"옛사람인 공유(公劉)도 재물을 좋아하였습니다.《시경》에 이런 말이 있습니다.

곡식은 노천이나 창고에 쌓여 있지만
마른 양식은 큰 부대나 작은 부대에
따로 담아 두었네.
백성들을 평화롭게 살게 함으로써
나라를 빛나게 하기 위해
활과 살을 펴들고
방패, 창, 도끼를 잡고
이에 비로소 출발하였네.

이런 까닭에 남아 있는 백성들에게는 창고에 곡식이 있고 떠나는 자의 부대에는 양식이 있은 다음에야 비로소 출발할 수 있었습니다. 왕께서도 재물을 좋아하시거든 백성들과 같이 하옵소서. 이런 왕에게 무슨 어려움이 있겠습니까?"
"과인에게는 못된 버릇이 있습니다. 나는 색을 좋아합니다."
"옛날에 태왕도 색을 좋아하시어 그 왕비를 사랑하시었습니다.《시경》에 이런 말이 있습니다.

고공단보(古公亶父) 오랑캐에 쫓기어
아침에 말을 타고 달리어
서수(西水)의 물가를 따라
기산 밑(岐下)에 이르렀네.
따라 온 강녀(姜女)와
그 땅에서 함께 살았도다*(胥宇).

이런 시대에는 안으로는 원녀(怨女)가 없고 밖으로는 광부(曠夫)가 없었습니다. 왕께서 색을 좋아하시려거든 백성들과 같이 하옵소서. 왕께서 이러하오면 무슨 어려움이 있겠습니까."

6. 돌아보며 딴소리

孟子 謂齊宣王曰, 王之臣이 有託其妻子於其友而之楚遊者ㅣ 比其反也하여 則凍餒其妻子어든 則如之何이꼬.

王曰, 棄之니이다.

曰, 士師 不能治士어든 則如之何이꼬. 王曰, 已之니이다.

曰, 四境之内 不治어든 則如之何이꼬. 王이 顧左右而言他하시다.

【解釋】 맹자가 제선왕에게 말했다.

"왕의 신하로서 그 처자를 친구에게 맡겨 놓고 초나라로 떠난 사람이 있었다고 합시다. 돌아와 보니 친구는 그 처자를 배고프고 떨게 만들었습니다. 그 친구를 어떻게 하겠습니까?"
"벼슬에 채용치 않지요."
"옥관(獄官)이 그 부하를 제대로 통솔하지 못했을 경우는 어떻게 하겠습니까?"
"벼슬에서 물러나게 해야지요."
"나라 안이 제대로 다스려지지 않았을 때에는 어떻게 하시겠습니까?"
왕은 좌우를 돌아보며 엉뚱한 말을 하였다.

7. 百姓의 소리를 들으라

孟子 見齊宣王曰, 所謂故國者는 非謂有喬木之謂也
라 有世臣之謂也니 王無親臣矣니이다.
昔者所進을 今日에 不知其亡也온여.
王曰, 吾何以識其不才而舍之이꼬.
曰, 國君이 進賢하되 如不得已니 將使卑로 踰尊하며 疏
로 踰戚이니 可不愼與이까.
左右 皆曰賢이라도 未可也하며 諸大夫 皆曰賢이라도 未
可也하고 國人이 皆曰賢然後에 察之하여 見賢焉然後에 用
之하며

좌우   개 왈 불 가   물 청   제 대 부   개 왈 불 가   물
左右 皆曰不可라도 勿聽하며 諸大夫 皆曰不可라도 勿
 청   국 인   개 왈 불 가 연 후   찰 지   건 불 가 언 연 후
聽하고 國人이 皆曰不可然後에 察之하여 見不可焉然後에
 거 지
去之하며
    좌 우   개 왈 가 살   물 청   제 대 부   개 왈 가 살
左右 皆曰可殺이라도 勿聽하며 諸大夫 皆曰可殺이라도
 물 청   국 인   개 왈 가 살 연 후   찰 지   건 가 살 언 연 후
勿聽하고 國人이 皆曰可殺然後에 察之하여 見可殺焉然後
  살 지   고   왈   국 인   살 지 야
에 殺之니 故로 曰, 國人이 殺之也라 하니이다.
    여 차 연 후   가 이 위 민 부 모
如此然後에 可以爲民父母니이다.

【解釋】 맹자가 제선왕에게 말했다.

"이른바 고국(故國)이란 것은, 큰 나무가 있는 것을 말하는 것이 아닙니다. 대를 이은 신하가 있는 것을 말하는 것입니다. 그런데 지금 왕은 신임하는 신하마저 없습니다. 어제 등용한 신하가 오늘은 없어진 것조차 모르고 계십니다*(不知其亡也)."

"내가 어떻게 하면 그들의 재주 없음을 알고 등용하지 않을 수 있겠습니까?"

"임금이 어진 사람을 등용하는 것은 부득이 한 것과 같아야 합니다. 신분이 천한 사람을 높은 지위에 앉게 하기도 하고, 관계가 먼 사람을 요직에 앉게 하는 경우도 있으니 신중하지 않을 수 있습니까.

좌우가 다 〈어진 사람〉이라 하여도 등용하여서는 안 됩니다. 모든 대신들이 다 〈어진 사람〉이라고 하여서 등용해도 안 됩니다. 백성들이 모두가 〈어진 사람〉이라고 한 다음에 살펴보아서 〈어진 사람〉임이 보인 다음에야 등용하여야 합니다.

좌우가 다 〈나쁘다.〉하여도 듣지 마시고 여러 대신들이 물론 다 〈나쁘다.〉하여도 귀담지 마십시오. 백성들이 〈나쁘다.〉고 한 다음

에야 살펴서 〈나쁜 것〉이 보이면 제거하십시오.
　좌우가 다 〈죽이는 것이 옳다.〉고 하여도 듣지 마시고 모든 대신들이 모두 〈죽이는 것이 옳다.〉하여도 귀담지 마십시오. 백성들이 다 〈죽이는 것이 옳다.〉고 한다 해도 죽이는 것이 옳음이 드러나면 죽이십시오. 이런 까닭에 〈백성들이 죽인 것이다.〉라고 말할 수 있습니다. 이와 같이 된 후에야 백성들이 부모가 될 수 있습니다."

8. 폭군은 임금이 아니다

> 齊宣王이 問曰, 湯이 放桀하시고 武王이 伐紂라 하니 有
> 諸이까. 孟子 對曰, 於傳에 有之하니이다.
> 曰, 臣弑其君이 可乎이까.
> 曰, 賊仁者를 謂之賊이오 賊義者를 謂之殘이오 殘賊之
> 人을 謂之一夫니 聞誅一夫紂矣오 未聞弑君也케이다.

【解釋】 제선왕이 물었다.
"탕왕은 걸왕을 쫓아내고 무왕은 주(紂)를 토벌하였습니다. 과연 그러합니까?"
　맹자가 대답했다.
"책에 전하여지고 있습니다."
"신하로서 그 임금을 죽여도 좋습니까?"
"인을 해치는 자를 적(賊)이라 하고, 의(義)를 어기는 자를 일컬어 잔(殘)이라고 합니다. 잔적(殘賊)한 자를 일부(一夫)라고 합니다. 일부

(一夫)인 주(紂)를 죽였다는 말은 들었어도 임금을 죽였다는 것은 아직 듣지 못했습니다."

9. 건축과 정치

> 孟子가 見齊宣王曰, 爲巨室則必使工師로 求大木하시리
> 니 工師得大木則王이 喜하여 以爲能勝其任也라 하시고 匠
> 人이 斲而小之則王이 怒하여 以爲不勝其任矣라 하시리니 夫
> 人이 幼而學之는 壯而欲行之니 王曰, 姑舍女의 所學하고
> 而從我라 하시면 則何如하니이꼬.
> 今有璞玉於此하면 雖萬鎰이라도 必使玉人彫琢之하시리
> 니 至於治國家하여는 則曰, 姑舍女의 所學하고 而從我라
> 하시면 則何以異於敎玉人彫琢玉哉이꼬.

【解釋】 맹자가 제선왕에게 말했다.

"큰 집을 지으려면, 반드시 큰 재목을 구하여 오도록 목공의 장에게 시킬 것입니다. 목공의 장이 큰 재목을 구하여 오면 그 목재가 제 구실을 할 수 있다고 왕께서는 기뻐하실 것입니다. 목공들이 그 재목을 작게 하면 그 구실을 할 수 없다고 왕께서는 노하실 것입니다. 어떤 사람이 어려서 배운 것을 장년이 되어서 실행하려고 합니다. 왕께서 말씀하시기를 '네가 배운 것을 잠시 버려두고 나를 따르라.'고 한다면 어떻

게 되겠습니까. 지금 여기에 박옥(璞玉)이 있어서 비록 만 일(萬鎰—1鎰은 약 20냥)의 값어치가 된다 하여도 반드시 옥 다듬는 사람에게 조탁(彫琢)을 하여야 할 것입니다. 나라를 다스리는 데 이르러서만 일컫기를 '잠시 네가 배운 것을 버려두고 나를 따르라.'고 하신다면, 옥 다듬는 사람에게 옥 다듬는 법을 가르치는 것과 어찌하여 다릅니까."

10. 他國 병합의 可否

齊人이 伐燕勝之어늘 宣王이 問曰, 或謂寡人勿取라 하며 或謂寡人取之라 하나니 以萬乘之國으로 伐萬乘之國하되 五旬而舉之하니 人力으로 不至於此니 不取하면 必有天殃이니 取之何如 하니이꼬.

孟子 對曰, 取之而燕民이 悅則取之하소서. 古之人이 有行之者하니 武王이 是也니이다. 取之而燕民이 不悅則勿取하소서. 古之人이 有行之者하니 文王이 是也니이다. 以萬乘之國으로 伐萬乘之國이어늘 簞食壺漿으로 以迎王師는 豈有他哉리오. 避水火也니 如水 益深하며 如火 益熱이면 亦運而已矣니이다.

【解釋】 제나라가 연(燕)나라를 토벌하여서 승리하였다. 제선왕이 물었다.

"혹은 일컫기를 과인에게 빼앗지 말라고도 하고, 빼앗으라고도 하였습니다. 만승(萬乘)의 나라로써 만승의 나라를 토벌하기를 50일 만에 이루었습니다. 이런 일은 사람의 힘으로는 이룰 수 없는 일입니다. 빼앗지 않으면 반드시 하늘의 재앙이 있을 것입니다. 빼앗는 것이 어떻습니까."

맹자가 대답했다.

"연나라 백성들이 빼앗는 것을 기뻐하면 빼앗아도 좋습니다. 옛사람으로서 그렇게 한 사람으로는 무왕이 있습니다.

연나라 사람들이 빼앗는 것을 싫어하면 빼앗지 마십시오. 옛사람으로서 그렇게 하신 분으로는 문왕이 있습니다. 만승의 나라로써 만승의 나라를 토벌하는 데 대그릇에 밥을 담고, 물그릇에 음료수를 담아 왕의 군대를 환영하신다면 어찌 다른 데 있겠습니까. 물불을 피하려고 하여서입니다. 물이 더욱 깊어지고, 불이 더욱 성화를 부리듯이 되는 것과 같다면 이것 또한 그 운이 옮겨간 것일 따름입니다."

11. 최상의 방위책

齊人이 伐燕取之한대 諸侯 將謀救燕이러니 宣王이 曰, 諸侯多謀伐寡人者하니 何以待之이꼬 孟子 對曰, 臣은 聞七十里로 爲政於天下者는 湯이 是也니 未聞以千里로 畏人者也케이다. 書에 曰, 湯이 一征을 自葛로 始한대 天下信之하여 東面

而征에 西夷怨하며 南面而征에 北狄이怨하여 曰, 奚爲
後我오하여 民이望之하되 若大旱之望雲霓也하여 歸市者
不止하며 耕者不變이어늘 誅其君而吊其民한대 若時雨降
이라 民이 大悅하니 書에 曰, 徯我后하나니 后來하니 其蘇
라 하니이다.

今에 燕虐其民이어늘 王往而征之하시니 民이 以爲將拯
己於水火之中也라 하여 簞食壺漿으로 以迎王師어늘 若殺
其父兄하며 係累其子弟하며 毀其宗廟하며 遷其重器하면
如之何其可也리오 天下固畏齊之彊也니 今又倍地而不
行仁政이면 是는 動天下之兵也이다.

王速出令하사 反其旄倪하시며 止其重器하시고 謀於燕衆
하여 置君而後에 去之則猶可及止也리이다.

【解釋】 제나라가 연나라를 토벌하여 빼앗았다.
여러 제후 장군들이 연나라를 구하려고 꾀했다. 제선왕이 물었다.
"제후들 중에 과인을 치려고 꾀하는 자가 많이 있습니다. 어떤 대책을 세울까요?"
맹자가 대답했다.
"내가 듣건대 사방 70리 땅으로 시작하여 천하의 임금이 된 사람이 있습니다. 탕왕이 그러합니다. 천 리의 땅을 가지고도 두려워하는 사람을 아직 들은 적이 없습니다.《서경》에, '탕왕의 첫 정벌은 갈(葛)로부터 시작하였다.'고 하였습니다. 천하가 다 탕왕을 믿었습니다. 동쪽으로부터 정복하면 서쪽의 오랑캐가 원망하였고, 남쪽으로부터 정복하면 북쪽의 오랑캐가 원망하여 '왜 우리를 뒤로 미루나.'고 말했습니다. 백성들의 소망이 마치 큰 한발에 구름이 일어 비를 바라는 것과 같았습니다. 시장으로 몰려드는 사람도 끊이지 않고 밭갈이하는 사람도 변함이 없었습니다. 그 나라의 임금을 죽여 그 백성들을 위문하여 준 것이니, 마치 때 맞추어 비를 내려 백성들이 크게 기뻐하는 것과 같았습니다.《서경》에도 일컫기를 〈우리 임금 기다리시는데 우리 임금 오시어서 소생하게 되었네.〉 하였습니다. 이제 연나라가 그 백성들을 학대하였으므로 왕께서 나아가 정벌하였습니다. 백성들이 물과 불 속에 있는 것을 구제하여 주리라 생각하여 대그릇에 밥을 담고, 물그릇에 음료수를 넣어 왕의 군대를 환영한 것입니다. 만약 그 부모를 죽이고 관계된 처자를 죽이며, 그들의 종묘를 훼손하고 그들의 기물을 옮겨간다면 어찌 이러한 것을 옳다고 하겠습니까. 천하는 넓은 제나라의 견고함을 두려워하고 있습니다. 이제 또한 그 땅을 배로 늘리고 어진 정치를 행하지 않는다면 이것은 천하의 병사를 움직이게 하는 것입니다. 왕께서는 속히 명령을 내리셔서 그들의 노인과 아이를 돌려보내고 그 귀중한 기물을 빼앗는 것을 중지하시고 연나라의 백성들과 꾀하여 임금을 세운 후에 물러나옵소서. 그렇게 하시면 가히 방지하실 수 있습니다."

12. 네게서 나온 것은 네게로 돌아간다

鄒與魯鬨이러니 穆公이 問曰, 吾有司死者三十三人
이로되 而民은 莫之死也하니 誅之則不可勝誅오 不誅則疾
視其長上之死而不救하니 如之何則可也이꼬.

孟子 對曰, 凶年饑歲에 君之民이 老弱은 轉乎溝壑하고 壯者는 散而之四方者 幾千人矣오 而君之倉廩이 實하며 府庫充이어늘 有司 莫以告하니 是는 上慢而殘下也니 曾子 曰, 戒之戒之하라. 出乎爾者 反乎爾者也라 하시니 夫民이 今而後에 得反之也로소니 君無尤焉하소서. 君行仁政하시면 斯民이 親其上하여 死其長矣리이다.

【解釋】 추(鄒)나라와 노(魯)나라가 싸웠다. 추나라의 목공(穆公)이 물었다.

"우리 편에서는 죽은 장교*(有司)가 33명이나 되는데, 백성들은 죽은 자가 없습니다. 이들을 죽이자니 이루 다 죽일 수 없습니다. 안 죽이자니 장교들의 죽음을 흘깃흘깃 보면서도 구하려고 안 할 것입니다. 어찌하면 좋겠습니까?"

맹자가 대답했다.

"흉년이나 기근이 든 해에 보면 임금의 나라에서는 노약자들은 진구렁에 굴러 들어가 죽고, 청장년들은 사방으로 뿔뿔이 흩어지는 일이 수천 명이나 됩니다. 임금의 창고에는 곡식이 가득하고, 재물도 가득히 있습니다. 장교들은 있으나 이런 일을 알리지 않고, 윗사람은 태만하여 아랫사람을 천대하였습니다. 증자(曾子)가 말하기를

'경계하고 경계하라. 네게서 간 것은 너에게로 돌아온다.'

고 하였습니다. 지금이 되어서야 백성들은 그들이 당한 것을 되돌려주게 되었습니다. 임금께선 허물치 마십시오. 임금께서 어진 정치를 행하시면 백성들도 그 윗사람에게 친절하고 장교를 위해 죽게 될 것입니다."

13. 백성과 함께 지킴

> 등문공 　 문왈 　 등 　 소국야 　 간어제초 　 사제호
> 滕文公이 問曰, 滕은 小國也라 間於齊楚하니 事齊乎이
> 사 초 호
> 까 事楚乎이까.
> 　 맹자 　 대왈 　 시모 　 비오 　 소능급야 　 　 무이즉유
> 孟子 對曰, 是謀는 非吾의 所能及也로소이다. 無已則有
> 일언 　 　 착사지야 　 　 축사성야 　 　 여민수지 　 　 효사
> 一焉하니 鑿斯池也하며 築斯城也하고 與民守之하여 效死
> 이 민 불 거 즉 시 가 위 야
> 而民弗去則是可爲也니이다.

【解釋】 등문공(滕文公)이 물었다.
"등나라는 소국입니다. 제나라와 초나라의 사이에 있으니 제나라를 섬겨야 할까요. 초나라를 섬겨야 할까요 ?"
맹자가 대답했다.
"이러한 도모는 내 능력이 미치는 바가 아닙니다. 꼭 말씀하라시면 한 가지가 있습니다. 못을 더 파고 성을 더 쌓아 백성과 함께 지키되, 죽더라도*(效死) 백성을 버리고 가지 않으신다면 한번 해볼 만합니다."

14. 天命에 맡김

> 등문공 　 문왈 　 제인 　 장축설 　 오 심공 　 　 여
> 滕文公이 問曰, 齊人이 將築薛하니 吾 甚恐하노니 如

之何則可이꼬.

孟子 對曰, 昔者에 大王이 居邠할새 狄人이 侵之어늘 去하고 之岐山之下하여 居焉하니 非擇而取之라 不得已也니이다.

苟爲善이면 後世子孫이 必有王者矣리니 君子 創業垂統하여 爲可繼也라 若夫成功則天也니 君如彼에 何哉리오. 彊爲善而已矣니이다.

【解釋】 등문공이 물었다.

"제나라 사람이 장차 설(薛)나라에 성을 쌓으려고 하니 나는 심히 두렵습니다. 어찌하면 좋겠습니까?"

맹자가 대답했다.

"옛날에 태왕이 빈(邠)에 있으실 때 오랑캐가 침략하여 왔으므로 그곳을 떠나 기산(岐山) 아래에 이르러 살았습니다. 그곳을 택하여 취한 것이 아니고 부득이하여서였습니다. 만일 선을 위주로 하시면 후세에 자손이 반드시 왕 노릇을 하는 자가 있을 것입니다. 군자가 창업과 계통을 이어감은 그 뒤를 계승하기 위해서입니다. 성공하고 못하는 것은 천명에 달려 있습니다. 제나라를 어찌하겠습니까. 선으로 힘쓸 뿐입니다."

15. 둘 중의 하나

滕文公이 問曰, 滕은 小國也라 竭力하여 以事大國이라도

則不得免焉이로소니 如之何則可이꼬.
孟子 對曰, 昔者에 大王이 居邠할새 狄人이 侵之어늘 事
之以皮幣라도 不得免焉하며 事之以犬馬라도 不得免焉하
며 事之以珠玉이라도 不得免焉하여 乃屬其耆老而告之曰,
狄人之所欲者는 吾土地也니 吾는 聞之也하니 君子는 不以
其所以養人者로 害人이라 하니 二三子는 何患乎無君이리오
我將去之하리라 하고 去邠하여 踰梁山하여 邑于岐山之下
하여 居焉하니 邠人이 曰, 仁人也라 不可失也라 하고 從之
者 如歸市 니이다.
或曰, 世守也 非身之所能爲也니 効死勿去라 하나니
君請擇於斯二者 하소서.

【解釋】 등문공이 물었다.
"등나라는 소국입니다. 힘써 대국을 섬기는데도 침략을 면할 수가 없습니다. 어떻게 하면 좋겠습니까?"
맹자가 대답했다.
"옛날에 태왕이 빈(邠)에 있으실 때 오랑캐가 침략하였습니다. 가죽과 비단으로 그들을 섬겼으나 침략을 면할 수가 없었습니다. 개와 말로 섬기었으나 침략을 면할 수가 없었습니다. 구슬로 섬겼어도 침략을 면할 수는 없었습니다.
마침내 나라 안의 노인*(耆者)들을 모아놓고 고하여 말하기를
'오랑캐들이 바라는 것은 이 나라 땅입니다. 나는 들었습니다. 군자

는 그 땅*(養人者) 때문에 사람을 해치지 않는다고 합니다. 임금이 없다는 걱정을 하지 마십시오. 나는 장차 떠나겠소.'
하시고 빈을 떠나 양산을 넘어 기산 아래에 도읍을 정하고 살았습니다. 빈 사람들이 말했습니다.
'어지신 사람이다. 잃어서는 안 된다.'
뒤를 따라온 사람들이 시장에 온 것 같았습니다. 어떤 사람은 말하기를
'대대로 지켜 온 땅이므로 한몸으로써는 마음대로 할 수 없는 것이니 죽더라도 떠나지는 못하겠다.'
고 말했습니다. 임금님께서는 두 가지 중에서 한 가지를 택하십시오."

16. 魯君을 만나지 못함도 하늘의 뜻

魯平公이 將出할새 嬖人臧倉者 請曰, 他日에 君이 出則必命有司所之러시니 今에 乘輿 已駕矣로되 有司 未知所之하니 敢請하노이다. 公曰, 將見孟子하리라. 曰, 何哉이꼬 君所爲輕身하여 以先於匹夫者는 以爲賢乎이까. 禮義는 由賢者出이어늘 而孟子之後喪이 踰前喪하니 君無見焉하소서. 公曰, 諾다.
樂正子 入見曰, 君이 奚爲不見孟軻也이꼬. 曰, 或이 告寡人曰, 孟子之後喪이 踰前喪이라 할새 是以로 不往見也

曰호라 何哉이꼬 君所謂踰者는 前以士오 後以大夫며
前以三鼎而後以五鼎與이까 曰, 否라 謂棺槨衣衾之美
也니라 曰, 非所謂踰也라 貧富 不同也니이다
樂正子 見孟子曰, 克이 告於君하니 君이 爲來見也러니
嬖人有臧倉者 沮君이라 君이 是以로 不果來也하니이다
曰, 行或使之며 止或尼之나 行止는 非人의 所能也라 吾
之不遇魯侯는 天也니 臧氏之子 焉能使予로 不遇哉리오

【解釋】 노평공(魯平公)이 거둥하려고 할 때 측근의 장창(臧倉)이란 신하가 왕에게 물었다.

"다른 날에는 임금께서 나가실 땐 반드시 유사(有司)에 알리셨습니다. 오늘은 이미 수레를 매달아 놓았는데도 유사에서는 가는 곳을 모르고 있습니다. 감히 묻는 바입니다."

"맹자를 만나려고 하노라."

"어찌하여서입니까. 임금께서는 몸을 가볍게 하시어 일개 필부를 먼저 만나려고 하십니다. 대체 맹자를 현자라고 생각하십니까. 예의라는 것은 현자에게서 나오는 것입니다. 그런데 맹자의 모친상은 부친상보다 훨씬 훌륭했습니다. 임금께서는 만나지 마옵소서."

"그렇게 하겠소."

악정자(樂正子)가 들어가 평공을 뵙고 말했다.

"임금께서는 어찌하여 맹자를 만나지 않으십니까?"

"어떤 사람이 과인에게 고하기를
 '맹자의 모친상이 부친상보다 더 훌륭하였다.'
고 하므로 이에 가보지 않았노라."

"무슨 뜻입니까. 임금께서 지나치다 하는 것은 전에는 선비로서의 예의였는데 후에는 대신으로서의 예의로, 예전에는 삼정(三鼎)의 공물을 썼는데, 후에는 오정(五鼎)의 공물을 썼기 때문입니까?"

"아니다. 일컬으면 관과 수의가 사치롭기 때문이다."

"그것은 소위 지나친 것이 아닙니다. 빈부(貧富)가 서로 다르기 때문입니다."

악정자가 맹자를 보고 말했다.

"제가 임금에게 고하여 와서 보기로 하였는데 측근에 장창이라는 신하가 있어 임금을 방해하였습니다. 임금께서 오지 못하고 말았습니다."

"가는 데도 무엇인가가 가게 하여 그렇게 되는 것이요, 그만두게 하는 데도 무엇이 그만두게 하여, 그렇게 되는 것이다. 가게 하거나 그만두게 하는 것은 사람으로서의 능력이 아니다. 내가 노나라 제후를 만나지 못한 것은 하늘의 일이지 장씨네 자식이 만나지 못하게 하여서이겠는가."

[註釋] *莊子 장포를 가리킴. 子는 남에게 두루 붙이는 칭호.
*師 원래 師는 2천 5백 명을 가리키나 여기서는 '많은 수행원'으로 해석한다.
*方命 어긴다는 뜻으로 주자는 해석하고 있다. 方은 放으로, 버린다고도 해석함.
*不征 통행세나 물품세를 받지 않는 것.
*胥宇 함께 산다는 뜻. 趙岐의 '살 자리를 보아 선정한다.'는 註도 있음.
*不知其亡也 亡은 무로 발음하여 없다는 뜻으로 해석함.
*有司 上官·長官의 뜻도 된다.
*效死 한 목숨을 바친다.
*耆者 60세 이상이 된 노인을 말한다.
*養人者 땅을 일컬음.

■ 公孫丑篇

公孫丑章句 上

1. 管仲과 晏子의 道

　　　　공손추　문왈　　부자　　당로어제　　　　　관중안자지공
　　公孫丑 問曰, 夫子 當路於齊 하시면 管仲晏子之功 을
가부허호
可復許乎 이까.

　　　맹자왈　　자성제인야　　　　지관중안자이이의
　　孟子曰, 子誠齊人也 로다. 知管仲晏子而已矣 온여.

　혹　　문호증서왈　　오자　여자로숙현　　　증서　축연왈
或 이 問乎曾西曰, 吾子 與子路孰賢 고. 曾西 蹵然曰,
오선자지소외야　　　　왈　　연즉오자　여관중숙현　　　　증
吾先子之所畏也 니라. 曰, 然則吾子 與管仲孰賢 고. 曾
서　발연불열왈　　이하증비여어관중　　　관중　　득군　　　여
西 艴然不悅曰, 爾何曾比予於管仲 고. 管仲 은 得君 이 如
피기전야　　행호국정　　여피기구야　　　공렬　　여피기비
彼其專也 며 行乎國政 이 如彼其久也 로되 功烈 이 如彼其卑
야　　　이하증비여어시
也 하니 爾何曾比予於是 오 하니라.

　　　왈　　관중　　증서지소불위야　　　　이자　위아원지호
　　曰, 管仲 은 曾西之所不爲也 어늘 而子 爲我願之乎 아.

　　　왈　　관중　　이기군패　　　안자　　이기군현　　　관중안
　　曰, 管仲 은 以其君霸 하고 晏子 는 以其君顯 하니 管仲晏
자　유부족위여　　　　왈　　이제　　왕　　유반수야
子 는 猶不足爲與 이까. 曰, 以齊 로 王 이 由反手也 니라.

曰, 若是則弟子之惑이 滋甚케이다. 且以文王之德으로 百
年而後崩하되 猶未洽於天下어시늘 武王周公이 繼之然後
에 大行하니 今言王若易然하시니 則文王은 不足法與이까.

曰, 文王은 何可當也리오. 由湯으로 至於武丁이 賢聖
之君이 六七이 作하여 天下 歸殷이 久矣니 久則難變也라
武丁이 朝諸侯有天下하되 猶運之掌也하니 紂之去武丁이
未久也라. 其故家遺俗과 流風善政이 猶有存者하며 又有
微子微仲王子比干箕子膠鬲이 皆賢人也라. 相與輔相之
故로 久而後에 失之也하니 尺地도 莫非其有也며 一民도 莫
非其臣也어늘 然而文王이 猶方百里起하니 是以難也니라.
齊人이 有言曰, 雖有知慧나 不如乘勢며 雖有鎡基나 不
如待時라 하니 今時則易然也니라.
夏后殷周之盛에 地未有過千里者也하니 而齊有其地矣
며 鷄鳴狗吠 相聞而達乎四境하니 而齊有其民矣니 地不
改辟矣며 民不改聚矣라도 行仁政而王이면 莫之能禦也리라.
且王者之不作이 未有疏於此時者也하며 民之憔悴於虐
政이 未有甚於此時者也하니 飢者에 易爲食이며 渴者에 易

爲飮이니라.

孔子曰, 德之流行이 速於置郵而傳命이라 하시니 當今
之時하여 萬乘之國이 行仁政이면 民之悅之 猶解倒懸也
리니 故로 事半古之人이오 功必倍之는 惟此時 爲然하니라.

【解釋】 공손추가 물었다.
"선생께서 제나라의 요직에 앉으시면 관중, 안자의 공을 다시 이룩할 수 있겠습니까?"
맹자가 대답했다.
"참으로 제나라 사람이로구나. 관중, 안자밖에 알지 못하는구나. 어떤 사람이 증서(曾西)에게 묻기를
　'선생과 자로(子路) 중에서 어느 쪽이 더 현명하오?' 하였다.
　증서가 펄쩍 뛰면서 말했다.
　'내 부친까지도 두려워하신 분이다.'
　'그러면 선생과 관중 어느 쪽이 더 현명하십니까?"
　증서가 노기를 띠고 불쾌하게 말했다.
　'그대는 무엇 때문에 관중과 나를 비교하는가. 관중은 임금의 신임을 얻어서 나라일을 맡아서 국정을 행하기를 매우 오래하였지만 세운 공적이 매우 비천한데, 그대가 어찌 관중과 나를 비교하려 하는가. 관중은 증서가 본받으려고 한 사람이 아닌데 그대는 내가 관중이 되기를 원하는가.'
　'관중은 임금의 패업을, 안자는 임금의 이름을 떨쳐 주었습니다. 그래도 본받기가 부족합니까?'
　'제나라의 요직에 앉아 제나라 왕을 천하의 임금노릇을 하게 만들기는 손을 뒤집는 것보다 쉬운 일이다.'
　'그러하시다면 저의 의혹은 더욱 짙어집니다. 문왕이 덕으로써 백년을 살다 갔어도 천하에 퍼지기에는 여전히 미흡하였으나, 무왕과 주

공이 뒤를 이은 후에야 덕이 크게 행하게 되었습니다. 이제 말한 것과 같이 천하의 왕으로 만드는 것이 그렇게도 쉽다면 문왕은 본받을 가치가 없습니까.'

'문왕에 어찌 상당할 수 있겠는가. 탕(湯)으로부터 무정(武丁)에 이르기까지 성현의 임금이 6, 7명이나 되어 천하가 은(殷)으로 돌아간 지 오래된다. 오래된 것은 변하기가 어렵다. 무정이 제후들에게 조공을 바치게 하고 천하를 얻는 것은 손바닥을 뒤집는 것처럼 쉬웠다. 주(紂)가 없어진 지는 무정의 때로부터 오래지 않아서 유서있는 집과 옛부터의 풍속, 전통과 선정(善政)이 아직도 그대로 남아 있다.

또 미자(微子), 미중(微仲)과 왕자 비간(比干), 기자(箕子), 교격(膠鬲)이 있어 모두가 현인이었다. 서로가 도와준 까닭으로 오랜 후에야 그 땅을 잃었다.'

한 치의 땅도 그의 소유가 아닌 것이 없고 한 사람의 백성도 그의 신하가 아닌 자가 없은 다음에야 문왕이 사방 백 리의 땅에서 일어났던 것이므로 힘들었던 것이다. 제나라 사람들이 일컫는 말에 〈비록 지혜는 있다 하더라도 시세를 따르는 것보다 못하며, 농사 기구가 있더라도 때 맞추어 농사를 짓는 것만 못하다.〉는 말이 있다. 지금이야 말로 그렇기가 쉬운 때이다.

하후(夏后)와 은(殷)과 주(周)의 전성 시대에도 천 리 이상의 땅을 차지한 경우가 없었다.

그런데 제나라는 그만한 땅을 가지고 있다. 개나 닭이 우는 소리가 사방 국경까지 서로 들리도록 그와 같이 제나라 백성들이 살고 있다. 땅을 더 일구거나 백성들을 더 모을 것도 없이 인정(仁政)을 베풀어 왕노릇을 하면 그것을 누구도 막아낼 수는 없는 것이다. 또한 왕이 왕다운 노릇을 하지 못한 지가 이때보다 오래된 적은 없었고, 백성들이 학정에 시달려 초조하여진 것이 이때보다 심한 적도 없었다. 굶주린 자에게 음식을 장만해 주고 갈증난 자에게 마실 것을 장만해 주기는 쉽다. 공자께서 일컫기를 '덕이 유행하는 것이 역마*(置郵)를 타고 명령을 전달하는 것보다 빠르다.'고 하였다. 지금 같은 때를 당하여 만승의 나라에서 인정을 베풀면 백성들의 기쁨은 마치 거꾸로 매달려 있는 데서 풀

려난 것 같을 것이다.
 그런 까닭에 옛사람들이 일한 것의 반만 하고도 그 공은 배가 되는 것이다. 오직 이때만이 그러한 시기이다."

2. 浩然之氣

公孫丑_{공손추} 問曰_{문왈}, 夫子_{부자} 加齊之卿相_{가제지경상} 하사 得行道焉_{득행도언} 하시면 雖由此霸王_{수유차패왕}이라도 不異矣_{불이의}리니 如此則動心_{여차즉동심}가 否乎_{부호}이까. 孟子曰_{맹자왈}, 否_부라. 我_아는 四十_{사십}이라 不動心_{부동심}하니라.
曰_왈, 若是則夫子_{약시즉부자} 過孟賁_{과맹분}이 遠矣_{원의}시니이다. 曰_왈, 是 不難_{시 불난}하니 告子_{고자}도 先我不動心_{선아부동심}하니라.
曰_왈, 不動心_{부동심}이 有道乎_{유도호}이까. 曰_왈, 有_유하니라.
北宮黝之養勇也_{북궁유지양용야}는 不膚撓_{불부요}하며 不目逃_{불목도}하여 思以一毫_{사이일호}나 挫於人_{좌어인}이어든 若撻之於市朝_{약달지어시조}하여 不受於褐寬博_{불수어갈관박}하며 亦不受_{역불수} 於萬乘之君_{어만승지군}하여 視刺萬乘之君_{시자만승지군}하되 若刺褐夫_{약자갈부}하여 無嚴諸_{무엄제} 侯_후하여 惡聲_{악성}이 至_지커든 必反之_{필반지}하니라.
孟施舍之所養勇也_{맹시사지소양용야}는 曰_왈, 視不勝_{시불승}하되 猶勝也_{유승야}로니 量敵_{양적} 而後進_{이후진}하며 慮勝而後會_{여승이후회}하면 是_시 畏三軍者也_{외삼군자야}니 舍_사 豈能_{기능} 爲必勝哉_{위필승재}리오. 能無懼而已矣_{능무구이이의}라 하니라.

맹시사　　　　사증자　　　　　북궁유　　　사자하　　　　부이자지용
孟施舍는 似曾子하고 北宮黝는 似子夏하니 夫二子之勇
　　　　미 지 기 숙 현　　　　　　연 이 맹 시 사　　　　수　약 야
이 未知其孰賢이어니와 然而孟施舍는 守 約也니라.
　　　　석자　　증자　　위자양왈　　　자호용호　　　　오　상문대용어
昔者에 曾子 謂子襄曰, 子好勇乎아. 吾 嘗聞大勇於
　　　부자의　　　　자반이불축　　　　　수갈관박　　　　　　오불췌언
夫子矣로니 自反而不縮이면 雖褐寬博이라도 吾不惴焉이어
　　　　　　　자반이축　　　　수천만인　　　　　오왕의
니와 自反而縮이면 雖千萬人이라도 吾往矣라 하시니라.
　　　맹시사지수　　　기　우불여증자지수　　　약야
孟施舍之守는 氣라 又不如曾子之守 約也니라.
　　　　왈　　감문부자지부동심　　　여고자지부동심　　　가득문여
曰, 敢問夫子之不動心과 與告子之不動心을 可得聞與
　　　　　　고 자 왈　　　부 득 어 언　　　　　물 구 어 심　　　　부 득 어 심
이까. 告子曰, 不得於言이어든 勿求於心하며 不得於心이
　　　　물 구 어 기　　　　　　부 득 어 심　　　　　물 구 어 기　　　가
어든 勿求於氣라 하니 不得於心이어든 勿求於氣는 可커니와
부 득 어 언　　　　　물 구 어 심　　　불가　　　부지　　기지수야　　　오
不得於言이어든 勿求於心은 不可하니 夫志는 氣之帥也오
기　　체지충야　　　　부지지언　　　　　기　차언　　　　고　왈　　지
氣는 體之充也니 夫志至焉이오 氣次焉이니 故로 曰, 持
기지　　　　　무포기기
其志하고도 無暴其氣라 하니라.
　　　　기왈지지언　　　　기　차언　　　　　　　우왈　　지기지
旣曰志至焉이오 氣 次焉이라 하시고 又曰, 持其志하
　　무포기기자　하야　　　　왈　지일즉동기　　　　기일즉
고도 無暴其氣者는 何也이꼬. 曰, 志壹則動氣하고 氣壹則
동지야　　금부궐자추자　　시기야이반동기심
動志也니 今夫蹶者趨者 是氣也而反動其心이니라.
　　　　감문　　부자　　오호장　　　　　　왈　아　지언　　　아
敢問 夫子는 惡乎長이시니이꼬. 曰, 我는 知言하며 我는
　　선양오　　호연지기
善養吾의 浩然之氣하노라.

감문　　하위호연지기　　　　왈　난언야
敢問 何謂浩然之氣 이꼬 曰, 難言也 니라.
　기위기야　지대지강　　　이직양이무해즉색우천지지
其爲氣也 至大至剛 하니 以直養而無害則塞于天地之

간
間 이니라.
　기위기야　배의여도　　　무시　뇌야
其爲氣也 配義與道 하니 無是 면 餒也 니라.
　시집의소생자　비의　습이취지야　행유불겸어심즉
是集義所生者 라 非義 襲而取之也 니 行有不慊於心則

뇌의　　아고　왈　고자　미상지의　　　이기외지야
餒矣 니 我故 로 曰, 告子 未嘗知義 라 하노니 以其外之也

일새니라.
　　필유사언이물정　　심물망　　　물조장야　　무약송
必有事焉而勿正 하여 心勿忘 하며 勿助長也 하여 無若宋
인연　　　　송인　유민기묘지부장이알지자　　망망연
人然 이어다. 宋人 이 有閔其苗之不長而揠之者 러니 芒芒然
귀　　　위기인왈　　금일　병의　　여　조묘장의
歸 하여 謂其人曰, 今日 에 病矣 라. 予 助苗長矣 라 하야늘
기자추이왕시지　　　묘즉고의　　　천하지부조묘장자
其子趨而往視之 하니 苗則槁矣 러라. 天下之不助苗長者
과의　　이위무익이사지자　　불운묘자야　조지장자　알
寡矣 니 以爲無益而舍之者 는 不耘苗者也 오 助之長者 는 揠
묘자야　비도무익　　이우해지
苗者也 니 非徒無益 이라 而又害之 니라.
　　하위지언　　　　왈　피사　지기소폐　　　음사　지
何謂知言 이니이꼬 曰, 詖辭 에 知其所蔽 하며 淫辭 에 知
기소함　　사사　지기소리　　둔사　지기소궁　　　생
其所陷 하며 邪辭 에 知其所離 하며 遁辭 에 知其所窮 이니 生
어기심　　해어기정　　　발어기정　　해어기사　　　성
於其心 하여 害於其政 하며 發於其政 하여 害於其事 하나니 聖
인　부기　　　필종오언의
人 이 復起 라도 必從吾言矣 리라.

宰我子貢은 善爲說辭하고 冉牛閔子顏淵은 善言德行이러니 孔子兼之하사대 曰, 我 於辭命則不能也로라 하시니 然則夫子 旣聖矣乎 ㅣ신저.

曰, 惡라. 是何言也오. 昔者에 子貢이 問於孔子曰, 夫子는 聖矣乎 ㅣ신저. 孔子曰, 聖則吾不能이어니와 我는 學不厭而敎不倦也로라. 子貢이 曰, 學不厭은 智也오 敎不倦은 仁也니 仁且智하시니 夫子는 旣聖矣신저 하니 夫聖은 孔子도 不居하시니 是何言也오.

昔者에 竊聞之하니 子夏子游子張은 皆有聖人之一體하고 冉牛閔子顏淵은 則具體而微라 하니 敢問所安하노이다.

曰, 故舍是하라.

曰, 伯夷伊尹은 何如하니이꼬. 曰, 不同道하니 非其君不事하며 非其民不使하여 治則進하고 亂則退는 伯夷也오 何事非君이며 何事非民이리오 하여 治亦進하며 亂亦進은 伊尹也오 可以仕則仕하며 可以止則止하며 可以久則久하며 可以速則速은 孔子也시니 皆古聖人也라. 吾未能有行焉이어니와 乃所願則學孔子也로라.

伯夷伊尹이 於孔子에 若是班乎이까. 曰, 否라. 自有生
民以來로 未有孔子也시니라.

曰, 然則有同與이까. 曰, 有하니 得百里之地而君之
면 皆能以朝諸侯有天下어니와 行一不義하며 殺一不辜而
得天下는 皆不爲也리니 是則同하니라.

曰, 敢問其所以異하노이다. 曰, 宰我子貢有若은 智足
以知聖人이니 汙不至阿其所好니라.

宰我曰, 以予觀於夫子컨댄 賢於堯舜이 遠矣샷다.

子貢이 曰, 見其禮而知其政하며 聞其樂而知其德이니
由百世之後하여 等百世之王컨댄 莫之能違也니 自生民以
來로 未有夫子也시니라.

有若이 曰, 豈惟民哉리오. 麒麟之於走獸와 鳳凰之於
飛鳥와 泰山之於丘垤과 河海之於行潦에 類也며 聖人之於
民에 亦類也시니 出於其類하며 拔乎其萃나 自生民以來로
未有盛於孔子也시니라.

【解釋】 공손추가 물었다.
"선생님이 제나라의 재상이 되어서 선생님의 도를 실행할 수 있게 된다면 이로 인하여 제나라가 패왕(霸王)이 된다고 해도 별로 이상할 것은 없습니다. 이렇게 하여도 마음이 움직이시지 않겠습니까?"
 맹자가 대답했다.
 "그렇다. 내 나이 마흔이 된 뒤로는 마음이 동요되는 일이 없다."
 "그러하시다면 맹분(孟賁)보다도 훨씬 위가 되겠습니다."
 "그런 것은 어려운 일이 아니다. 고자(告子)도 나보다 먼저 부동심(不動心)하였다."
 "마음을 움직이지 않는 데에도 도(道)가 있습니까?"
 "있다. 북궁유(北宮黝)라는 사람은 용기를 기르는 데 있어서 살갗을 찔러도 꼼짝하지 않고, 눈을 찔러도 깜박이지 않았을 뿐더러, 사람들에게 터럭만큼이라도 꺾이었다고 생각하면 시장 바닥에서 매맞는 것같이 여겼다. 이런 까닭에 옷이 더러운 천인에게도 모욕을 받지 않고, 또한 만승의 임금에게도 모욕을 받지 않았다. 만승의 임금에게 대들기를 천한 사람에 대들듯이 하였다. 제후도 두려워하지 않았으며, 자기를 나쁘다고 하는 소리를 들으면 반드시 되돌려 주었다.
 맹시사(孟施舍)가 용기를 기른 것을 말하겠다.
 '이기지 못할 것을 알면서도 이길 듯이 한다. 적의 양(量)을 안 후에야 전진한다는 것은 3군*(三軍)을 두려워하게 하는 것이다. 내가 어찌 이길 수 있으리오. 두려워하지 않을 뿐이다.'
 맹시사는 증자와 비슷하고, 북궁유는 자하와 비슷하다. 두 사람의 용기 중 그 어느 것이 현명한지는 알지 못하겠다. 하지만 맹시사는 기(氣)를 지키는 것에 중점을 두고 있다. 옛날 증자는 자양(子襄)에게 이렇게 말했다.
 '너는 용기를 좋아하느냐. 언젠가 나는 선생님(孔子)으로부터 큰 용기에 대해 들은 일이 있다. 스스로를 반성해 보아서 잘못된 점이 있으면, 비록 상대가 천한 사람이라도 두렵게 할 수 없다. 내가 스스로 반성해 보아서 곧으면 비록 수천 수만의 사람이라도 나는 가서 대적할 것이다.'
 맹시사가 지킨 것은 기(氣)이다. 증자가 지키던 요점보다 못하다."
 "감히 묻건대 선생님의 부동심과 고자의 부동심에 대하여 들려 주실 수 있겠습니까?"
 "고자는
 '말에 이해가 안 가면 마음으로 구하지 말고, 마음에 이해가 안 가면 기(氣)로 구하지 말라.'고 하였다. 마음에 이해가 안 가면 기(氣)로 구하지 말라고 한 것은 옳으나, 말에 이해가 안 가면 마음으로 구하지 말라는 것은 옳지 않다. 심지(心志)는 기(氣)의 통솔자이고 기(氣)는 몸에 충만함이다. 심지는 지극한 것이며 기는 그 다음 가는 것이다. 이러한 까닭에 〈심지를 지니고 기를 해치는 일이 없도록 하라.〉고 말하게 된다."
 "심지는 지극한 것이고 기는 그 다음 가는 것이라고 말씀하시고, 또 심지를 지니고 기를 해치는 일이 없도록 하라고 한 것은 도대체 무슨 말입니까?"
 "심지가 한곳으로 쏠리면 기(氣)를 움직이고, 기가 한곳으로 쏠리면 심지를 움직인다. 예를 들면 달리다가 엎어지는 것이 기(氣)이다. 이것이 반대로 그 심지를 움직이게 한다."
 "감히 묻겠사온데 선생님은 어느 면을 잘하십니까?"
 "나는 남이 하는 말을 안다. 그리고 나는 내 호연지기를 기르고 있다."
 "감히 묻겠사온데 호연지기란 무엇입니까?"
 "말로써는 어렵다. 그 기운의 됨됨이가 지극히 크고 지극히 강하며 해침이 없이 곧게 기르면 천지 사이에 가득 차게 된다. 이것은 도의에 배합되게 된다. 이것이 없으면 허탈하게 된다. 이것은 의(義)가 모여서 생기는 것이지 의(義)가 엄습해 와서 얻어지는 것은 아니다. 행동하여 마음에 유쾌함이 없으면 허탈해진다. 그런 까닭에 나는 고자가 의(義)를 알지 못한다고 말한다. 그가 의를 마음 밖에 존재하는 것으로 보기 때문이다. 사람은 어떤 일을 함에 있어서 갑자기 이루어지기를 예기치 말아야 한다. 마음으로는 잊지 말며, 조장(助長)하지도 말아야 한다. 송(宋)나라의 어떤 사람처럼 하지 말아야 한다. 송나라의 어떤 사람은 벼가 더디 자라는 것이 안타까워 싹을 뽑아 올려놓고 피곤하게 집으로 돌아와 이렇게 말했다.
 '오늘은 피곤하다. 벼싹을 키워놓고 왔다.'

그 아들이 급히 달려가 보았더니 싹은 이미 시들어 있었다. 천하에는 싹이 자라는 것을 돕지 않는 사람이 드물다. 무익하다고 버려 두는 사람은 김매지 않는 사람이요, 크게 하려고 싹을 뽑아 올리는 사람은 무익할 뿐만 아니라 해치는 것이다."

"말을 안다는 것은 무슨 말씀입니까?"

"공정하지 않은 말을 들으면 그 숨겨진 바를 알고, 음란한 말을 들으면 그 사람의 빠져 있는 바를 알며, 간사한 말을 들으면 그 사람이 이간하는 소이를 알고, 꾸며서 하는 말을 들으면 그 궁한 바를 안다. 이러한 것이 마음에서 생겨서 정치를 해치고 정치에서 시작하여 일 전체를 해친다. 성인이 다시 오신다고 해도 반드시 내 말에 찬성할 것이다. 재아(宰我)와 자공(子貢)은 말을 잘하고, 염우(冉牛), 민자(閔子), 안연(顔淵)은 덕과 행실에 뛰어났다. 공자는 양쪽에 다 뛰어났으면서도 자신은 '말에는 자신이 없다.'고 말씀하셨다."

"그러고 보면 선생님은 벌써 성인이 되신 것이 아닙니까?"

"아니 그게 무슨 말인가? 옛날 자공이 공자에게 '선생님은 물론 성인이시겠지요?' 하고 묻자, 공자는 '성인에야 어떻게 미칠 수 있겠느냐. 나는 배우기를 싫어하지 않고, 가르치기를 게을리하지 않을 뿐이다.' 하고 대답했다. 그러자 자공은 '배우기를 싫어하지 않는 것은 지혜요, 가르치기를 게을리하지 않는 것은 어진 것입니다. 지혜와 어짐을 겸해 가지셨으니 선생님은 곧 성인이십니다.' 라고 했다. 공자와 같은 분도 성인을 자처하지 않았는데, 그게 무슨 말이냐."

"옛날에 엿들은 말입니다. 자하, 자유(子游), 자장(子張)은 모두 성인의 한 부분을 갖추고 있고, 염우, 민자, 안연은 그 전부를 갖추고는 있으나 아직 미약하다고 하던데, 감히 묻겠사온데 선생님은 어느 쪽이십니까?"

"그 얘기는 그만두어라."

"그러면 백이(伯夷)와 이윤(伊尹)은 어떻습니까?"

"길이 다르다. 백이는 그가 섬길 임금이 아니면 벼슬하지 않았고, 그가 원하는 백성이 아니면 다스리지 않았다. 잘 다스려지고 있는 세상이면 나아가 벼슬을 하고, 어지러운 세상이면 숨어 살았다. 이윤은 아무 임금이든 섬기면 내 임금이요, 어느 백성이든 다스리면 내 백성이라 하여, 잘 다스려진 세상이든 어지러운 세상이든 가리지 않고 나가 벼슬했다. 공자께서는 벼슬할 만하면 벼슬하고, 그만둘 만하면 그만두고, 오래 머무를 만하면 머무르고, 빨리 떠나야 할 때는 당장 떠나갔다. 다 옛날의 성인들이다. 나로서는 아직 그분들처럼 행할 수 없다. 그러나 내가 바라는 것은 공자를 배우는 것이다."
"그럼 백이와 이윤을 공자와 같이 보아도 좋습니까?"
"아니다. 사람들이 생겨난 이래로 공자보다 더 위대한 사람은 없다."
"그럼 세 분에게 같다고 할 점은 있습니까?"
"있다. 그분들이 만일 사방 백 리 땅을 얻어 임금이 된다면, 누구나 다 제후들을 조회에 들도록 만들고 천하를 가질 것이다. 또 천하를 얻을 때에도 털끝만큼이라도 불의를 행하거나, 한 사람이라도 죄없는 사람을 죽이거나 하는 일은 절대로 하지 않을 것이다. 이런 점에서 같다."
"감히 묻겠사온데 다른 점은 무엇입니까?"
"재아와 자공과 유약(有若)은 다 성인을 알아볼 만한 지혜를 갖추고 있었다. 또 자기가 좋아한다고 해서 편파적으로 칭찬을 할 사람들은 아니었다. 재아는 말하기를 '내가 본 바로서는 공자는 요·순보다도 훨씬 뛰어나다.'
했고, 자공은
'그 예절을 보면 그 나라의 정치를 알 수 있고, 음악을 들으면 그 덕을 알 수 있다. 이렇게 하여 백세 후의 오늘날로부터 거슬러 지나간 백세의 임금들을 비교해 보면 이것에서 위반됨이 없다. 사람이 생긴 이래로 공자를 따를 사람은 없다.'
했고, 유약은
'어찌 사람만이 그러하리오. 짐승으로 말하면 기린, 새로 말하면 봉황, 산으로 말하면 태산, 물로 말하면 황하와 바다, 이것들은 모두 같은 종류 중에서 가장 뛰어나다. 사람에 있어서의 성인도 역시 이와 같은 것이다. 사람들 가운데서도 가장 뛰어난 사람이다. 사람이 생겨난 이래로 공자보다 더 위대한 사람은 없다.'고 말했다."

3. 霸者와 王者

孟子曰, 以力假仁者는 霸니 霸必有大國하고 以德行仁者는 王이니 王不待大라. 湯이 以七十里하고 文王이 以百里하니라.

以力服人者는 非心服也라 力不贍也오 以德服人者는 中心이 悦而誠服也니 如七十子之服孔子也라. 詩云, 自西自東하며 自南自北이 無思不服이라 하니 此之謂也니라.

【解釋】 맹자가 말했다.
"무력으로써 다스리며 어진 정치를 가장하는 자는 패자다. 패자는 반드시 큰 나라를 지니고 있다. 덕행으로서 인(仁)을 행하는 자는 왕자다. 왕자는 큰 나라를 지니고 있을 필요가 없다. 탕왕은 사방 70리로써, 문왕은 사방 백 리로써 왕자가 되었다. 힘으로써 사람을 굴복시키는 것은 마음으로 굴복케 하는 것이 아니다. 힘이 부족하여서 그러는 것이다. 덕으로써 사람을 굴복시키는 것은 마음으로부터 기뻐서 성심으로 굴복케 하는 것이다. 70명의 제자(七十子)가 공자에게 복종하는 것과 같다. 《시경》에 일컫기를 서쪽에서 동쪽에서, 남쪽에서 북쪽에서 굴복하지 않겠다고 생각한 사람은 없다고 했는데 이런 것을 일컬음이다."

4. 禍福을 自招

孟子曰, 仁則榮하고 不仁則辱하나니 今에 惡辱而居不
仁이 是猶惡濕而居下也니라.

如惡之인댄 莫如貴德而尊士니 賢者在位하며 能者在職
하여 國家閒暇어든 及是時하여 明其政刑이면 雖大國이라
도 必畏之矣리라.

詩云, 迨天之未陰雨하여 徹彼桑土하여 綢繆牖戶면 今
此下民이 或敢侮予아 하야늘 孔子曰, 爲此詩者 其知道
乎인저. 能治其國家면 誰敢侮之리오 하시니라.

今國家閒暇어든 及是時하여 般樂怠敖하나니 是는 自求
禍也니라.

禍福이 無不自己求之者니라.

詩云, 永言配命이 自求多福이라 하며 太甲曰, 天作孽
은 猶可違어니와 自作孽은 不可活이라 하니 此之謂也니라.

【解釋】 맹자가 말했다.

"어진 정치를 행하면 번영하고, 어진 정치를 거스르면 욕이 된다. 지금 욕이 되는 것을 싫어하면서 어진 정치를 베풀지 않는 것은 습기를 싫어하면서 그 아래에 있는 것과 같다. 욕을 면하려면 선비를 존중하고 덕을 귀히 여기는 것보다 좋은 것은 없다. 현자가 벼슬 자리에 있고 유능한 선비가 직무를 맡아 국가가 태평해야 한다. 이러한 때에 이르러서 정치와 법령을 명백히 하면 비록 큰 나라 할지라도 필히 두려워할 것이다. 《시경》에 일컫기를

  하늘이 장마비를 뿌리기 전에
  뽕나무 뿌리 껍질*(桑土)을 주워다가
  둥우리를 튼튼하게 짜야 한다.
  이제 나무 아래 있는 사람들 중
  어느 자가 감히 업신여기리.

  공자께서 말씀하시기를
'이 시를 지은 자는 도를 아는 사람이다.'라고 했다. 그 나라가 올바른 정치를 하면 누구도 감히 업신여길 사람은 없다.
 국가가 한가할 때에 이르러서 즐기는 것만 일삼고 게으르고 오만해지면 이것은 스스로 화를 불러들이는 것이다. 화이든 복이든 자기 스스로가 불러들이지 않는 것이 없다.
 《시경》에 일컫기를

  길이길이 천명과 짝을 하여
  스스로 많은 복을 구하라.

하였다. 『태갑(太甲)』편도 일컫기를 '하늘이 내린 재화는 벗어날 수가 있지만 스스로 만든 재화는 도망할 길이 없다.'고 하였다. 이것을 두고 일컬음이다."

5. 天下無敵

孟子曰, 尊賢使能하여 俊傑이 在位則天下之士 皆悅
而願立於其朝矣리라.
市에 廛而不征하며 法而不廛則天下之商이 皆悅而願藏
於其市矣리라.
關에 譏而不征 則天下之旅 皆悅而願出於其路矣리라.
耕者를 助而不稅 則天下之農이 皆悅而願耕於其野矣
리라.
廛無夫里之布 則天下之民이 皆悅而願爲之氓矣리라.
信能行此五者 則隣國之民이 仰之若父母矣리니 率其
子弟하여 攻其父母는 自生民以來로 未有能濟者也니 如此
則無敵於天下하리니 無敵於天下者는 天吏也니 然而不王
者 未之有也니라.

【解釋】 맹자가 말했다.

"현자를 존경하고 현명한 사람을 써서 준걸(俊傑)이 벼슬자리에 있게 되면, 천하의 선비들이 즐겨 그 조정에 서기를 바랄 것이다. 시장에서는 점포세만 받고 물품세는 받지 않거나*(不征) 단속하는 것을 그치고 물품세도 받지 않으면 천하의 상인들이 모두 기뻐서 그 시장에 장사하기를 바랄 것이다. 관문에서는 조사만 하고 통행세는 받지 않으면 천하의 여행자가 모두 다 기뻐하며 이 길로 지나가려 할 것이다. 농민들에게는 공전의 조세만 받을 뿐 따로 세금을 거두지 않으면, 모두가 기뻐하며 그 나라의 들에서 밭갈기를 바랄 것이다. 주택에 대해서는 주민세나 택지 부과세를 내지 않게 하면*(廛無夫里之布) 천하의 백성들이 모두 다 기뻐하며 이 나라에 와 살기를 바랄 것이다. 이 다섯 가지를 능히 실행할 수 있다면 가까운 나라의 백성들도 그를 부모처럼 받들 것이다. 그 자제들을 거느리고 부모를 공격하는 일은 이 세상에 백성들이 생긴 이래 아무도 성공한 사람이 없다. 이렇게 되면 천하에 적이 없는 것이다. 천하에 적이 없는 자는 하늘이 임명한 사람이다. 그런 다음에 왕노릇을 하지 못한 자는 없다."

6. 四 端

孟子曰, 人皆有不忍人之心 하니라. 先王이 有不忍人之心하여 斯有不忍人之政矣니以不忍人之心으로 行不忍人之政이면 治天下는 可運於掌上이니라. 所以謂人皆有不忍人之心者는 今人이 乍見孺子 將入於井하고 皆有怵惕惻隱之心 하나니 非所以內交於孺子之父

母也며 非所以要譽於鄕黨朋友也며 非惡其聲而然也니라.

由是觀之컨댄 無惻隱之心이면 非人也며 無羞惡之心이면 非人也며 無辭讓之心이면 非人也며 無是非之心이면 非人也니라.

惻隱之心은 仁之端也오 羞惡之心은 義之端也오 辭讓之心은 禮之端也오 是非之心은 知之端也니라.

人之有四端也 猶其有四體也니 有是四端而自謂不能者는 自賊者也오 謂其君不能者는 賊其君者也니라.

凡有四端於我者를 知皆擴而充之矣면 若火之始然하며 泉之始達이니 苟能充之면 足以保四海오 苟不充之면 不足以事父母니라.

【解釋】 맹자가 말했다.

"사람은 누구나 다 불쌍히 여기는 마음을 가지고 있다. 옛날 선왕은 불쌍히 여기는 마음이 있어 잔인한 정치를 하지 못했다. 이 불쌍히 여기는 마음으로써 잔인한 정치를 하지 않는다면 천하를 다스리는 일은 손바닥에서 움직이는 것처럼 될 것이다. 그런데 사람이 누구나 남을 불쌍히 여기는 마음을 가지고 있다는 것을 알 수 있는 까닭은 이러하다. 지금 별안간 어린아이가 우물에 들어가려는 것을 보면, 누구나가 깜짝 놀라며, 가엾고 불쌍하다는 마음이 생긴다. 그것은 어린아이의 부모와 친해 보았으면 해서도 아니요, 마을 사람이나 친구들로부터 잘했다는 칭찬을 듣기 위해서도 아니다. 또는 구해 주지 않았다는 소리를 듣는 것이 두려워서도 아니다. 이것을 살펴보면 불쌍하다고 생각하는 마음이 없으면 인간이 아니요, 부끄러워하고 미워하는 마음이 없어도 인간이 아니며, 사양하는 마음이 없어도 인간이 아니며, 시비를 가릴 줄 아는 마음이 없어도 인간이 아니다. 가엾고 불쌍하다고 생각하는 마음은 인(仁)의 싹이요, 악을 부끄러워하고 미워하는 마음은 의(義)의 싹이다. 사양하는 마음은 예(禮)의 싹이며, 선악을 구별하는 마음은 지(智)의 싹이다. 사람은 나면서부터 사지를 가지고 있듯이 이 네 가지 싹을 가지고 있다. 그러니, 자신은 인의예지를 할 수 없다고 단념하는 것은, 스스로 자신을 해치는 자이다. 자기 임금에게 그런 것을 할 수 없다고 하는 사람은 그 임금을 해치는 사람이다. 무릇 사람이 날 때부터 가지고 있는 이 네 가지 싹*(端)을 모두가 확충시킬 줄 알면 불이 타오르고, 샘물이 솟아오르듯이 된다. 이것을 능히 확충시킨다면 사해(四海)도 넉넉히 보존할 것이요, 만약 이것을 확충시키지 못한다면 부모를 섬기는 데도 부족할 것이다."

7. 精神的 奴隷

孟子曰, 矢人이 豈不仁於函人哉리오마는 矢人은 惟恐不傷人하고 函人은 惟恐傷人하나니 巫匠도 亦然하니 故로 術不可不愼也니라.

孔子曰, 里仁이 爲美하니 擇不處仁이면 焉得智리오 夫仁은 天之尊爵也며 人之安宅也어늘 莫之禦而不

仁하니 是는 不智也니라.
不仁不智라 無禮無義면 人役也니 人役而恥爲役이 由弓
人而恥爲弓하며 矢人而恥爲矢也니라.
如恥之인댄 莫如爲仁이니라.
仁者는 如射하니 射者는 正己而後에 發하여 發而不中이
라도 不怨勝己者오 反求諸己而已矣니라.

【解釋】 맹자가 말했다.
"화살을 만드는 사람이 갑옷을 만드는 사람보다 어찌 어질지 못하다고 할 수 있으리오. 오직 화살을 만드는 사람은 사람이 상하게 하지 못할까 겁내고 갑옷을 만드는 사람*(函人)은 사람이 다칠까 두려워한다. 무당과 관을 만드는 장인도 또한 그러하다. 그러므로 기술은 배우는 데에는 신중하지 않을 수 없다. 공자께서 말씀하시기를
'인(仁)에 거처하는 것은 아름다운 것이다. 가려서 인에 살지 않는 사람은 지혜롭다고 할 수 없다.'
고 하였다. 어진 것은 하늘이 준 높은 벼슬이고, 사람이 편히 살 수 있는 집이다. 막지 않는데도 어질지 못한 곳에 있음은 어진 것이 아니다. 어진 마음이 없고, 지혜가 모자라고, 예를 잊고, 의가 없는 사람은 남에게 부림을 받게 된다. 부림을 받으면서 부림을 받는 것을 부끄럽다고 생각하는 것은, 활을 만드는 사람이 활 만드는 것을 부끄러워하고, 화살 만드는 사람이 화살 만드는 것을 부끄러워하는 것과 같다. 만일 부끄럽다고 생각되면, 어진 일에 뜻을 둠이 제일 좋다. 어진 데 뜻을 둔 사람은 활을 쏘는 것과 같다. 먼저 자기를 바르게 한 다음에야 쏜다. 쏘아서 적중하지 않아도 자기를 이긴 사람을 원망하지 않는다. 그 잘못을 자기에게 돌이켜 구할 뿐이다."

8. 남에게서 배운다

孟子曰, 子路는 人이 告之以有過則喜하더라. 禹는 聞善言則拜러라.
大舜은 有大焉하니 善與人同하여 舍己從人하며 樂取於人하여 以爲善이러라.
自耕稼陶漁로 以至爲帝히 無非取於人者러라.
取諸人以爲善이 是與人爲善者也니 故로 君子는 莫大乎與人爲善이니라.

【解釋】 맹자가 말했다.

"자로는 사람들이 자신의 잘못을 일러 주면 기뻐했다. 우(禹) 임금은 좋은 말을 들으면 절을 했다. 위대한 순 임금은 이보다 더 큰 것이 있었다. 착한 일은 사람들과 같이 하고, 착하지 않은 것은 버리고 남을 따라서 착한 것을 취하여 행하기를 즐거워하였다. 밭갈고 옹기 굽고 고기잡이할 때부터 제왕이 되기까지 다른 사람에게서 취하여 행하지 않은 바가 없었다. 다른 사람에게서 취하여 선을 행하는 것은 남과 함께 선을 행하는 것이다. 이런 까닭에 군자에겐 남과 함께 선을 행하는 것보다 더 큰 것은 없다."

9. 伯夷와 柳下惠

孟子曰, 伯夷는 非其君不事하며 非其友不友하며 不立
於惡人之朝하며 不與惡人言하더니 立於惡人之朝하여 與
惡人言하되 如以朝衣朝冠으로 坐於塗炭하며 推惡惡之心
하여 思與鄕人立에 其冠不正이어든 望望然去之하여 若將
浼焉하니 是故로 諸侯雖有善其辭命而至者라도 不受也하
니 不受也者는 是亦不屑就已니라.

柳下惠는 不羞汙君하며 不卑小官하여 進不隱賢하여 必
以其道하며 遺佚而不怨하며 阨窮而不憫하더니 故로 曰,
爾爲爾오 我爲我니 雖袒裼裸裎於我側인들 爾焉能浼我
哉리오 하니 故로 由由然與之偕 而不自失焉하여 援而止
之而止하니 援而止之而止者는 是亦不屑去已니라.

孟子曰, 伯夷는 隘하고 柳下惠는 不恭하니 隘與不恭은
君子不由也니라.

【解釋】 맹자가 말했다.

"백이는 참다운 임금이 아니면 섬기지 않고 진실한 벗이 아니면 사귀지 않았다. 악인(惡人)들의 조정에서는 벼슬하지 않았고 악인들과 더불어는 말을 하지 않았다. 악인들의 조정에서 벼슬하고 악인들과 더불어 말하는 것을 조정의 의관(衣冠)을 갖추고 도탄에 앉는 것같이 여겼다. 그가 악을 미워하는 마음을 추측한다면 시골 사람들과 함께 서 있을 때에 그 관이 바르지 못하면 뒤도 돌아보지 않고 가는 것이 그들로 말미암아 자기가 더럽혀진 것 같았다. 이러한 까닭에 비록 제후들이 정중하게 초대하는 글을 보내 와도 받지 않았다. 받지 않은 것은 역시 깨끗하지 않기 때문이다. 유하혜는 더러운 임금을 부끄럽게 여기지 않았고 작은 벼슬이라도 하찮게 여기지 않았다. 벼슬에 나가서는 현명함을 숨기지 않고 반드시 소신대로 해 나갔다. 버림을 받아도 원망하지 않고 곤궁하여서도 고민하지 않았다.

이런 까닭에 말하기를

'자네는 자네, 나는 나, 비록 내 곁에서 발가벗고 있은들 자네가 나를 더럽힐 수 있으리오.'

라고 말했다. 그런 고로 그들과 더불어 즐거워하면서도 스스로를 잃지 않았다. 끌어서 머물러 있게 하면 머물러 있게 되니, 끌어서 머물러 있게 하여 머물러 있는 것은 역시 머무른다는 것을 깨끗하게 여기지 않는 것이다."

맹자가 말했다.

"백이는 고루하고 유하혜는 불공스런 사람이다. 군자는 고루하고 불공스런 것은 취하지 않는다."

[註釋] *置郵 驛馬를 말함.
*三軍 많은 군사를 말함. 一軍은 1만 2천 5백 명.
*七十子 공자의 제자 가운데 文藝에 통한 자들이 70명이나 되었다고 한다.
*桑土 音은 상두. 土는 杜와 같다.
뽕나무 뿌리 껍질을 말한다.
*不征 征은 세금. 세금을 받지 않는 것.
*廛無夫里之布 廛은 주택. 夫里之布는 夫布와 里布. 布는 돈.
*端 朱子는 端緖로 보았음.
*函人 갑옷을 만드는 사람.

公孫丑章句 下

1. 天時, 地利, 人和

孟子曰, 天時 不如地利오 地利 不如人和니라.
三里之城과 七里之郭을 環而攻之而不勝하나니 夫環而攻之에 必有得天時者矣언마는 然而不勝者는 是 天時 不如地利也니라.
城非不高也며 池非不深也며 兵革이 非不堅利也며 米粟이 非不多也로되 委而去之하나니 是 地利 不如人和也니라. 故로 曰, 域民하되 不以封疆之界하며 固國하되 不以山谿之險하며 威天下하되 不以兵革之利니 得道者는 多助하고 失道者는 寡助라. 寡助之至에는 親戚이 畔之하고 多助之至에는 天下 順之니라.
以天下之所順으로 攻親戚之所畔이라. 故로 君子有不戰이언정 戰必勝矣니라.

【解釋】 맹자가 말했다.

"천시(天時)는 지리(地利)만 못하며 지리는 인화(人和)만 못하다. 3리(三里)의 성(城)과 7리의 외곽을 포위하고 공격하였는데도 승리하지 못한다. 이를 포위하고 공격할 때는 반드시 천시를 얻음이 있었다. 그런데도 승리하지 못하는 것은 천시가 지리보다 못하기 때문이다. 성도 높고, 못도 깊고, 군대의 장비도 견고·예리하며 군량도 충분하지만 성을 버리고 도망가는 수가 있다. 지리가 인화보다 못하기 때문이다. 옛날에는

'백성들이 딴 나라로 도망치는 것을 막되 국경의 경계에 의존하지 마라. 나라를 지키는 데 산천의 험난한 것에 의지하지 마라. 천하를 누르는 데 무기의 예리함에 의존하지 마라.'

하였다. 도를 얻은 사람은 돕는 사람이 많고 도를 잃은 자는 도와 주는 사람이 적다. 극단인 경우는 친척까지도 배반한다. 도와 주는 사람이 많으면 천하의 백성들도 귀순한다. 천하의 백성들이 귀순하면 배반한 친척들을 공격한다. 그런 까닭에 군자는 싸움을 하지 않고자 하지만 싸움을 하면 반드시 승리한다."

2. 伊尹과 管仲

孟子ㅣ 將朝王이러시니 王이 使人來曰, 寡人이 如就見者也러니 有寒疾이라 不可以風일새 朝將視朝하리니 不識케이다 可使寡人으로 得見乎이까. 對曰, 不幸而有疾이라 不能造朝로소이다.

明日에 出吊於東郭氏러시니 公孫丑曰, 昔者에 辭以病

하시고 今日弔或者不可乎인저. 曰, 昔者疾이 今日愈어니
如之何不弔리오.

王이 使人問疾하고 醫來어늘 孟仲子 對曰, 昔者에 有
王命이어시늘 有采薪之憂라 不能造朝러시니 今病少愈어시늘
趨造於朝하더시니 我는 不識케라 能至否乎아 하고 使數人으
로 要於路曰, 請必無歸而造於朝하소서.

不得已而之景丑氏하여 宿焉이러시니 景子曰, 內則父子
오 外則君臣이 人之大倫也니 父子는 主恩하고 君臣은 主敬
하니 丑見王之敬子也오 未見所以敬王也케이다. 曰, 惡라
是何言也오. 齊人이 無以仁義與王言者는 豈以仁義로 爲
不美也리오. 其心에 曰, 是何足與言仁義也云爾則不敬
이 莫大乎是하니 我는 非堯舜之道어든 不敢以陳於王前하
노니 故로 齊人이 莫如我敬王也니라.

景子曰, 否라. 非此之謂也라. 禮에 曰, 父召어시든 無
諾하며 君이 命召어시든 不俟駕라 하니 固將朝也라가 聞王
命而遂不果하시니 宜與夫禮로 若不相似然하니이다.

曰, 豈謂是與리오. 曾子曰, 晉楚之富는 不可及也나

彼以其富_{어든} 我以吾仁_{이오} 彼以其爵_{이어든} 我以吾義_니
吾何慊乎哉_{리오} 하시니 夫豈不義_를 而曾子 言之_{시리오} 是
或一道也_{니라}. 天下_에 有達尊_이 三_{이니} 爵一齒一德一_이
_니 朝廷_엔 莫如爵_{이오} 鄕黨_엔 莫如齒_오 輔世長民_엔 莫如德
_{이니} 惡得有其一_{하여} 以慢其二哉_{리오}.
故_로 將大有爲之君_은 必有所不召之臣_{이라}. 欲有謀焉
則就之_{하나니} 其尊德樂道 不如是_면 不足與有爲也_{니라}.
故_로 湯之於伊尹_에 學焉而後_에 臣之故_로 不勞而王_{하고}
桓公之於管仲_에 學焉而後_에 臣之故_로 不勞而霸_{하니라}.
今天下 地醜德齊_{하여} 莫能相尙_은 無他_라 好臣其所敎
而不好臣其所受敎_{니라}.
湯之於伊尹_과 桓公之於管仲_에 則不敢召_{하니} 管仲_도 且
猶不可召_온 而況不爲管仲者乎_아.

【解釋】 맹자가 왕을 찾아가 보려던 참에 왕이 사신을 시켜서 말을 전해 왔다.

"과인이 찾아가 보려고 했으나*(如就見) 마침 감기가 들어서 바람을 쐴 수가 없다. 조정에 나와 준다면 만나볼까 한다. 과인이 만나볼 수 있는지 없는지 알려 달라."

"불행히도 병이 나서 조회에 들 수가 없습니다."

이튿날 맹자는 동곽씨(東郭氏) 집으로 문상을 떠나려 했다. 공손추가 말렸다.
"어제는 칭병으로 사양하시더니 오늘은 문상을 나가시는 것은 옳지 않은 것이 아닙니까?"
"어제 아프던 병이 오늘은 나았으니 어찌 문상 못 갈 이유가 있느냐."
왕이 사람을 시켜서 문병을 하고 의사도 보내 왔다. 맹중자(孟仲子)가 상대하여 말했다.
"어제 조회에 들라는 명령이 계셨으나 병으로*(采薪之憂) 가 뵙지 못했었습니다. 오늘 조금 병이 나아서 급히 조회에 드시고자 집을 나가셨는데, 과연 잘 도착하셨는지 모르겠습니다."
그리고는 몇 사람을 시켜 맹자의 돌아오는 길목을 지키고 있다가
"집으로 오시지 말고, 곧 대궐로 드십시오."
하고 이르게 했다.
맹자는 하는 수 없이 경추씨를 찾아가 머물게 되었다.
경자가 말했다.
"집안에서는 아비와 자식, 밖에서는 임금과 신하가 인륜(人倫) 중에 가장 큰 것입니다. 부자 사이는 은혜를 위주로 삼고 임금과 신하 사이는 존경하는 것을 위주로 합니다. 내가 보는 바로는 임금께서는 선생님을 존경하고 계신데, 선생님께서는 아무래도 임금을 존경하고 계시지 않는 것 같습니다."
"아니 무슨 말을 그렇게 하시오. 제나라 사람은 임금과 더불어 인과 의로써 말하는 사람이 없습니다. 그것이 어찌 인의를 불미(不美) 하다고 여기기 때문이겠소. 마음으로 중얼거리기를 그가 인의를 더불어 말하기에 넉넉하지 못하기 때문입니다. 왕에 대한 불경이 이보다 더 클 수 있겠소. 나는 요순의 도(道)가 아니면 감히 왕 앞에서 말하지 않습니다. 그러므로 제나라 사람들은 나보다 더 임금을 공경하지 못하는 것이오."
"아닙니다. 그런 것을 일컬음이 아닙니다. 《예기(禮記)》에 보면
〈아비가 부르면 대답하고 곧 가 뵙고 임금이 명으로 부르면 수레에 말을 달기를 기다리지 말고 달려가라.〉

고 했습니다. 그런데 선생님은 원래 조회에 드실 계획이었는데, 임금의 명령을 듣고도 수행치 않았으니, 아마 예와 다른 것이 아닌가 생각됩니다."

"어찌 그렇게 말할 수 있겠소. 증자(曾子)는 말하기를

'진(晋)나라, 초나라의 부(富)는 내가 미치지 못한다. 그들이 부를 자랑한다면, 나는 인(仁)을 자랑한다. 그들이 벼슬을 자랑하면 나는 의(義)를 자랑으로 한다. 내가 무엇을 꺼려 하겠는가.'

라고 하였습니다. 증자가 어찌 의롭지 않은 것을 말하겠습니까. 이것도 하나의 도인 것입니다. 세상에서 공통적으로 존경되는 것은 세 가지가 있습니다. 지위와 나이와 덕(德)입니다. 조정에서는 벼슬만한 것이 없고, 시골에서는 나이만한 것이 없고, 세상을 구제하고 백성들의 버릇이 되는 데는 덕만한 것이 없습니다. 그 하나를 가지고 나머지 둘을 태만히 할 수가 있겠습니까. 장차 큰 일을 하려는 임금에게는 반드시 앉아서 부르지 않고 가서 만나는 신하가 있기에 의논하고 싶으면 그렇게 합니다. 덕을 존중하고 도를 즐기기가 이와 같지 않으면 더불어 일하기가 부족합니다. 그런 까닭에 탕왕은 이윤(伊尹)에게 가르침을 받은 다음, 그를 신하로 삼았습니다. 그러기 때문에 탕왕은 힘 안 들이고 왕이 되었습니다. 제환공(齊桓公)도 관중(管仲)에게 가르침을 받은 뒤에 그를 신하로 삼았습니다. 그러기에 힘 안 들이고 패자가 되었습니다. 지금 천하의 제후들이 영토에 있어서나, 덕에 있어서나, 다 비슷해서 서로가 뛰어나게 낫지 못한 이유가 다른 데 있는 것이 아닙니다. 임금이 자기만 못한 사람을 신하로 두고, 가르침을 받을 만한 사람을 신하로 두려 하지 않기 때문인 것입니다. 탕왕은 이윤에 대해서, 환공은 관중에 대해서 감히 불러오거나 한 일이 없었습니다. 관중 같은 사람도 마음대로 부를 수 없었는데 더구나 관중의 흉내 같은 건 내고 싶지도 않은 사람이겠소."

3. 路資와 賂物

陳臻이 問曰, 前日於齊에 王이 餽兼金一百而不受하시고 於宋에 餽七十鎰而受하시고 於薛에 餽五十鎰而受하시니 前日之不受是則今日之受非也오 今日之受 是則前日之不受非也니 夫子 必居一於此矣시리이다.

孟子曰, 皆是也니라.

當在宋也하여 予將有遠行이러니 行者는 必以贐이라 辭曰, 餽贐이어니 予何爲不受리오.

當在薛也하여 予有戒心이러니 辭曰, 聞戒故로 爲兵餽之어니 予何爲不受리오.

若於齊則未有處也하니 無處而餽之는 是 貨之也니 焉有君子而可以貨取乎리오.

【解釋】 진진(陳臻)이 맹자에게 물었다.

"앞서 제나라에서 왕이 순금 백 일*(鎰)을 주었을*(餽) 때, 이를 받지 않으셨습니다. 그런데 송나라에서 70일을 주었을 때 이를 받으시고, 설(薛) 나라에서도 50일을 받으셨습니다.

 앞서 받지 않으신 것이 정당한 것이었다면 이번에 받으신 것이 잘못일 것이며, 이번에 받으신 것이 정당한 것이었다면, 앞서 받지 않으신 것이 잘못일 것입니다. 선생님께서는 반드시 이 중 어느 한쪽을 택하셔야 했습니다.”

맹자가 대답했다.

 “어느 것이나 다 정당한 것이다. 송나라에 있을 때에 내가 멀리 여행을 떠나려고 하였다. 여행을 떠나는 사람에게는 반드시 노자를 주기 마련이다. 임금이 전해온 말에 ‘노자로 드립니다.’라고 하였다. 내가 무엇 때문에 받지 않겠는가. 설나라에 있을 때에는 내 신변이 위험한 때였다. 임금이 전해온 말에 ‘듣건대 신변이 위험하다 하니 경호원의 비용으로 써 주십시오.’라고 하였다. 내가 무엇 때문에 받지 않겠는가. 그러나 제나라에서는 받아야 할 아무런 이유가 없었다. 정당한 이유 없이 많은 돈을 주는 것은, 돈으로 환심을 사려는 것이다. 군자로서 어떻게 그런 뇌물을 받을 수 있겠는가.”

4. 政治家의 책임 의식

孟子가 之平陸하사 謂其大夫曰, 子之持戟之士 一日而 三失伍則去之아 否乎아. 曰, 不待三이니이다. 然則子之失伍也 亦多矣로다. 凶年饑歲에 子之民이 老 羸는 轉於溝壑하고 壯者는 散而之四方者 幾千人矣오. 曰,

> 차 비 거 심 지 소 득 위 야
> 此非距心之所得爲也 니이다.
> 　　왈　금유수인지우양　이위지목지자 즉필위지구목여
> 曰, 今有受人之牛羊 而爲之牧之者 則必爲之求牧與
> 　추 의　　　구목여추이부득　즉반저기인호　　억역립이시
> 芻矣 리니 求牧與芻而不得 則反諸其人乎아 抑亦立而視
> 기 사 여　　왈　차즉거심지죄야
> 其死與아. 曰, 此則距心之罪也 로소이다.
> 　타 일　　현어왕왈　왕지위도자　신지오인언　　　지 기
> 他日에 見於王曰, 王之爲都者를 臣知五人焉이로니 知其
> 　죄 자　　유공거심　　　　　위왕송지　　　　왕왈　차 즉
> 罪者는 惟孔距心 이러이다 하고 爲王誦之 하신대 王曰, 此則
> 　과 인 지 죄 야
> 寡人之罪也 로소이다.

【解釋】 맹자가 제나라의 평륙(平陸) 지방에 가서 그곳 대부(孔距心)에게 말했다.

"부하 가운데 창을 든 병사가 하루 세 번 자기의 대오를 떠났을 때는, 그를 징계해야*(去之) 합니까, 그러지 말아야 합니까?"

"세 번까지 기다리지 않습니다."

"그렇다면 선생도 대오를 떠난 것이 여러 번 됩니다. 기근이나 흉년이 든 해면, 선생의 백성 중에 노인과 어린아이들은 진흙 구렁텅이에 빠져 죽고, 사방으로 흩어지는 장정들의 숫자는 몇 천 명이나 됩니다."

"그것은 나 구(距)의 마음으로는 어찌해 볼 수 없는 일입니다."

"그렇다면 지금 소와 양을 먹여 달라고 부탁받은 사람이 있다고 합시다. 그 사람은 반드시 방목지와 목초를 구하여야만 할 것입니다. 그러나 만일 방목지와 목초를 구하지 못했다면 맡은 소와 양을 주인에게 돌려 주어야 하겠습니까, 아니면 우두커니 선 채 굶어죽어가는 꼴을 보고 있어야 하겠습니까."

"네, 그 점은 내 죄입니다."

그 뒤, 맹자는 왕을 만나서 말했다.

"왕의 도시에 내가 아는 사람이 다섯 있습니다. 그 중에서 자기 죄를 아는 사람은 공거심 한 사람뿐입니다."

연후, 앞서 공거심과 주고받은 이야기를 들려 주었다. 그랬더니 왕은 "그것은 과인의 죄입니다."

라고 말했다.

5. 職務와 職責

孟子가 蚳鼃에게 말하되, 子之辭靈丘 而請士師似也는 爲其可以言也니 今旣數月矣로되 未可以言與아.

蚳鼃가 諫於王而不用이어늘 致爲臣而去한대 齊人이 曰,

所以爲蚳鼃는 則善矣어니와 所以自爲는 則吾不知也케라.

公都子가 以告한대 曰, 吾聞之也호니 有官守者 不得其職則去하고 有言責者 不得其言則去라 하니 我無官守하며 我無言責也 則吾進退 豈不綽綽然有餘裕哉리오.

【解釋】 맹자가 지와(蚳鼃)에게 말했다.

"그대가 영구(靈丘)에서의 벼슬을 그만두고 사사(士師─獄官)를 바란 것은 그럴 듯하오. 조언하는 것을 일로 하기 때문이오. 이제 이미 몇 달이 지났는데도 아직 간언하지 않았던가요."

그래서 지와는 왕에게 간언했으나 쓰이지 않았으므로 벼슬을 내놓고 떠나버렸다.

그러자 제나라 사람들은

"지와를 위하여 한 소이는 착하나 자신이 하는 일은 알 수가 없다." 하고 말했다.

공도자(公都子)가 이런 말을 전하자 맹자는 이렇게 말했다.

"나는 이렇게 들었다. 벼슬을 가진 사람은 자기가 맡은 직무를 다할 수 없으면 그 자리에서 물러나야 하고 또 간언해야 할 책임이 있는 사람은 그가 말한 간언이 제대로 쓰이지 않으면 그 직책에서 물러나야 한다. 지금 내게는 맡은 바 벼슬도 없고 또 내게는 간언의 책임도 없다. 그러므로 내가 진퇴에 있어 어찌 넉넉하며 여유*(綽綽然)가 없겠는가."

6. 對人法

孟子 爲卿於齊 하사 出吊於滕 하실새 王이 使蓋大夫王驩으로 爲輔行이러니 王驩이 朝暮見이어늘 反齊滕之路 토록 未嘗與之言行事也 하시다.

公孫丑 曰, 齊卿之位 不爲小矣 齊滕之路 不爲近矣 로되 反之而未嘗與言行事는 何也이꼬 曰, 夫旣或治之어니 予何言哉 리오.

【解釋】 맹자가 제나라의 경(卿)이 되어 등나라로 조문을 갔다. 왕이

합읍(蓋邑)의 대신인 왕환(王驩)을 부사로 따라가게 했다. 왕환이 조석으로 맹자를 만났는데, 제나라로부터 등나라에 갔다오기까지 한 번도 행사에 관한 일을 얘기하지 않았다.

공손추가 말했다.

"제나라 경(卿)의 지위가 작다고 볼 수 없고, 제나라에서 등나라까지의 길이 가깝다고도 볼 수 없는데, 가고 오는 동안 왕환과는 행사에 대해 한 번도 말한 일이 없으시니 어찌 된 일입니까?"

맹자가 대답했다.

"왕환은 그 자신이 다 알아서 하고 있는데 내가 무엇을 얘기하겠는가."

7. 親喪에 대하여

孟子 自齊葬於魯하시고 反於齊하실새 止於嬴이러시니 充

虞請曰, 前日에 不知虞之不肖하사 使虞敦匠事어시늘 嚴

하야 虞不敢請하니 今願竊有請也하노니 木若以美然하더이

다.

曰, 古者에 棺椁이 無度하더니 中古에 棺이 七寸이오 椁

을 稱之하여 自天子達於庶人하니 非直爲觀美也라 然後에

盡於人心이니라.

不得이란 不可以爲悅이며 無財란 不可以爲悅이니 得之

爲有財하여는 古之人이 皆用之하니 吾何爲獨不然이리오.
且此化者하여 無使土親膚면 於人心에 獨無恔乎아.
吾는 聞之也하니 君子는 不以天下儉其親이니라.

【解釋】 맹자가 제나라에서 노나라로 가서 장사를 치르고 다시 제나라로 돌아올 때 영읍(嬴邑)에 머물렀다.
 충우(充虞)가 청하여 말하기를 "일전에 충우의 불초함을 모르시고 관(棺) 만드는 일을 돌보게 하셨는데*(敦匠事) 급하여 제가 말씀을 드리지 못하였습니다. 이제 조용히 말씀올리겠습니다. 관이 너무 아름답더군요."라고 하였다.
 "옛날에는 관곽(棺槨)에 법도가 없었다. 중고(中古)에는 관의 두께가 7촌이었고 곽(槨)도 이에 맞도록 하였다. 천자로부터 서민에 이르기까지 단지 아름답고 보기 좋게 하기 위해서가 아니라 그런 후에야 마음에 흡족하였기 때문이다. 이러하지 못하면 마음이 기쁘지 않았고, 이렇게 할 만한 재물이 없으면 마음을 기쁘게 할 수 없었다. 재물이 있어서 이렇게 할 수 있다면 옛 사람들은 모두 다 관곽을 만드는 데에 썼다. 내 어찌 혼자서 그렇게 하지 않겠는가. 또 죽은 자를 위하여 흙이 살에 닿지 않게 하는 것이 사람의 마음에도 즐겁지 않겠는가. 내가 듣기에는 군자는 천하때문이라 하여 그 부친상을 검소하게 하지 않는다."

8. 不義를 칠 수 있는 자격

沈同이 以其私問曰, 燕可伐與이까. 孟子曰, 可하니라.

子噲도 不得與人燕이며 子之도 不得受燕於子噲니 有仕於
此어든 而子悅之하야 不告於王 而私與之吾子之祿爵이
어든 夫士也 亦無王命 而私受之於子 則可乎아. 何以
異於是리오.

齊人이 伐燕이어늘 或이 問曰, 勸齊伐燕이라 하니 有諸
이까 曰, 未也라. 沈同이 問 燕可伐與아 하야늘 吾 應
之曰, 可라 하니 彼然而伐之也로다. 彼如曰, 孰可以伐
之오 하면 則將應之曰, 爲天吏 則可以伐之라 하리라. 今
有殺人者어든 或이 問之曰, 人可殺與아 하면 則將應之曰,
可라 하리니 彼如曰, 孰可以殺之오 하면 則將應之曰, 爲
士師 則可以殺之라 하리라. 今에 以燕伐燕이어니 何爲勸
之哉리오.

【解釋】 심동(沈同)이 사사로이 찾아와서 물었다.
"연나라를 징벌하여도 좋겠습니까?"
맹자가 대답했다.
"좋지요. 자쾌(子噲)도 연(燕)나라를 왕에게 줄 수 없으며 자지(子之)도 연나라를 자쾌에게서 받을 수 없습니다. 여기에 벼슬살이하는 사람이 있다고 합시다. 한 사람을 좋아한다고 해서 왕에게 알리지도 않고 사사로이 당신의 작록(爵祿)을 주고 또한 왕명도 없이 그 사람도 당신에게서 작록을 받을 수 있는 것이 가능하겠습니까. 무엇이 이것과 다릅니까?"

　제나라 사람이 연나라를 정벌하였다. 어떤 사람이 물었다.
"연나라를 치라고 제나라에 권했다는데 사실입니까?"
"아닙니다. 심동이 묻기를 연나라를 정벌해도 좋겠느냐고 하기에 내가 응하여 '좋다.'고 했습니다. 그랬더니 그는 그런 줄 알고 정벌한 것입니다. 그러나 그가 만일 그때 '누가 칠 수 있을까요?"라고 물었다면, 나는 '천리(天吏)면 칠 수 있다.'고 대답했을 것입니다. 지금 살인자가 있다고 합시다. 어떤 사람이 '그 사람 죽여 마땅한가?"하고 물으면, 즉시 '죽여 마땅하다.'고 대답할 것이 아니오. 그가 다시 '누가 죽여야 하는가?'하고 묻는다면 '옥관(獄官)이라면 죽일 수 있다.'고 대답할 것입니다. 이제 연나라로써 연나라를 정벌한 것을 무엇때문에 정벌하라고 권하겠습니까."

9. 잘못의 정당화

　　　　연인　반　　　왕왈　　오 심참어 맹자
　　　燕人이 畔이어늘 王曰, 吾 甚慙於孟子하노라.
　　　　진 가왈　　왕무환언　　　왕　자이위 여주공　숙인차
　　　陳賈曰, 王無患焉하소서. 王이自以爲 與周公 孰仁且
　　지　　　왕왈　오　시하언야　왈　주공　사관숙감은
　　智이꼬. 王曰, 惡라是何言也오 曰, 周公이 使管叔監殷
　　　　　　관숙　이은반　　　지이사지　시불인야　부지이
　　이어늘 管叔이 以殷畔하니 知而使之면 是不仁也오 不知而
　　사지　시부지야　인지　주공　미지진야　　이황어왕
　　使之면 是不智也니 仁智는 周公도 未之盡也시니 而況於王
　　호　　　가 청견이해 지
　　乎이까. 賈請見而解之하리이다.
　　　　　견 맹자문왈　주공　하인야　　왈 고성인야
　　　見孟子問曰, 周公은 何人也이꼬. 曰, 古聖人也니라.

曰,使管叔監殷이어늘 管叔이 以殷畔也라 하니 有諸이까.
曰, 然하다. 曰, 周公이 知其將畔而使之與이까. 曰, 不
知也니라. 然則聖人도 且有過與이까. 曰, 周公은 弟也오
管叔은 兄也니 周公之過 不亦宜乎아.
且古之君子는 過則改之러니 今之君子는 過則順之로다.
古之君子는 其過也 如日月之食이라 民皆見之하고 及其
更也하야는 民皆仰之러니 今之君子는 豈徒順之리오 又從
而爲之辭로다.

【解釋】 연나라 백성들이 반란을 일으켰다. 왕이 말했다.
"나는 심히 맹자에게 부끄럽다."
진가(陳賈)가 말했다.
"임금께선 근심하실 것이 없습니다. 임금께선 스스로를 주공과 더불어 비교하여 볼 때 어느 쪽이 더 어질고 지혜롭다고 생각하십니까?"
"아니, 그게 무슨 말인가."
"주공은 관숙(管叔)을 시켜서 은나라를 감독하도록 하셨는데 관숙은 은나라에서 반란을 일으켰습니다. 이럴 줄 알면서 시켰다면 이것은 어질지 못한 것입니다. 이럴 줄 알지 못하고 시켰다면 지혜롭지 못한 것입니다. 인자하고 지혜로운 주공도 다할 수 없었는데 더구나 임금께서야 더할 나위가 있겠습니까. 제가 맹자를 만나보고 해명하겠습니다."
맹자를 만나보고 물었다.
"주공은 어떤 사람입니까?"
"옛날 성인입니다."
"관숙을 시켜 은나라를 감독하게 했는데 관숙이 은나라에서 반란을 일

으켰습니다. 그런 일이 있었습니까?"

"있었지요."

"주공은 그가 장차 반란을 일으킬 것을 알면서도 벼슬을 시킨 것입니까?"

"몰랐지요."

"그러면 성인도 잘못을 저지를 수가 있습니까?"

"주공은 동생이고 관숙은 형입니다. 주공의 잘못은 의당 있을 수 있지 않겠소. 또 옛날의 군자는 잘못을 뉘우쳤는데 지금의 군자는 그 잘못을 그대로 밀고 나가오. 옛날의 군자는 그 잘못이 일식이나 월식과 같아서 백성들이 그것을 보고, 그것을 고치게 되면 백성들이 모두 다 우러렀습니다. 지금의 군자는 어찌 밀고 나갈*(順之) 뿐이리오. 그 잘못을 변명까지 하오."

10. 富貴를 원하는가

孟子 致爲臣而歸하실새 王이 就見孟子曰, 前日에 願見
而不可得이다가 得侍하야는 同朝甚喜러니 今又棄寡人而
歸하시니 不識케이다. 可以繼此而得見乎이까. 對曰, 不敢
請耳언정 固所願也니이다.

他日에 王이 謂時子曰, 我欲中國而授孟子室하고 養弟
子以萬鍾하여 使諸大夫國人으로 皆有所矜式하노니 子盍
爲我言之리오.

時子가 因陳子而以告孟子어늘 陳子 以時子之言으로 告
孟子한대 孟子曰, 然하다. 夫時子 惡知其不可也리오.
如使予欲富인댄 辭十萬而受萬이 是爲欲富乎아. 季孫曰,
異哉라 子叔疑여. 使己爲政하되 不用則亦已矣어늘 又使
其子弟爲卿하니 人亦孰不欲富貴리오마는 而獨於富貴之中
에 有私龍斷焉이라 하니라.
古之爲市者 以其所有로 易其所無者어든 有司者 治之
耳러니 有賤丈夫焉하니 必求龍斷而登之하여 以左右望而
罔市利어늘 人皆以爲賤 故로 從而征之하니 征商이 自此
賤丈夫始矣니라.

【解釋】 맹자는 신하로 있던 것을 그만두고 고향으로 돌아가기로 하였다. 왕이 맹자를 만나 보고 말했다.
"일전에 만나보기를 바랐으나 만나볼 수 없었는데, 그 후 조정에서 같이 모실 수 있어 매우 기뻤었소. 이제 과인을 버리고 고향으로 돌아가니 앞으로 계속해서 만나 볼 수 있을는지 모르겠소."
"감히 청할 수는 없습니다만 그렇게 되기를 바라는 바입니다."
다른 날에 왕이 시자(時子)에게 일컬어 말했다.
"나는 나라 한가운데 맹자의 집을 마련해 주고 만 종*(萬鍾)으로써 제자들을 기르게 하여 여러 대신들과 나라의 백성들이 다 존경하며 본보기가 되도록 해주고 싶다. 내 말을 네가 전해다오."
시자는 이 말을 진자(陳子)에게 전하고 진자는 이 말을 맹자에게 고

했다.

맹자가 말했다.

"그래, 시자로서는 그것이 가능까지 않다는 것을 알 수가 없으리라. 내가 만일 부자되기를 원하는 사람이라면 10만 종을 사양하고, 만 종을 받지는 않을 것이다. 이러한 것이 부를 바라는 것이 되겠다고 생각하는가.

계손(季孫)은 이렇게 말했다.

'자숙의(子叔疑)는 이상하다. 자신이 정치를 하다가 일을 할 수 없으면 스스로 그 자리에서 물러나야 될 일인데도 자기의 자제까지도 경(卿) 벼슬을 하도록 시켰다. 사람으로서 또한 그 누가 부귀를 원하지 않겠는가. 혼자서 부귀 가운데 있어서 사사로이 농단(壟斷—獨占)한단 말인가.'

이렇게 해서 옛날 시장이라는 것은, 가지고 있는 것으로 가지고 있지 않는 것을 바꾸는 것이고 유사(有司)는 다스릴 뿐이었다. 그런데 못난 사나이가 있어, 반드시 높은 언덕 위로 올라가, 좌우를 두루 살피며 시장의 이익을 독점했다. 사람들은 이 사나이를 모두 천하게 여겼다. 이런 까닭에 세금을 받게 되었다. 장사꾼에게 세금을 받게 된 것은 이 천한 사나이에게서부터 시작됐다."

11. 올바른 대우란

孟子 去齊 하실새 宿於晝 러시니
有欲爲王留行者 坐而言 이어늘 不應 하시고 隱几而臥 하
신대 客 이 不悅曰, 弟子 齊宿而後敢言 이어늘 夫子 臥而

不聽하시니 請勿復敢見矣로리이다. 曰, 坐하라. 我明語子하리라. 昔者에 魯穆公이 無人乎子思之側 則不能安子思하고 泄柳申詳이 無人乎穆公之側 則不能安其身이러니라. 子 爲長者慮 而不及子思하니 子 絶長者乎아. 長者 絶子乎아.

【解釋】 맹자는 제나라를 떠나 주(晝)에 묵게 되었다.
왕을 위하여 떠나는 것을 만류하려고 어떤 사람이 앉아서 말을 하였다. 맹자는 그의 말에 응하지 않고 책상에 기대어 누워 있었다.
손님이 불쾌해 하며
"제자인 제가 하룻밤을 묵으면서까지 감히 말을 올렸는데 선생님께서는 누워가지고 듣지 않으셨습니다. 다시는 감히 보지 않겠습니다."
라고 말했다.
"앉아라. 내가 분명하게 그대에게 말하겠다. 옛날에 노목공(魯穆公)은 자사의 측근에 사람이 없으면 자사를 편안히 하기가 불능하였고 설유(泄柳)와 신상(申詳)은 목공의 측근에 사람이 없으면 그 자신의 몸을 편안하게 할 수 없었다. 그대가 어른을 위하여 염려는 하였으나 자사에 미치지 못하였다. 그대가 어른을 걱정하겠는가, 어른이 그대를 걱정하겠는가?"

12. 齊나라를 떠나다

孟子 去齊하실새 尹士 語人曰, 不識王之不可以爲湯

武_무 則是不明也_{즉시불명야}오 識其不可_{식기불가}오 然且至_{연차지} 則是干澤也_{즉시간택야}니 千里_{천리}
而見王_{이견왕}하여 不遇故_{불우고}로 去_거하되 三宿而後出畫_{삼숙이후출주}하니 是何濡滯_{시하유체}
也_야오 士則玆不悅_{사즉자불열}하노라.

高子_{고자} 以告_{이고}한대 曰, 夫尹士_{부윤사} 惡知予哉_{오지여재}리오 千里而見
王_왕은 是予所欲也_{시여소욕야}니 不遇故_{불우고}로 去_거 豈予所欲哉_{기여소욕재}리오 予不得_{여부득}
已也_{이야}로라.

予三宿而出畫_{여삼숙이출주}하되 於予心_{어여심}에 猶以爲速_{유이위속}하노니 王庶幾改_{왕서기개}
之_지니 王如改諸_{왕여개저}면 則必反予_{즉필반여}리라.

夫出晝_{부출주} 而王不予追也_{이왕불여추야}할새 予然後浩然有歸志_{여연후호연유귀지}하니 予_여
雖然_{수연}이나 豈舍王哉_{기사왕재}리오 王由足用爲善_{왕유족용위선}이니 王如用予_{왕여용여}면
則豈徒齊民安_{즉기도제민안}이리오 天下之民_{천하지민}이 擧安_{거안}하리니 王庶幾改之_{왕서기개지}를
予日望之_{여일망지}하노라. 予豈若是小丈夫然哉_{여기약시소장부연재}라 諫於其君而不受_{간어기군이불수}
則怒_{즉노}하야 悻悻然見於其面_{행행연현어기면}하야 去則窮日之力_{거즉궁일지력} 而後_{이후}에 宿_숙
哉_재리오.

尹士聞之曰_{윤사문지왈}, 士_사는 誠小人也_{성소인야}로다.

【解釋】 맹자가 제나라를 떠났다.
윤사(尹士)가 사람들에게 말했다.
"우리 왕이 탕왕이나 무왕이 될 수 없다는 것을 알지 못했다면 이것

은 밝지 못한 것이다. 그것이 가능하지 않다는 것을 알면서도 그래도 왔었다면 이것은 은택을 구하려(干澤)고 한 것이다. 그는 천리길을 와서 왕을 만났다가 불우한 까닭에 떠나게 된 것인데, 사흘 밤이나 묵고 난 다음에 주(晝)를 떠났으니 이것이 얼마나 늑장을 부린 것인가. 나는 이런 일이 불쾌하다."
 고자가 이 말을 알렸다.
 "윤사 같은 사람이 어떻게 나를 알 수 있겠는가. 천리길을 와서 왕을 만난 것은 내가 바란 것이다. 불우한 까닭에 떠나온 것은 내가 바라는 것이겠는가. 나도 부득이하였다. 내가 사흘밤을 묵은 후에 주(晝)를 떠나간 것은 내 마음에는 오히려 빨리 떠나온 것 같다. 왕이 마음을 고쳐주기를 바랐던(庶幾) 것이니, 왕이 마음을 고쳤다면 나는 반드시 돌아갔을 것이다. 그런데 주(晝)를 떠났어도 왕은 나를 쫓아오지 않았다. 나는 이런 다음에야 아무 거리낌 없이 돌아갈 뜻을 가졌다. 그렇지만 내가 어찌 왕을 버릴 수가 있겠는가. 왕은 어진 정치를 하는 데 쓸 충분한 능력이 있다. 왕이 나를 쓴다면 어찌 제나라의 백성들만이 편안해지겠는가. 천하의 백성들이 편안해질 것이다. 왕이 마음 고치기를 나는 매일같이 소망하고 있다. 어찌 내가 졸장부와 같은 짓을 하겠는가. 임금에게 간언하여 받아들이지 않는다고 해서 얼굴에 노한 빛을 띤다거나 하루 종일 쉬지 않고 걸은 다음에 숙박하는 짓을 하겠는가."
 윤사는 이 말을 듣고 말했다.
 "나는 참으로 소인이었다."

13. 나를 버리고 누가 있을 것이냐

孟子 去齊 하실새 充虞 路問曰, 夫子 若有不豫色然 하시니이다. 前日에 虞聞諸夫子 하니 曰, 君子는 不怨天 하며

> 불우인
> **不尤人**이라 하나이다.
>
> 　　　왈　피일시　　차일시야　　　오백년　필유왕자흥
> **曰, 彼一時**며 **此一時也**니라. **五百年**에 **必有王者興**하나니
> 기간　필유명세자　　유주이래　　칠백유여세의　이기
> **其間**에 **必有名世者**니라. **由周而來**로 **七百有餘歲矣**니 **以其**
> 수즉과의　　이기시고지즉가의　　　부천　미욕평치천하
> **數則過矣**오 **以其時考之則可矣**니라. **夫天**이 **未欲平治天下**
> 야　　　여욕평치천하　　　당금지세　　　사아　기수야
> **也**시니 **如欲平治天下**인댄 **當今之世**하여 **舍我**오 **其誰也**리
> 오　**吾何爲不豫哉**리오.
> 오하위불예재

【解釋】 맹자가 제나라를 떠나려 할 때 길에서 충우(充虞)가 물었다. "선생님께서는 안색이 매우 불유쾌한 듯합니다. 일전에 충우는 선생에게 이런 말을 들었습니다.
'군자는 하늘을 원망하지 않고 사람을 탓하지 않는다.'
라고."
맹자가 말했다.
"저 시대도 한 시기요 이 시대도 한 시기이다. 5백 년이 되면 반드시 왕자(王者)가 일어나고 그 사이에 세상에 이름을 날리는 사람이 나온다. 주(周)나라 이래로 7백여 년, 그 햇수를 가지고 본다면 왕자가 일어날 시기가 지났고, 이 시기로 생각한다면 왕자가 나오게 되어 있다. 대저 하늘이 천하를 태평하게 다스리고자 않는 것이지, 만일 천하를 태평하게 다스리고자 한다면 이 세상에서 나를 버리고 그 누가 있으리오. 내 어찌 불유쾌하겠는가."

14. 벼슬살이하며 祿을 받지 않음

孟子 去齊居休러니 公孫丑 問曰, 仕而不受祿이 古之道乎이까.

曰, 非也라. 於崇에 吾得見王하고 退而有去志하니 不欲變故로 不受也호라. 繼而有師命이라 不可以請이언정 久於齊는 非我志也니라.

【解釋】 맹자가 제나라를 떠나 휴(休)에 있을 때 공손추가 물었다.
"벼슬살이를 하며 녹을 받지 않는 것이 옛날의 도(道)입니까?"
"아니다. 숭(崇)에서 내가 왕을 만나볼 수 있었는데 그때 물러나와 가버릴 뜻이 있었다. 그 뒤에 벼슬을 그만둘 뜻이 변치 않았기 때문에 녹을 받지 않았다. 그러자 뒤를 이어 전쟁의 명이 내렸다. 그래서 그만두겠다고 청하지 못하여 제나라에 오래 있는 것이지 내 뜻은 아니었다."

[註釋]
*如就見 如는 將이다. 往의 뜻. 장차 가보려고 한다.
*采薪之憂 왕에게 자신의 병을 일컬을 때 쓰는 말.
*鎰 大金의 단위.
*餽 보낸다는 뜻. 送.
*去之 파면한다는 뜻.
*綽綽然 넉넉하게 여유있는 모양.
*敦匠事 治의 뜻으로 돌보아 감독하는 것.
*順之 밀고 나간다.
*萬鍾 1鍾은 6斛 4斗, 10斗는 1斛.

■ 滕文公篇

滕文公章句 上

1. 약이 독하지 못하면 병이 낫지 않는다

滕文公이 爲世子에 將之楚할새 過宋而見孟子한대 孟子
道性善하시되 言必稱堯舜이러시다. 世子 自楚反하야
復見孟子한대 孟子曰, 世子는 疑吾言乎이까. 夫道는 一
而已矣니이다.
成覸이 謂齊景公曰, 彼丈夫也며 我丈夫也니 吾何畏彼哉
리오 하며 顔淵이 曰, 舜何人也며 予何人也오 有爲者亦
若是라 하며 公明儀曰, 文王은 我師也라 하니 周公이 豈欺
我哉리오 하니이다.
今滕을 絶長補短이면 將五十里也나 猶可以爲善國이니
書에 曰, 若藥이 不暝眩이면 厥疾이 不瘳라 하니이다.

【解釋】 등문공이 세자로 있을 때 초나라로 가면서 송나라에 들러 맹자를 만났다.

맹자는 "사람의 본성은 선한 것이다."라고 하며 말할 때마다 반드시 요순을 들어 말했다.

초나라에 갔다 돌아오는 길에 다시 맹자를 만나보았다. 맹자가 말했다. "세자는 내가 한 말을 의심하십니까. 도란 것은 하나일 뿐입니다.

성간(成覸)이 제경공(齊景公)에게 말하기를 '그도 장부요 나도 장부인데, 내가 어찌 그를 두려워하겠는가.'라고 했으며, 또 안연(顏淵)도 '순(舜)은 어떠한 사람이며, 나는 어떠한 사람인가. 할 의욕만 있으면 나도 또한 그와 같이 될 수 있다.'라고 했고, 공명의(公明儀)도 이렇게 말했습니다. '나의 스승은 문왕이다. 주공이 어찌 나를 속이겠는가.'

금일 등나라는 긴 것을 끊어 짧은 것을 보충하면*(絶長補短) 사방 50리나 됩니다. 그만하면 착한 나라가 될 수 있습니다. 《서경》에 '눈이 어지러울*(瞑眩) 정도의 약 기운이 없이는 병을 고칠 수 없다.'고 했습니다."

2. 喪을 입는 마음

滕定公이 薨커늘 世子 謂然友曰, 昔者에 孟子嘗與我
言於宋이어늘 於心終不忘이러니 今也不幸하여 至於大故하
니 吾欲使子로 問於孟子然後에 行事이다.
然友 之鄒하여 問於孟子한대 孟子曰, 不亦善乎아. 親
喪은 固所自盡也니 曾子曰, 生事之以禮하며 死葬之以禮
하며 祭之以禮면 可謂孝矣라 하시니 諸侯之禮는 吾未之學
也어니와 雖然이나 吾嘗聞之로니 三年之喪에 齊疏之服과

飦粥之食은 自天子達於庶人하여 三代共之하니라.
然友 反命하여 定爲三年之喪한대 父兄百官이 皆不欲
曰, 吾宗國魯先君도 莫之行하고 吾先君도 亦莫之行也하
니 至於子之身而反之 不可하니이다. 且志에 曰, 喪祭는 從
先祖라 하니이다. 曰, 吾有所受之也로다.

謂然友曰, 吾他日에 未嘗學問이오 好馳馬試劍이러니 今
也에 父兄百官이 不我足也하니 恐其不能盡於大事하노니 子
爲我問孟子하라. 然友 復之鄒하여 問孟子한대 孟子曰,
然하다. 不可以他求者也라 孔子曰, 君薨커든 聽於冢宰
하나니 歠粥하고 面深墨하여 即位而哭이어든 百官有司 莫
敢不哀는 先之也라. 上有好者면 下必有甚焉者矣니 君子
之德은 風也오 小人之德은 草也니 草尙之風이면 必偃이라
하시니 是在世子하니라.

然友 反命한대 世子曰, 然하다. 是誠在我라 하고 五月
居廬하여 未有命戒어늘 百官族人이 可謂曰, 知라 하며 及
至葬하여 四方이 來觀之하더니 顏色之戚과 哭泣之哀에
吊者 大悅하더라.

【解釋】 등정공(滕定公)이 돌아가자 세자가 연우(然友)에게 물었다.
"옛날에 맹자와 더불어 송나라에서 이야기한 적이 있다. 그 말이 내 마음에 끝내 잊히지 않는다. 오늘에 불행스럽게도 대상*(大故)을 치르기에 이르렀다. 나는 그대를 사자로 보내어 맹자에게 물어본 연후에 행사를 하려고 한다."
연우는 추(鄒)나라로 맹자를 찾아가 물었다.
맹자가 대답했다.
"역시 잘하는 일입니다. 부친의 장례는 힘자라는 데까지 해야 합니다. 증자(曾子)는 '살아 계실 때도 예로써 섬기며 돌아가시면 예로써 장례를 치르고 제사도 예로써 올려야만 가히 효라고 할 수 있다.'고 말했습니다. 제후의 예는 나는 배운 바가 없습니다. 비록 그러하나 나는 이렇게 들었습니다. 3년상(喪)을 입으면 마포로 된 상복을 입고 된 죽을 먹는 것은 천자에서부터 서민에 이르기까지 3대로 내려오며 공통된 것이라고."
연우가 돌아와 복명하고 3년상을 치르기로 하였으나, 부모와 백관들이 모두 그것을 원치 않고 이렇게 말했다.
"우리의 종국인 노나라 임금들도 이것을 행하지 않았으며, 우리들 나라의 먼저 임금들도 행하지 않았는데, 자식 대에 와서 그것을 어긴다는 것은 옳지 못합니다. 옛 기록에 '상례와 제사는 선조를 따르라.'고 하였습니다."
세자는 "나는 이것을 받아들일 데가 있어서 그러는 것이오."라고 말하고 연우에게 또 "나는 다른 날에 학문을 하지 않고 말달리기와 칼쓰기를 좋아하였으므로, 지금에는 부형 백관들이 나를 부족하다고 생각하고 있다. 큰 일(장례)에 진력하지 못할까 두려우니 그대는 나를 위하여 맹자에게 물어보아 주시오."
하고 말했다.
연우는 다시 추나라로 가서 맹자에게 물었다.
맹자가 대답했다.
"그럴 것입니다. 다른 사람에게 구할 수가 없습니다. 공자께서 말하기를 '임금께서 돌아가시면 나라의 정치를 총재에게 대행케 하고 죽을 마시며 심히 슬픈 얼굴로 상제의 자리에 나아가 곡을 하면 모든 관리가 슬퍼하지 않는 이 없다.'라고 하셨습니다. 그것은 세자께서 먼저 슬퍼하기 때문입니다. 윗사람이 좋아하는 것이 있으면 아랫사람은 반드시 더욱더 좋아하는 법입니다. 군자의 덕은 바람과 같고 소인의 덕은 풀과 같습니다. 풀은 바람이 지나가면 반드시 쓰러집니다. 그러하므로 이번 일은 세자에게 달려 있습니다."

연우는 돌아와 복명했다. 세자가 일컫기를 "그렇다. 이러한 정성은 내 마음에 달려 있다."고 하였다. 5개월 동안을 초막에서 지내며 계명을 하지 않았다. 백관이나 일족들이 이를 보고 가위 예를 아는 분이라고 말했다. 마침내 장례를 치르게 되자 사방에서 조문자들이 슬픈 안색으로 애끓게 곡을 하며 울부짖는 세자를 보고 모두가 크게 감동했다.

3. 井田法

滕文公이 問爲國한대 孟子曰, 民事는 不可緩也니 詩云 晝爾于茅오 宵爾索綯하여 亟其乘屋이오사 其始播百穀이라 하니이다.

民之爲道也 有恒產者는 有恒心이오 無恒產者는 無恒心이니 苟無恒心이면 放辟邪侈를 無不爲已니 及陷乎罪 然後에 從而刑之면 是는 罔民也니 焉有仁人이 在位하여 罔民을 而可爲也리오 是故로 賢君이 必恭儉하여 禮下하며 取

어민　유제
於民이 有制니이다.

양호왈　위부　불인의　위인　불부의
陽虎曰, 爲富면 不仁矣오 爲仁이면 不富矣라 하니이다.

하후씨　오십이공　　은인　칠십이조　주인　백
夏后氏는 五十而貢하고 殷人은 七十而助하고 周人은 百
묘이철　기실 개십일야 철자 철야 조자 자야
畝而徹하니 其實은 皆什一也니 徹者는 徹也오 助者는 藉也
니이다.

용자왈　치지　막선어조　막불선어공　　공자　교
龍子曰, 治地는 莫善於助오 莫不善於貢이니 貢者는 校
수세지중　이위상　　낙세　입미랑려　　다취지이
數歲之中하여 以爲常하나니 樂歲에 粒米狼戾하여 多取之而
불위학　　즉과취지　흉년　분기전이부족이어늘 즉
不爲虐이라도 則寡取之하고 凶年에 糞其田而不足이어늘 則
필취영언　　위민부모　사민　　혜혜연장종세근동
必取盈焉하나니 爲民父母라 使民으로 盻盻然將終歲勤動
부득이양기부모　　우칭대이익지　　사로치　전
하여 不得以養其父母하고 又稱貸而益之하여 使老稚로 轉
호구학　오재기위민부모야
乎溝壑이면 惡在其爲民父母也리오 하니이다.

부세록　등　고행지의
夫世祿은 滕이 固行之矣니이다.

시운우아공전　　수급아사　　　유조　위유공전
詩云雨我公田하여 遂及我私라 하니 惟助에 爲有公田하
유차관지　　수주　역조야
니 由此觀之컨댄 雖周나 亦助也로소이다.

설위상서학교　　이교지　　상자　양야　교자　교
設爲庠序學校하여 以敎之하니 庠者는 養也오 校者는 敎
야　서자　사야　　하왈교　은왈서　주왈상　　학즉
也오 序者는 射也라 夏曰校오 殷曰序오 周曰庠이오 學則
삼대공지　　개소이명인륜야　　인륜　명어상　소
三代共之하니 皆所以明人倫也라 人倫이 明於上이면 小

民이 親於下니이다.

有王者起면 必來取法하리니 是爲王者師也니이다.

詩云, 周雖舊邦이나 其命維新이라 하니 文王之謂也니

子力行之하시면 亦以新子之國하시리이다.

使畢戰으로 問井地한대 孟子曰, 子之君이 將行仁政하여 選擇而使子하시니 子必勉之어다.

夫仁政은 必自經界始니 經界不正이면 井地不均하며 穀祿이 不平하리니 是故로 暴君汙吏는 必慢其經界하나니 經界旣正이면 分田制祿은 可坐而定也니라.

夫滕이 壤地褊小하나 將爲君子焉이며 將爲野人焉이니 無君子면 莫治野人이오 無野人이면 莫養君子니라.

請野에 九一而助하고 國中에 什一하여 使自賦하라.

卿以下는 必有圭田하니 圭田은 五十畝니라. 餘夫는 二十五畝니라.

死徙에 無出鄕이니 鄕田同井을 出入에 相友하며 守望에 相助하며 疾病에 相扶持하면 則百姓이 親睦하리라.

方里而井이니 井이 九百畝니 其中이 爲公田이라. 八家

皆私百畝하여 同養公田하여 公事를 畢然後에 敢治私事니
所以別野人也니라.

此其大略也니 若夫潤澤之 則在君與子矣니라.

【解釋】 등문공이 나라를 위하는 법을 물었다.
맹자가 대답했다.
"백성들의 일은 완만해서는 안 됩니다."
《시경》에

  낮에는 들에 나가 억새풀을 베고
  밤에는 돌아와 새끼를 꼬아라.
  자, 빨리 지붕을 잇자.
  백곡을 파종할 때가 다가온다.

라고 노래했습니다.
 백성들이란 항산(恒産)이 있으면 항심(恒心)도 있고, 항산이 없으면 항심도 없습니다. 만일 항심이 없으면 아무 거리낌없이 제멋대로 하고 사악한 치레를 하게 되는 것은 어쩔 수가 없습니다. 마침내는 백성들이 죄의 함정에 빠진 연후에 뒤따라 형벌을 내린다면 그것은 백성들을 그물을 쳐서 잡는 것과 같습니다. 어찌 어진 사람이 임금의 자리에 있으면서 백성들을 그물을 쳐서 잡는 일을 할 수 있겠습니까.
 이러한 까닭에 현명한 임금은 반드시 공손하고 검약하며 아랫사람에게도 예로써 대하며 백성에게서 거둬들이는 데도 일정한 제한이 있습니다.
 양호(陽虎)가 말했습니다.
 '부(富)를 이루자면 인(仁)에 어긋나고 인을 이루자면 부에 어긋납니다. 하후씨(夏后氏)는 50묘(畝)를 주어 공법(貢法)에 의한 세금을 내게 하고, 은나라 사람은 70묘를 주어 조법(助法)에 의한 세금을 내게 하였습니다. 또 주나라 사람은 백 묘를 주어 철법(徹法)에 의한 세금을 내게 하였는데 기실은 모두 10분의 1의 세금을 내게 한 것입니다. 철(徹)이란 것은 통한다는 뜻으로 전체를 통해 일률적으로 징수했기 때문이며, 조(助)라는 것은 빌린다는 뜻으로 힘을 서로 빌려 조력한다는 뜻입니다.'

용자(龍子)는 말하기를 '땅을 다스리는 데는 조법이 가장 좋고 공법이 가장 나쁘다.'고 하였습니다.

공법이란 수년간의 평균 수확량을 비교하여 그것을 과세 대상으로 하는 것입니다. 풍년이 들어 낟알이 흩어질 정도이므로 많이 받아도 포학하다고 하지 않을 것인데도 조금만 받아가고, 흉년이 들어 밭에 줄 거름값도 모자라는 데, 반드시 기준액만큼의 세금을 받아갑니다. 백성들의 부모가 되어, 백성들을 원망하는 눈초리로 쳐다보도록*(盻盻然) 하여 1년 내내 근면히 일을 하나 그 부모를 공양할 수 없도록 하며, 거기다 세금을 내지 못하는 자에게 대부하여 이자때문에 그 부담이 더욱 늘게 됩니다. 늙은이와 어린애는 개천이나 구렁에 빠져 죽게 한다면 백성들이 부모라고 어디 할 수 있겠습니까.

대저 세습적으로 내려오며 녹을 받는 것은 등나라에서는 본래부터 실시하고 있습니다.

《시경》에
  우리들의 공전에 비야 내려라.
  우리들의 사전에도 내려 주어라.

라는 말이 있습니다. 공전이라는 것은 조법에만 있다고 합니다만 이 시를 보면 주나라에서도 역시 조법이 있었습니다.

상(痒)·서(序)·학(學)·교(校)를 설치하여 백성들을 가르치십시오. 상이란 것은 노인을 공양하는 것이요, 교라는 것은 백성을 교도함이요, 서라는 것은 활쏘기를 익힘입니다. 하나라에서는 교(校)라 하고 은나라에서는 서(序)라고 일컬었으며, 주나라에서는 상(庠)이라고 하였습니다. 학이라고 하는 것은 3대를 걸쳐 공통된 제도입니다. 이 모두가 인륜을 밝게 하는 것을 소이로 삼았습니다. 위에서 인륜이 밝으면 아래의 하찮은 백성들도 친목하게 됩니다. 이렇게 하면 왕자가 나타났다 하더라도 반드시 등나라에 와서 하는 법을 본받아 갈 것입니다. 이렇게 되면 왕자의 스승이 되는 것입니다.

《시경》에
　주나라는 오래된 나라이지만
　천명을 받은 것은 새로운 일.

이라는 시구가 있는데, 문왕을 두고 한 것입니다. 임금께서도 이런 것을 힘써 실행하신다면 역시 나라를 새롭게 만들 것입니다."

등문공이 필전(畢戰)을 시켜서 정전법에 대하여 물어보게 하였다.
맹자가 말했다.
"당신의 임금께서는 장차 어진 정치를 행하려고 당신을 사신으로 뽑아 보내신 것이니, 당신은 반드시 근면하여야 합니다. 원래 어진 정치란 경지의 경계를 정리하는 데서부터 시작해야 합니다. 경계가 바르지 않으면 정전의 분배가 균등하지 않고 곡록(穀祿)도 평등하지 않게 됩니다. 그런 까닭에 폭군과 부패한 관리는 으레 그 경계를 흐지부지하게 만들어 놓습니다. 경계가 올바르다면 전지의 분배나 곡록의 제정도 앉아서 정할 수가 있습니다.

등나라는 국토가 좁다고는 하나 군자도 있고 야인(野人)도 있습니다. 군자가 없으면 야인을 다스릴 사람이 없고, 야인이 없으면 군자를 공양할 사람이 없습니다. 청하옵건대 들에서는 9분의 1의 조법을 실시하고 성안에서는 10분의 1의 세제를 실시하여 세금을 바치도록 하십시오.

대신 이하의 사람들은 반드시 규전(圭田)을 갖도록 하여 주어야 합니다. 규전은 50묘로 합니다. 농부의 자제*(餘夫)에게는 25 묘씩을 줍니다. 이렇게 하면 사람이 죽었을 때나 이사를 해도 마을 밖으로 떠나는 일이 없습니다. 마을에서 정전을 공전으로 같이 갈고 밭에 나가고 돌아올 때도 서로 친구처럼 감싸 주고 도난도 같이 막으며 질병이 났을 때도 서로 도와 주므로 백성들은 서로 돕고 친목하여질 것입니다.

사방 1리마다에 한 정전을 두며, 정전은 9백 묘입니다. 그 가운데 것을 공전으로 하고 여덟 가구가 1백 묘씩을 각각 갈고 공전은 함께 가꾸며 공전의 일을 마친 다음에야 감히 사전의 일을 합니다. 이러한 소이는 군자와 야인을 구별하기 위해서입니다. 이것이 그 대략입니다. 이것을 윤택하게 하고 안하고는 임금에게 달려 있습니다."

4. 인간은 使命이 다르다

有爲神農之言者 許行이 自楚之滕하여 踵門而告文公曰, 遠方之人이 聞君의 行仁政하고 願受一廛而爲氓하노이다. 文公이 與之處하니 其徒數十人이 皆衣褐하고 捆屨織席하야 以爲食하더라.

陳良之徒陳相이 與其弟辛으로 負耒耜 而自宋之滕하여 曰, 聞君의 行聖人之政하니 是亦聖人也시니 願爲聖人氓하노이다.

陳相이 見許行而大悅하여 盡棄其學而學焉이러니 陳相이 見孟子하야 道許行之言曰, 滕君則誠賢君也어니와 雖然이나 未聞道也로다. 賢者는 與民並耕而食하며 饔飧而治하나니 今也에 滕有倉廩府庫하니 則是厲民而以自養也니 惡得賢이리오.

孟子曰, 許子는必種粟而後에食乎아. 曰, 然하니이다.
許子는必織布而後에衣乎아. 曰, 否라. 許子는衣褐이니
이다. 曰, 許子는冠乎아曰, 冠이니이다. 曰, 奚冠고曰, 冠素
이니이다. 曰, 自織之與아曰, 否라. 以粟易之니이다. 曰,
許子는奚爲不自織고. 曰, 害於耕이니이다. 曰, 許子는以
釜甑爨하며以鐵耕乎아. 曰, 然하니이다. 自爲之與아. 曰,
否라以粟易之니이다.
以粟易械器者不爲厲陶冶니陶冶亦以其械器易粟
者豈爲厲農夫哉리오且許子는何不爲陶冶하여舍皆取
諸其宮中而用之하고何爲紛紛然與百工交易고. 何許子
之不憚煩고. 曰, 百工之事는固不可耕且爲也니이다.
然則治天下는獨可耕且爲與아有大人之事하며有小人
之事하니且一人之身而百工之所爲備하니如必自爲而
後에用之면是는率天下而路也니라. 故로曰, 或勞心하
며或勞力이니勞心者는治人하고勞力者는治於人이라하
니治於人者는食人하고治人者는食於人이天下之通義
也니라.

滕文公章句 上   151

當堯之時하여 天下 猶未平하여 洪水 橫流하여 氾濫於
天下하여 草木暢茂하며 禽獸繁殖이라 五穀不登하며 禽獸
偪人하여 獸蹄鳥跡之道 交於中國이어늘 堯獨憂之하여 擧
舜而敷治焉이어늘 舜이 使益掌火한대 益이 烈山澤而焚之
하니 禽獸 逃匿이어늘 禹 疏九河하며 瀹濟漯而注諸海하
며 決汝漢하며 排淮泗而注之江하니 然後에 中國이 可得而
食也하니 當是時也하여 禹 八年於外에 三過其門而不入
하니 雖欲耕이나 得乎아.

后稷이 敎民稼穡하여 樹藝五穀한대 五穀이 熟而民人이
育하니 人之有道也에 飽食煖衣하여 逸居而無敎면 則近於
禽獸일새 聖人이 有憂之하여 使契爲司徒하여 敎以人倫하
니 父子有親이며 君臣有義며 夫婦有別이며 長幼有序며 朋
友有信이니라. 放勳이 曰, 勞之來之하며 匡之直之하며 輔
之翼之하여 使自得之하고 又從而振德之라 하니 聖人之憂
民이 如此하니 而暇耕乎아.

堯 以不得舜으로 爲己憂하고 舜이 以不得禹皐陶로 爲
己憂하니 夫以百畝之不易로 爲己憂者는 農夫也니라.

　　　　분인이재　　　위지혜　　　교인이선　　위지충　　　　위천하득
　　　分人以財를 謂之惠오 敎人以善을 謂之忠이오 爲天下得
　　　인자　 위지인　　　　시고　　이천하여인　　이　　　위천하득
　　　人者를 謂之仁이니 是故로 以天下與人은 易하고 爲天下得
　　　인　　난
　　　人은 難하니라.

　　　　공자왈　 대재　　요지위군　　　유천　 위대　　　유요
　　　孔子曰, 大哉라 堯之爲君이여. 惟天이 爲大어늘 惟堯
　　　칙지　　　탕탕호　민무능명언
　　　則之하니 蕩蕩乎 民無能名焉이로다.
　　　　군재　 순야　외외호　유천하이불여언　　　　요순
　　　君哉라 舜也여 巍巍乎 有天下而不與焉이라 하시니 堯舜
　　　지치천하　기무소용기심재　　　　　역불용어경이
　　　之治天下 豈無所用其心哉리오마는 亦不用於耕耳니라.

　　　　오문용하변이자　　미문변어이자야　　　　진량　 초산
　　　吾聞用夏變夷者오 未聞變於夷者也케라. 陳良은 楚産
　　　야　열주공　중니지도　　북학어중국　　　　북방지학자
　　　也니 悅周公 仲尼之道하여 北學於中國이어늘 北方之學者
　　　미능혹지선야　　　피소위호걸지사야　　　자지형제　 사지
　　　未能或之先也하니 彼所謂豪傑之士也라 子之兄弟 事之
　　　수십년　　　사사이수배지
　　　數十年이라가 師死而遂倍之온여.
　　　　석자　 공자몰　　　삼년지외　　문인　 치임장귀
　　　昔者에 孔子 沒커시늘 三年之外에 門人이 治任將歸할새
　　　입읍어자공　　상향이곡　　개실성연후　 귀　　자공
　　　入揖於子貢하고 相嚮而哭하여 皆失聲然後에 歸어늘 子貢
　　　　반축실어장　　독거삼년연후　 귀　　 타일　 자하
　　　은 反築室於場하여 獨居三年然後에 歸하니라. 他日에 子夏
　　　자장　 자유　이유약사성인　　　　　욕이소사공자　 사지
　　　子張 子游 以有若似聖人이라 하여 欲以所事孔子로 事之
　　　　강증자　　　증자왈　 불가　　　강한이탁지　 추양이
　　　하여 彊曾子한대 曾子曰, 不可하니 江漢以濯之며 秋陽以
　　　폭지　 호호호　불가상이
　　　暴之라 皜皜乎 不可尚已라 하시니라.

今也_에南蠻鴃舌之人_이非先王之道_{어늘}子 倍子之師
而學之_{하니}亦異於曾子矣_{로다.}
吾聞出於幽谷_{하여}遷于喬木者_오未聞下喬木 而入於
幽谷者_{케라.}魯頌_에曰, 戎狄是膺_{하니}荊舒是懲_{이라 하니}
周公_이方且膺之_{어늘}子是之學_{하니}亦爲不善變矣_{로다.}
從許子之道 則市賈不貳_{하여}國中_이無僞_{하여}雖使五
尺之童_{으로}適市_{라도}莫之或欺_니布帛長短_이同 則賈相
若_{하며}麻縷絲絮輕重_이同 則賈相若_{하며}五穀多寡同 則
賈相若_{하며}屨大小同 則賈相若_{이니이다.}
曰, 夫物之不齊_는物之情也_니或相倍蓰_{하며}或相什伯
_{하며}或相千萬_{이어늘}子 比而同之_{하니}是_는亂天下也_{로다.}
巨屨小屨 同賈_면人豈爲之哉_{리오.}從許子之道_면 相率而
爲僞者也_니惡能治國家_{리오.}

【解釋】 허행(許行)이라는 사람은 신농씨(神農氏)의 가르침을 따르는 사람이었다. 초나라로부터 등나라로 가서 문 앞에 이르러 문공에게 말했다.

"먼 곳에 사는 사람으로 어진 정치를 행하신다는 말을 듣고 왔습니다. 집 한 칸을 얻어 백성이 되게 하여 주십시오."

문공은 거처할 곳을 주었다. 그는 제자 수십 명과 함께 모두 베옷을 입고 신을 삼고 자리를 짜서 먹고 살았다.
　진량(陳良)의 제자였던 진상(陳相)은 그의 동생 신(辛)과 함께 농사 기구를 짊어지고 송나라로부터 등나라에 와서 말했다.
　"임금께서는 성인의 정치를 행하신다는 말을 들어왔습니다. 역시 성인이십니다. 성인의 백성이 되기를 원합니다."
　진상은 허행을 만나보고 크게 기뻐하여 지금까지 배운 것을 버리고 그에게서 배웠다.
　진상이 맹자를 만나보고 허행의 가르침에 대하여 말하였다.
　"등나라 임금은 참으로 현명한 임금이지만 아직 도를 알지 못합니다. 현명한 임금은 백성과 함께 농사도 짓고 밥을 지어먹으며 나라를 다스립니다. 지금 등나라 창고에는 곡식 창고와 재물을 넣어두는 창고가 있습니다. 이것은 백성을 괴롭혀서 자기를 살찌게 하는 창고이니 어찌 현명한 임금이라고 말할 수 있겠습니까."
　맹자가 말했다.
　"허행은 반드시 자기가 먹을 양식은 제 손으로 농사를 지어서 먹는가?"
　"그렇습니다."
　"허행은 반드시 옷도 손수 짜서 해 입는가?"
　"아닙니다. 허행은 베옷을 입습니다."
　"허행은 관(冠)을 쓰는가?"
　"씁니다."
　"어떤 관을 쓰는가?"
　"흰 명주 관을 씁니다."
　"손수 그것을 짜는가?"
　"아닙니다. 곡식과 바꿉니다."
　"허행은 어찌하여 그것을 짜지 않는가?"
　"농사를 짓는 데 방해가 되기 때문입니다."
　"허행은 가마솥과 시루로 밥을 지어 먹고 쇠붙이로 밭을 가는가?"
　"그렇습니다."
　"그 연장도 자기 손으로 만들어 쓰는가?"

"아닙니다. 곡식과 바꾸어 씁니다."
"곡식으로써 농구를 바꾸어 쓰는 것은 도공(陶工)과 야공(冶工)을 괴롭히는 것이 아니다. 도공과 야공이 또한 농구로써 곡식과 바꾸는 것이 어찌 농민을 괴롭히는 것이 되겠는가. 그런데 허행은 어찌하여 도공과 야공이 하는 일을 하지 않는 건가. 모든 것을 자기 집안에서 하면 될 텐데 어찌하여 번거롭게 백공(百工)과 바꾸어 쓰는가. 무엇때문에 허행은 번거로운 일을 꺼리지 않는건가."
"백공의 일을 밭가는 일과 같이 할 수 없기 때문입니다."
"그럼 천하를 다스리는 일은 밭갈이하는 것과 같이 할 수 있다는 말인가. 대인이 할 일이 따로 있고 소인이 할 일이 따로 있다. 또 혼자 몸에도 백공들이 만든 것이 다 필요한데 반드시 그것을 다 자기가 만든 다음에야 쓰게 된다면 이것은 천하 사람들을 이끌어다가 분주하게 만드는 것이다. 그런 까닭에 일컫기를 〈어떤 사람은 마음을 쓰고 어떤 사람은 몸을 쓴다.〉라고 했다. 마음을 쓰는 사람은 남을 다스리고 몸을 수고롭게 하는 사람은 남에게 다스림을 받는다. 남에게 다스림을 받는 사람은 남을 먹여살리고 남을 다스리는 사람은 남에게 얻어먹는 것이 천하에 통하는 도리이다.
요 임금 당시에는 천하가 평정되어 있지 않았다. 홍수가 져서 천하에 범람하고 초목이 무성하게 울창하여 새와 짐승들이 번식하였으며, 오곡은 여물지를 않았다. 새와 짐승들이 달려들어 해를 입히고, 짐승이나 새가 지나다닌 발자국이 나라 안에 어지럽게 흩어져 있었다. 요 임금이 혼자서 근심하다가 순 임금을 시켜 다스리게 하였다. 순 임금은 익(益)으로 하여금 불을 관장하게 하였다. 익이 산과 늪지대에 불을 놓으니 새와 짐승들이 도망하여 숨어 버렸다. 우 임금은 아홉 개의 강을 뚫거나 막아서 제수(濟水)와 탑수(漯水)는 바다로 들어가게 하고, 여수(汝水)와 한수(漢水)는 수로를 돌리고, 회수(淮水)와 사수(泗水)는 파서 양자강으로 흘러 들어가게 하였다. 이렇게 한 후에 비로소 나라 안은 사람이 살 수 있었다. 그러한 당시에 우 임금은 8년을 밖에서 살았고, 세 번이나 자기 집 문앞을 지나가면서도 들어가지 않았다. 비록 농사를 지으려고 한들 무슨 여가에 지을 수 있었겠는가.

또 후직(后稷)을 시켜 백성들에게 농사일을 가르쳤다. 오곡을 씨뿌리니 잘 익어서 백성들이 살게 되었다.
 그러나 사람이란 따뜻한 옷을 입고 배불리 먹으며, 아무런 가르침이 없이 안일하게 보내기만 하면 새나 짐승들과 다를 바가 없다. 성인은 이것을 걱정하여 설(契)을 등용하여 인륜을 가르치게 했다. 부모와 자식 사이에 친밀함이 있어야 되고, 임금과 신하 사이에 의리가 있어야 되며, 남편과 아내 사이에 분별이 있고, 어른과 아이 사이에 질서가 있으며, 친구 사이에 믿음이 있어야 된다는 가르침이다. 요 임금은 일컫기를 〈백성들을 위로하고 가까이하라. 바로잡아 주고 곧게 하여 주라. 그들을 도와 주고 부축해 주어서 스스로 깨달아 얻게 하고, 또 형편에 따라서 덕을 베풀어 주라.〉고 하였다. 성인들이 백성에 대한 근심은 이와 같다. 어느 여가에 밭갈이를 하겠는가."
 요 임금은 순 임금을 얻지 못하는 것을 근심으로 삼았으며, 순 임금은 우 임금과 고요(皐陶)를 얻지 못하는 것을 근심으로 삼았다. 그런데 1백 묘의 밭이 잘 가꾸어지지 않는 것을 근심으로 하는 것이 농부다. 재물을 사람들에게 나누어 주는 것이 은혜다. 착함으로써 가르치는 것이 충성이다. 천하를 위해 인재를 찾는 것이 인(仁)이다. 이런 까닭에 천하를 남에게 주는 일은 쉬워도 천하를 위해 인물을 얻는 일은 어렵다.
 공자도 일컫기를 〈위대하도다. 요 임금의 임금됨이여. 오직 위대한 것은 하늘뿐인데, 오직 요 임금만이 그것을 본받았다. 한없이 넓고 넓어서 백성들이 그것을 무엇이라 이름짓지 못하였다. 순 임금도 임금답다. 덕이 높고 높아서 천하를 가지는 것에는 아무 생각없이 오직 백성들을 위했다.〉고 했다.
 요 임금과 순 임금이 어찌 천하를 다스리는 데 그 마음을 쓰지 않았겠는가.
 이것은 그들이 밭갈이하는 데 직접 마음을 쓸 수 없었다는 것일 뿐이다. 내가 듣기로는 하(夏)의 것으로는 오랑캐를 변하게 하지만, 오랑캐의 것으로 하를 변하게 만든다는 말은 듣지 못했다. 진량(陳良)은 초나라 태생으로 주공(周公), 중니(仲尼)의 도를 좋아했다. 북방에 와서 중국에서 학문을 배웠다. 북방의 학자들이 그보다 능하지 못하였으니 그를 호걸 선비라고 할 수 있다. 그대의 형제들은 수십 년 동안이나 섬겨 오다가 스승이 죽자 곧 배반하였다.

  옛날 공자가 돌아가셨을 때, 그 제자들은 3년상을 입은 다음에 집으로 돌아갔다. 그 때 자공(子貢)에게 들어가 인사를 하고 울었는데, 모두가 목소리가 변한 다음에야 돌아갔다. 자공은 다시 돌아와 무덤이 있는 곳에 집을 짓고 홀로 3년을 산 다음에 돌아갔다. 어느 날 자하(子夏) 자장(子張), 자유(子游)가 유약(有若)이 공자와 흡사하다 해서 공자를 섬기던 것처럼 그를 스승으로 받들자고 증자(曾子)에게 강요했다.
  증자가 말했다.
  '그럴 수 없다. 장강과 한수(漢水)가 세탁해 주듯, 가을 볕이 쬐듯 그 희고 흰 것이 그 누구도 공자의 덕에 미칠 수가 없다.'
  이제와서 남쪽 오랑캐의 때까치처럼 꽥꽥 소리지르며 허행이 선왕(先王)의 도를 비난하고 있다. 그대는 그대의 스승의 학문을 배반해 가며 허행을 섬기니, 이것 또한 증자와 너무나 다르지 아니한가.
  내가 듣기로는 새들도 깊은 골짜기에서 나와 높은 나뭇가지에 옮긴다는 말은 들었어도, 높은 가지에서 깊은 골짜기로 내려 앉는다고 듣지 못했다.

  《시경》'노송(魯頌)'편에,
    북쪽의 오랑캐는 내몰고
    남쪽의 오랑캐는 쳐서 징계한다.

고 했다. 주공 같은 성인도 늘 치려고 했는데, 그같은 오랑캐를 스승으로 삼으니 역시 제대로 변한 것이라고 할 수는 없다."
  "하지만 허행의 도를 따라 보면 시장의 물가는 일정하고 나라 안에 거짓이 없게 되어 비록 5척의 아이라도 심부름으로 시장에 보내면 속는 일이 없습니다. 베와 비단은 그 길이가 같으면 값도 같습니다. 실과 솜 같은 것은 그 무게가 같으면 서로 값이 같습니다. 곡식은 양이 같으면 값이 같고 신은 크기가 같으면 서로 값이 같습니다."
  "대체로 물건에는 질이 같지 않은 것이 물건의 실정이다. 품질에 따라 값은 서로 배나 되고, 5배 또는 10배, 1백 배, 1천 배나 1만 배가 되기도 한다. 그대는 양에 비교하여 똑같이 하려고 하는데, 이것이 곧 천하를 어지럽히는 짓이다. 좋은 신과 나쁜 신이 같은 값이라면 사람들이 어찌 좋은 신을 만들겠는가. 허행의 도를 따른다는 것은 서로가 거짓으로 끌고가는 짓이다. 그런 것으로 어찌 나라를 다스릴 수 있겠는가."

5. 人間 自然의 情

墨者夷之가 因徐辟而求見孟子한대 孟子曰, 吾固願見이러니 今吾尙病이라 病愈어든 我且往見하리니 夷子는 不來니라.

他日에 又求見孟子한대 孟子曰, 吾今則可以見矣어니와 不直則道不見하나니 我且直之하리라. 吾聞夷子는 墨者라 하니 墨之治喪也는 以薄爲其道也라 夷子思以易天下하나니 豈以爲非是而不貴也리오 然而夷子葬其親이 厚하니 則是以所賤事親也로다.

徐子 以告夷子한대 夷子曰, 儒者之道에 古之人이 若保赤子라 하니 此言은 何謂也오 之則以爲 愛無差等이오 施由親始라 하노라. 徐子 以告孟子한대 孟子曰, 夫夷子는

信以爲人之親其兄之子 爲若親其隣之赤子乎아 彼有取
爾也니赤子匍匐將入井이 非赤子之罪也라且天之生物也
使之一本이어늘 而夷子는 二本故也로다.
蓋上世에 嘗有不葬其親者러니 其親이 死커늘 則擧而委
之於壑하고 他日過之할새 狐狸食之하며 蠅蚋故嘬之어늘
其顙有泚하여 睨而不視하니 夫泚也는 非爲人泚라 中心이
達於面目이니 蓋歸하여 反虆梩而掩之하니 掩之誠是也면
則孝子仁人之掩其親이 亦必有道矣니라. 徐子 以告夷子
한대 夷子 憮然爲間曰, 命之矣셨다.

【解釋】 묵자(墨子)의 제자인 이지(夷之)가 서벽(徐辟)을 통해 맹자를 만나보기를 원했다.

맹자가 말했다.

"나도 만나보고 싶었으나 지금 내가 병을 앓고 있다. 병이 나으면 내가 가서 만나보겠으니 이지를 오지 않게 하라."

어느 날 다시 맹자를 만나 보기를 원했다.

맹자가 대답했다.

"나도 지금은 만나볼 수 있다. 잘못을 바로잡아 주지 않으면 도를 밝힐 수 없다. 나는 그의 잘못을 바로잡아 주겠다. 내가 듣기에는 이지는 묵가(墨家)이다. 묵가는 장례를 치르는 데 있어 박한 것을 그 도리로 한다. 이지는 그것으로써 천하를 바꾸려고 생각하니, 어찌 그가 옳지 않다고 하거나 귀중하게 여기지 않을 리가 있겠는가. 그러나 이지는 자기의 부친상은 후하게 지내었으니, 이것이야말로 자기가 천하게 여기는 것으로 부친상을 치른 일이 된다."
　서자가 이것을 이지에게 일러 주었다.
　이지가 말했다.
　"유가(儒家)의 말에 '옛날 임금들은 백성을 살피기를 어린애 보살피듯 한다.'고 했는데 이 말은 무슨 뜻인가? 나는 사랑에는 차등이 없다. 다만 사랑은 가까운 데서부터 베푸는 것이라고 생각한다."
　서자가 이 말을 맹자에게 일렀다.
　맹자가 대답했다.
　"너는 이지가, 백성들이 자기 형제의 자식을 사랑하듯 이웃집의 자식을 사랑해야 한다고 생각하는가. 그 글 뜻은 다른 것을 비유해서 한 말이다. 어린애가 포복하여 우물에 빠지려고 하는 것은 어린애의 잘못이 아니다. 하늘이 만물을 생성하여 한 가지 근본에 따르도록 하였는데, 이지는 두 가지 근본을 생각했기 때문이다. 태고적에는 대개 부모가 죽어도 장사를 지내지 않았다. 부모가 죽으면 시체를 들어나 골짜기에 내버렸다. 뒷날 자식이 그곳에 가보면 여우나 이리가 뜯어먹고, 파리와 모기가 그것을 빨고 있었다. 저도 모르게 이마에 식은 땀이 흐르고 그것을 차마 바라볼 수 없었다. 식은땀이 나오는 것은 남때문이 아니고 황송한 느낌이 얼굴에 나타난 때문이다. 그는 집에 가서 삼태기와 삽을 가지고 와 그 시체를 흙으로 덮었다. 이렇게 덮는 것이 성심에서 나온 것이라면 효자나 어진 사람이 그 부친을 후히 장사지내는 것은 반드시 당연한 도리일 것이다."
　서자가 이지에게 들은 말을 하였다. 이지는 한참 동안 멍하니 있더니만 "잘 알았다*(命之)"고 말했다.

[註釋]　*絕長補短　긴 것을 끊어서 짧은 것에 보태는 것.
　*瞑眩　독한 약기운 때문에 눈 앞이 캄캄하고 머리가 어지러운 것.
　*大故　大喪을 말함.
　*盻盻然　원망하는 눈초리로 쳐다봄.
　*餘夫　농부의 자제.
　*命之　之는 夷之의 뜻. 命은 가르침을 받았다는 뜻.

滕文公章句 下

1. 자신을 굽히고 남을 바로잡을 수 없다

陳代曰, 不見諸侯 宜若小然하니이다. 今一見之하시면 大則以王이오 小則以霸니 且志에 曰, 枉尺而直尋이라 하니 宜若可爲也로소이다.

孟子曰, 昔에 齊景公이 田할새 招虞人以旌한대 不至어늘 將殺之러니 志士는 不忘在溝壑이오 勇士는 不忘喪其元이라 하시니 孔子는 奚取焉고 取非其招不往也시니 如不待其招而往엔 何哉오.

且夫枉尺而直尋者는 以利言也니 如以利 則枉尋直尺而利라도 亦可爲與아.

昔者에 趙簡子 使王良으로 與嬖奚乘한대 終日而不獲一禽하고 嬖奚 反命曰, 天下之賤工也러니이다. 或이 以告王良한대 良이 曰, 請復之하리라. 彊而後可라 하야늘 一朝而

獲十禽하고 嬖奚 反命曰, 天下之良工也러니이다. 簡子曰, 我使掌與女乘하리라 하고 謂王良한대 良이 不可曰, 吾爲之範我馳驅하니 終日不獲一하고 爲之詭遇하니 一朝而獲十하니 詩云, 不失其馳어늘 舍矢如破라 하니 我는 不貫與小人乘하니 請辭라 하니라.

御者 且羞與射者比하여 比而得禽獸 雖若丘陵이라도 弗爲也하니 如枉道而從彼엔 何也오 且子過矣로다. 枉己者 未有能直人者也니라.

【解釋】 진대가 말했다.

"선생께서 제후를 만나지 않는 것은 좁은 생각이 아닌가 합니다. 이제 한번 제후를 보신다면, 크게는 왕자로서 작게는 패자로 만들 수 있습니다. 옛 기록에도 〈한 자를 굽혀서 여덟 자를 펴게 한다.〉는 말이 있습니다. 그렇게 해 보셔도 좋을 것 같습니다."

맹자가 대답했다.

"옛날 제나라 경공(景公)이 사냥*(田)을 갔을 때 깃대를 흔들어 사냥터지기*(虞人)를 불렀으나 오지 않았다. 그래서 죽이려고 하였다. '지사는 구렁텅이에 빠질 각오가 되어 있으며 용사는 그 목숨을 잃을 것을 잊지 않는다.'고 하셨으니, 공자께서는 사냥터지기의 무엇을 취하였겠는가. 부르는 것이 옳지 않으면 가지 않는 것을 취한 것이다. 옳지 않게 불렀는데도 기다리지 않고 간다면 어찌 되겠는가. 대체로 한 자를 굽혀서 여덟 자를 펴게 한다는 것은 이해 타산에서 나온 말이다. 이런 식으로 따진다면 여덟 자를 굽혀서 한 자를 펴게 하는 것 또한 해도 좋을 것인가. 옛날 조간자(趙簡子)는 왕량(王良)을 시켜서 폐해(嬖奚)의 수레를 몰게 하였다. 하루 종일 한 마리의 새도 잡지 못하였다. 폐해는 돌아와서 복명하며 말했다. '천하에 서투른 수레꾼이올시다.' 어떤 사람이 그 이야기를 왕량에게 일러 주었다. 왕량이 말했다. '다시 한번 폐해의 수레를 몰게 해주십시오.' 강청하여 마침내 허락을 받았다. 하루 아침에 열 마리의 새를 잡았다. 폐해는 돌아와 복명하여서 말했다. '천하에 제일가는 수레꾼이올습니다.' 간자가 말했다. '내가 왕량에게 너의 수레를 끌도록 하여 주리라.' 왕량에게 그렇게 하도록 일렀다. 왕량이 그렇게 할 수 없다고 말하면서 '내가 법대로 말을 몰았더니 하루 종일 한 마리도 잡지 못하였습니다. 그를 위하여 속임수로 몰았더니 하루 아침에 열 마리나 잡았습니다.

《시경》에
달리는 법도를 잃지 않았더니
활을 쏘는 대로 맞추어 깨뜨린다.

고 하였습니다. 나는 소인의 수레를 모는 데는 익숙지 못합니다. 청하옵건대 사양하겠습니다.' 수레꾼도 활쏘는 사람에게 아부하기를 부끄러워하여 새와 짐승을 얻기를 비록 산더미같이 하더라도 하지 않았다. 도를 굽혀서 그런 사람을 따른다면 어찌 되겠느냐. 너는 잘못하고 있다. 자기를 굽히고 남을 바로잡은 사람은 없는 것이다."

2. 참다운 대장부

景春이 曰, 公孫衍 張儀는 豈不誠大丈夫哉리오. 一怒
而諸侯 懼하고 安居而天下 熄하나이다.
孟子曰, 是焉得爲大丈夫乎리오. 子未學禮乎아. 丈夫

164 孟 子

> 之冠也에 父 命之하고 女子之嫁也에 母 命之하나니 往에
> 送之門할새 戒之曰, 往之女家하여 必敬必戒하여 無違夫
> 子라 하나니 以順爲正者는 妾婦之道也니라.
> 居天下之廣居하며 立天下之正位하며 行天下之大道하
> 야 得志하얀 與民由之하고 不得志하얀 獨行其道하여 富貴
> 不能淫하며 貧賤이 不能移하며 威武 不能屈이 此之謂大
> 丈夫니라.

【解釋】 경춘(景春)이 말했다.
"공손연(公孫衍), 장의(張儀)를 어찌 참다운 대장부라 아니 하리오.
한번 노하자 제후들이 두려워하고, 조용히 집에 있으니까 천하가 다 잠
잠하였으니 말입니다."
 맹자가 말했다.
"그렇게 하는 것이 대장부인가. 그대는 예(禮)를 배우지 않았는가. 장
부가 관을 쓰는 것은 어버이가 명령하고, 여자가 시집갈 때는 어머니
가 명령한다.
 딸을 대문에서 보내면서 훈계하여 말하기를
 '시집에 가거든 반드시 공경하고 반드시 네 몸을 조심하여 남편의 뜻
  을 어기지 말아라.'
한다. 순종으로써 바른 것을 삼음은 부인들의 도리이다. 천하라는 넓은
곳에서 살며 천하라는 올바른 자리에 서서 천하라는 대도를 실행하여
뜻을 얻으면 백성들과 같이 실행하고, 뜻을 얻지 못하면 혼자서 그 도
를 실행하여 나간다.
 부귀도 그의 마음을 음란하게 하지 못하고 비천한 것도 그의 마음을

옮기지 못하여 어떠한 무력의 위협에도 굽히지 않는다. 이러한 것을 일컬어 대장부라 말할 수 있다."

3. 君子는 다 벼슬살이를 했는가

周霄問曰, 古之君子仕乎이까. 孟子曰, 仕니라. 傳에
曰, 孔子三月無君이면 則皇皇如也하사 出疆에 必載質라 하
고 公明儀曰, 古之人이 三月無君則弔라 하니라.

三月無君則弔 不以急乎이까.

曰, 士之失位也 猶諸侯之失國家也니 禮에 曰, 諸侯
耕助하여 以供粢盛하고 夫人이 蠶繅하여 以爲衣服이라 하
니 犧牲이 不成하며 粢盛이 不潔하며 衣服이 不備하면 不敢
以祭하고 惟士無田 則亦不祭하나니 牲殺器皿 衣服이 不
備하여 不敢以祭 則不敢以宴이니 亦不足弔乎아. 出疆
에 必載質는 何也이꼬.

曰, 士之仕也 猶農夫之耕也니 農夫 豈爲出疆하여 舍
其耒耜哉리오. 曰, 晉國이 亦仕國也로되 未嘗聞仕如此

其急하니 仕如此其急也인댄 君子之難仕는 何也이꼬. 曰,
丈夫生而願爲之有室하며 女子生而願爲之有家는 父
母之心이라 人皆有之언마는 不待父母之命과 媒妁之言하
고 鑽穴隙相窺하며 踰牆相從하면 則父母國人이 皆賤之하
나니 古之人이 未嘗不欲仕也언마는 又惡不由其道하니 不
由其道而往者는 與鑽穴隙之類也니라.

【解釋】 주소(周霄)가 물었다.
"옛날의 군자는 다 벼슬살이를 하였는지요?"
맹자가 말했다.
"벼슬을 했소. 옛 기록에 의하면 '공자는 석 달 동안이나 섬길 임금이 없으면 초조해(皇皇如) 하였고 국토를 벗어날 때면 반드시 예물을 실어 가지고 갔다.'고 하오. 공명의(公明儀)도 말하기를 '옛 사람들은 석 달 동안 임금이 없으면 문안을 왔다.'고 하오."
"석달 동안 임금이 없어 문안 온다는 것은 급하지 않습니까?"
"선비가 벼슬을 잃은 것은 제후가 나라를 잃는 것과 같소.《예기》에 일컫기를 '제후 스스로가 밭갈이하여 곡식을 제사에 바치고, 부인은 누에를 쳐서 실을 뽑아 제복을 만든다 하였소. 제사에 가축이 갖추어지지 않고 제사에 올릴 곡식이 불결하거나, 제복이 마련되어 있지 않으면 감히 제사를 올리지 않는다.'고 하였소. 오직 선비라 할지라도 밭이 없거나 하면 역시 제사를 올리지 못하며, 제사에 올릴 가축을 잡아 담을 그릇이나 제복이 준비되지 않으면 감히 제사나 제사 끝의 연회를 베풀지 못하는 법이오. 이래도 문안드리기에 부족하단 말이오."
"국토를 벗어날 때 예물을 싣고 갔다는 것은 무엇을 뜻하는지요?"
"선비가 벼슬을 사는 것은 농부가 밭갈이하는 것과 같습니다. 농부가 어찌 국토를 벗어날 때 그 농기구를 버릴 수 있겠소."
"진(晋)나라도 벼슬을 살 만한 나라입니다. 벼슬을 사는 것이 이렇게 급한 것인지는 들어 보지 못했습니다. 벼슬을 사는 것이 이렇게 급하다면, 군자가 벼슬을 사는 것을 어렵게 여기는 것은 무슨 까닭입니까?"
"남자를 낳으면 그를 위해 아내를 마련해 주려고 하며, 여자를 낳으면 그를 위해 남편을 택해 줄 생각을 하는 것은 부모의 마음으로 모든 사람이 다 그런 마음을 가지고 있소. 부모의 명을 기다리지 않고 중매쟁이의 말을 어기며 벽에 구멍을 뚫고 서로가 몰래 들여다보며 담을 넘어 서로 만난다면 부모나 나라 사람이 다 천하게 여길 것이오. 옛날 사람들도 벼슬을 원하지 않은 적이 없지마는 그러나 벼슬길을 위해 나쁜 방법으로 하지는 않았소. 나쁜 방법으로써 벼슬길에 나가려고 하는 자는 벽에 구멍을 뚫고 들여다보는 것과 같은 부류이오."

4. 정당한 대우를 받아라

彭更이 問曰, 後車數十乘과 從者數百人으로 以傳食於諸侯 不亦泰乎이까. 孟子曰, 非其道 則一簞食라도 不可受於人이어니와 如其道 則舜이 受堯之天下하되 不以爲泰하니 子以爲泰乎아.
曰, 否라 士無事而食이 不可也니이다.
曰, 子不通功易事하여 以羨補不足이면 則農有餘粟하며 女有餘布어니와 子如通之면 則梓匠輪輿 皆得食於子하

리니 於此有人焉하니 入則孝하고 出則悌하여 守先王之
道하여 以待後之學者하되 而不得食於子하나니 子何尊梓
匠, 輪, 輿, 而輕爲仁義者哉오
曰, 梓, 匠, 輪, 輿는 其志 將以求食也어니와 君子
之爲道也도 其志 亦將以求食與잇가. 曰, 子何以其志爲
哉오. 其有功於子에 可食而食之矣니 且子는 食志乎아. 食
功乎아. 曰, 食志니이다.
曰, 有人於此하니 毁瓦畫墁이오 其志將以求食也 則
子食之乎아. 曰, 否라. 曰, 然則子非食志也라. 食功也
로다.

【解釋】 팽갱(彭更)이 물었다.
"제자들의 수레가 수십 대씩 뒤따르게 하고 수백 명의 수행원을 거느리고 제후들에게로 돌아다니며 대우를 받음은 분에 넘치는*(泰) 일 아닙니까?"
맹자가 대답했다.
"도가 아니면 한 그릇의 밥이라도 받아서는 안 된다. 도라면 순 임금은 요 임금에게 천하를 물려받고도 분에 넘치지 않았다. 그대는 지나치다고 보느냐?"
"아닙니다. 선비가 하는 일이 없이 먹는 것은 옳지 않다고 봅니다."
"만약 그대가 생산된 물건을 바꾸어 주고 남는*(羨) 것으로 부족한 데를 보충하여 주지 않는다면 농부에게는 곡식이 남고 여자에게는 천이

滕文公章句 下 169

남게 될 것이다. 이것을 그대가 서로 바꾸어 준다면 목수나 수레 만드는 사람들도 모두가 그대로 말미암아 먹을 것을 얻게 될 것이다.
　여기 한 사람이 있어서 집안에 들어오면 효도하고 밖에 나가면 공경하며 선왕의 도를 잘 지켜서 뒤에 배울 사람을 기다려서 가르친다. 그대로 말미암아 이 사람이 먹을 것을 얻지 못하였다고 한다면, 그대가 목수나 수레 만드는 사람은 존경하면서 인의(仁義)가 있는 사람을 경멸한 것이 아니겠는가?"
"목수나 수레 만드는 사람은 그 일하는 뜻이 먹기 위해서입니다. 군자가 도를 닦는 것도 역시 먹기 위한 것입니까?"
"그대는 어찌 그 목적을 가지고만 말하는가. 그대에게 해준 공이 있으면 그만큼 먹여 주어야 한다. 목적에 따라 먹여 주는 것인가, 일의 공과에 따라 먹여 주는 것인가?"
"목적에 따라 먹여 줍니다."
"이런 사람이 있다. 기왓장을 부수고 담벽 칠을 잘 못하면서도 그 목적이 먹는 데에 있다면 그대는 먹여 줄 것인가?"
"아닙니다."
"그렇다면 그대는 목적에 따라 먹여 준 것이 아니고 일의 공과에 따라 먹여 준 것이다."

5. 어진 정치엔 두려울 것 없다

萬章이 問曰, 宋은 小國也라 今에 將行王政하나니 齊楚
惡而伐之則如之何니이꼬
孟子曰, 湯이 居亳한새 與葛爲隣이러니 葛伯이 放而不

祀어늘 湯이 使人問之曰, 何爲不祀오 曰, 無以供犧牲
也로이다. 湯이 使遺之牛羊한대 葛伯이 食之하고 又不以祀
어늘 湯이 又使人問之曰, 何爲不祀오 曰, 無以供粢盛
也로이다. 湯이 使亳衆으로 往爲之耕이어늘 老弱이 饋食러
니 葛伯이 率其民하여 要其有酒食黍稻者하여 奪之하되 不
授者를 殺之하더니 有童子 以黍肉餉이어늘 殺而奪之하니 書
에 曰, 葛伯이 仇餉이라 하니 此之謂也니라.
爲其殺是童子而征之한대 四海之內 皆曰, 非富天下
也라 爲匹夫匹婦하여 復讎也라 하니라. 湯이 始征을 自葛로
載하여 十一征而無敵於天下하니 東面而征에 西夷怨하며
南面而征에 北狄이 怨하여 曰, 奚爲後我오 하며 民之望之
若大旱之望雨也하여 歸市者 弗止하며 芸者不變이어늘 誅
其君吊其民한대 如時雨降이라 民이 大悅하니 書에 曰, 徯
我后하노소니 后來하시면 其無罰아 하니라.
有攸不爲臣이어늘 東征하여 綏厥士女한대 匪厥玄黃하
여 紹我周王見休하여 惟臣附于大邑周하니 其君子는 實玄
黃于匪하여 以迎其君子하고 其小人은 簞食壺漿으로 以迎

其小人하니 救民於水火之中하여 取其殘而已矣니라.
太誓에 曰, 我武를 惟揚하여 侵于之彊하여 則取于殘하
여 殺伐用張하니 于湯에 有光이라 하니라.
不行王政云爾언정 苟行王政이면 四海之内 皆擧首而
望之하여 欲以爲君하리니 齊楚雖大나 何畏焉이리오.

【解釋】 만장(萬章)이 물었다.
"송(宋)나라는 조그만 나라입니다. 이제 왕정(王政)을 실행하려고 하나 제(齊)나라와 초(楚)나라가 미워하여 정벌하려고 하면 어떻게 할까요?"
맹자가 대답했다.
"탕왕이 박(亳)에 있을 때 갈(葛)나라는 그 이웃이었다. 갈백(葛伯)이 방종하고 제사를 지내지 않았다. 탕왕이 사람을 보내어 물었다.
'왜 제사를 지내지 않는가?'
'제사에 바칠 짐승이 없기 때문입니다.'
탕왕이 사람을 시켜 소와 양을 보냈다. 갈백은 잡아서 먹고 또 제사를 지내지 않았다. 탕왕이 다시 사람을 보내 물었다.
'왜 제사를 지내지 않느냐?'
'제사에 쓸 곡식이 없기 때문입니다.'
탕왕은 박(亳)의 백성들을 시켜서 밭갈이를 해주고 노인과 몸이 약한 사람들에게는 밥을 날라다 주었다. 갈백을 우두머리로 한 백성들은 술, 밥, 수수, 쌀을 가진 사람들을 위협하여 빼앗고 주지 않는 자는 죽였다. 한 아이가 있었는데 수수와 고기를 나르다가 빼앗기고 죽임을 당했다. 《서경》에 일컫기를
'갈백이 음식을 나르는 사람과 원수가 되었다.'
했는데, 이를 일컬은 말이다. 갈백이 어린아이를 죽였기 때문에 탕왕

이 정벌하였다. 사해(四海)가 말하기를
 '천하를 부귀로 가지려는 것이 아니고 백성들의 원수를 갚아 주었다.'
하였다. 탕왕이 갈을 정복하기 시작하여 열 한 번 정복을 하였으나, 천하에 적이 없었다. 동쪽을 먼저 정복하면 서쪽의 오랑캐가 원망하고, 남쪽을 먼저 정복하면 북쪽의 오랑캐가 원망하여 말하기를
 '왜 나는 뒤로 미루시나.'
하였다. 백성들이 그를 우러름이 큰 한발에 비를 바라는 것과 같았으며, 시장으로 모여드는 사람도 그치지 않았고, 밭에서 김매는 사람도 변함이 없었다. 그 임금을 죽여서 그 나라 백성을 위로하여 주는 것이 때맞게 내리는 비와 같아서 백성들이 기뻐하였다. 《서경》에
 '우리 임금을 기다리다 오시면 형벌이 없어질 것이다. 아직도 항복하지 않은 신하가 있어 동쪽을 정벌하여 남녀를 편안케 해주었다. 그러자 그곳 남녀들은 광주리에 검은 색과 누런 색의 비단*(匪厥玄黃)을 갖고 우리 주왕의 그 훌륭한 덕을 보고서는 찾아와*(紹我周王見休) 위대한 주나라의 신하로서 부속되었다.'
고 하였다. 그곳의 군자가 검은 색과 누런 색의 비단을 광주리에 담아서 주나라의 군자를 맞이하였고, 그곳의 백성들이 대그릇에 밥을 담고 항아리에 음료수를 담아 주나라의 백성들을 환영하였다. 백성들을 물과 불 속에서 구해 주고 잔악한 임금을 쳤을 뿐인 까닭이다. 《태서(太誓)》에서
 '우리 문왕께서 무위(武威)를 드날리어 강토를 침범하여 잔악한 임금을 치고 토벌하여 죽여서 그 공이 천하에 떨쳤으니 탕왕보다도 더 빛나도다.'
라고 하였다. 왕정을 행하지 않기 때문에 제·초나라를 두려워하는 것이다. 왕정을 행하면 사해가 다 고개를 들어 우러러 바라보고 임금으로 삼고자 할 것이다. 제나라와 초나라가 비록 크다 하나 무엇이 두렵겠는가."

6. 환경이 중요하다

孟子謂戴不勝曰, 子欲子之王之善與아 我 明告子하리라. 有楚大夫於此하니 欲其子之齊語也인댄 則使齊人傅諸아 使楚人傅諸아. 曰, 使齊人傅之니라. 曰, 一齊人이 傅之어든 衆楚人이 咻之면 雖日撻而求其齊也라도 不可得矣어니와 引而置之莊 嶽之間數年이면 雖日撻而求其楚라도 亦不可得矣리라. 子 謂薛居州를 善士也라 하여 使之居 於王所하나니 在於王所者 長幼卑尊이 皆薛居州也면 王誰 與爲不善이며 在王所者 長幼卑尊이 皆非薛居州也면 王誰與爲善이리오. 一薛居州 獨如宋王에 何리오.

【解釋】 맹자가 대불승(戴不勝)에게 말했다.
"그대는 그대의 왕을 선하게 하고 싶소. 내가 그대에게 분명히 말해 주겠소. 여기에 초나라의 대신이 있어서 그 아들에게 제나라의 말을 하도록 만들고 싶다면 제나라 사람을 시킬 것이오, 초나라 사람을 시킬 것이오?"
"제나라 사람을 시키겠습니다."

맹자가 말했다.

"제나라 사람 혼자서 가르치고 초나라 사람이 무리지어 떠들어 댄다면 비록 제나라 말을 하도록 한다고 할지라도 어쩔 수 없을 것이오. 장(莊)이나 악(嶽)의 사이에 그를 데려다 수년을 놓아 두면 비록 초나라 말을 하고 싶어도 또한 할 수 없을 것이오. 그대는 설거주(薛居州)를 착한 선비라 하여 왕이 있는 곳에 거처하게 하였소. 왕이 있는 곳에 있는 사람들이 어른이나 아이나 비천한 사람이나 높은 사람이나 다 설거주와 같다면 왕은 누구와 더불어 선하지 않은 일을 하겠소. 또 왕이 있는 곳에 있는 사람들이 다 나쁜 사람이라면 왕은 누구와 더불어 착한 일을 할 수 있겠소. 설거주 혼자의 몸으로 송나라 왕을 어찌하리오."

7. 신하가 아니면 만나지 않음

公孫丑가 問曰, 不見諸侯가 何義이꼬 孟子曰, 古者에 不爲臣하야는 不見하더니라. 段干木은 踰垣而辟之하고 泄柳는 閉門而不內하니 是皆已甚하니 迫이어든 斯可以見矣니라. 陽貨가 欲見孔子而惡無禮하여 大夫有賜於士어든 不得受於其家면 則往拜其門일새 陽貨가 矙孔子之亡也하고 而饋孔子蒸豚한대 孔子亦矙其亡也하고 而往拜之하시니 當是時하여 陽貨先이면 豈得不見이시리오.

>   증자왈   협견첨소   병우하규   자로왈   미동이
> 曾子曰, 脅肩諂笑 病于夏畦라 하며 子路曰, 未同而
>   언   관 기 색   난 난 연   비유지소지야   유 시
> 言을 觀其色컨댄 赧赧然이라. 非由之所知也라 하니 由是
>   관 지 즉 군 자 지 소 양   가 지 이 의
> 觀之則君子之所養을 可知已矣니라.

【解釋】 공손추가 물었다.
"제후들을 만나보지 않는 것은 무슨 뜻입니까?"
맹자가 대답했다.
"옛날에 신하가 아니면 만나보지 말라 했다. 단간목(段干木)은 담을 넘어서 피하였고, 설류(泄柳)는 폐문하고 안으로 들어오게 하지 않았다. 이러한 것은 모두 너무 심했다. 뵙기를 간절히 바라면*(迫) 만나보는 것이 좋다. 양화(陽貨)는 공자를 만나보고 싶어도 무례하다는 말을 듣는 것이 싫었다. 선비에게 대신이 선물을 주었을 경우 그 집에서 받지 못하였으면 대신의 집에 가서 그 문 앞에 배례하는 것이다. 양화는 공자가 집에 없는*(亡) 틈을 보아 공자에게 삶은 돼지를 보냈다. 공자 또한 그가 없는 틈을 보아 찾아가서 배례하였다. 이때 먼저 양화가 예를 다하였다면 어찌 만나지 않았겠는가. 증자가 말하기를 '어깨를 추스려 가며 간사한 미소로 아첨을 떨기란 여름날 땡볕에서 밭일 하는 것보다 더 피로하다.'고 하였다. 자로는 말하기를 '마음이 같지 않고 말을 앞세우는 사람은 그 얼굴 색을 살펴보면 부끄러워 빨갛게 되어 있다. 나는 알 수 없는 일이다.'라고 하였다. 이러한 연유를 살펴보면 군자의 소양(所養)이 무엇인지를 알 수 있다."

8. 닭도둑의 改心

>   대영지왈   십일   거관시지정   금자미능   청경지
> 戴盈之曰, 什一과 去關市之征을 今玆未能이오 請輕之

하여 以待來年然後에 已호되 何如하니이꼬.

孟子曰, 今有人이 日攘其隣之鷄者어든 或이 告之曰,

是非君子之道라한대 曰, 請損之하여 月攘一鷄하여 以待

來年然後에 已로다.

如知其非義인댄 斯速已矣니 何待來年이리오.

【解釋】 대영지(戴盈之)가 말했다.
"10분의 1로 세법을 줄이고 관문과 시장에서는 세금을 없애고 싶었습니만 지금 실시한다는 것은 어려운 일입니다. 청하옵건대 조금 가볍게 했다가 내년을 기다려서 하는 것이 어떻겠습니까?"
맹자가 대답했다.
"이제 한 사람이 있어 매일 그 이웃의 닭을 훔쳤는데, 어떤 사람이 이르기를 '그것은 군자의 도리가 아니다.'라고 하자, '그러면 줄여서 한 달에 한 마리씩 닭을 훔치다가 내년이 되면 그만두겠다.'라고 하였다. 그것이 옳지 않은 것임을 안다면 속히 그만둘 것이지 무엇 때문에 내년을 기다리겠는가."

9. 내 어찌 辯論을 좋아하리오

公都子曰, 外人이 皆稱夫子好辯하나니 敢問何也이꼬.

孟子曰, 予豈好辯哉리오 予不得已也로라. 天下之生이

구 의　　일치일란
　　久矣라 一治一亂 이니라.

　　　　당요지시　　　　수 역행　　　범람어중국　　　사룡　거
　　　當堯之時하여 水 逆行하여 氾濫於中國하여 蛇龍이 居
지　　민무소정　　　　하자 위소　　　상자 위영굴
之하니 民無所定하여 下者는 爲巢하고 上者는 爲營窟하니
　　서　왈　강수경여　　　　　강수자　홍수야
　　書에 曰, 洚水警余라 하니 洚水者는 洪水也 니라.

　　　사우치지　　　우굴지이주지해　　　구사룡이방지저
　　　使禹治之어늘 禹掘地而注之海하고 驅蛇龍而放之菹한
대　수유지중행　　　강회하한　　시야　험조기원　　　조수
대 水由地中行하니 江淮河漢이 是也라 險阻旣遠하며 鳥獸
지 해인자소　연후　　인득평토이거지
之害人者消 然後에 人得平土而居之 하니라.

　　　요순　기몰　　　성인지도 쇠　　폭군　대작　　　양
　　　堯舜이 旣沒하니 聖人之道 衰하여 暴君이 代作하여 壞
궁실이위오지　　　민무소안식　　　기전이위원유　　　사
宮室以爲汙池하여 民無所安息하며 棄田以爲園囿하여 使
민부득의식　　　사설폭행　우작　　　원유오지패택　　다
民不得衣食하고 邪說暴行이 又作하여 園囿汙池沛澤이 多
이금수지　　　급주지신　　　천하우대란
而禽獸至하니 及紂之身하여 天下又大亂 하니라.

　　　주공　상무왕　　　주주　　벌엄삼년　　　토기군　　구
　　　周公이 相武王하여 誅紂하고 伐奄三年에 討其君하고 驅
비렴어해우이륙지　　　멸국자오십　　　구호표서상이
飛廉於海隅而戮之하니 滅國者五十이오 驅虎豹犀象而
원지　　천하대열　　　서　왈　비현재　문왕모　　　비
遠之한대 天下大悅하니 書에 曰, 丕顯哉라 文王謨여. 丕
승재　무왕렬　　　우계아후인　　　함이정무결
承哉라 武王烈이여. 佑啓我後人하되 咸以正無缺이라 하니
　　세쇠도미　　　사설폭행　유작　　신시기군자유지
라. 世衰道微하여 邪說暴行이 有作하여 臣弑其君者有之
　　　자시기부자　유지　　　공자구　　　작춘추　　　춘
하며 子弑其父者 有之·하니라. 孔子懼하사 作春秋하시니 春

秋는 天子之事也라 是故로 孔子曰, 知我者도 其惟春秋
乎며 罪我者도 其惟春秋乎인저 하시니라.
聖王이 不作하여 諸侯放恣하며 處士橫議하여 楊朱墨翟
之言이 盈天下하여 天下之言이 不歸楊則歸墨하니 楊氏는
爲我하니 是는 無君也오 墨氏는 兼愛하니 是는 無父也니 無
父無君은 是 禽獸也니라. 公明儀曰, 庖有肥肉하며 廐有
肥馬어든 民有飢色하며 野有餓莩면 此는 率獸而食人也라
하니 楊墨之道 不息하며 孔子之道 不著하리니 是는 邪說
이 誣民하여 充塞仁義也니 仁義充塞則率獸食人하다가 人
將相食하리라.
吾 爲此懼하여 閑先聖之道하여 距楊墨하며 放淫辭
하여 邪說者不得作케 하노니 作於其心하여 害於其事하며 作
於其事하여 害於其政하나니 聖人이 復起사도 不易吾言矣
시리라.
昔者에 禹 抑洪水而天下 平하고 周公이 兼夷狄 驅猛
獸而百姓이 寧하고 孔子 成春秋 而亂臣賊子 懼하나라.
詩云, 戎狄是膺하니 荊舒是懲하여 則莫我敢承이라 하

> 니 無父無君은 是周公所膺也니라.
> 我亦欲正人心하여 息邪說하며 距詖行하며 放淫辭하
> 여 以承三聖者로니 豈好辯哉리오 予不得已也니라. 能言
> 距楊墨者는 聖人之徒也니라.

【解釋】 공도자(公都子)가 말했다.
"바깥 사람들은 선생을 일컬어 모두 변론을 좋아한다고 합니다. 무엇을 두고 하는 말인지 감히 묻고자 합니다."
맹자가 대답했다.
"내 어찌 변론을 좋아하리오. 부득이하여서이다. 천하의 사람이 산 지 오래되어 한번은 다스려졌다 한번은 혼란해졌다 하여 왔다. 요 임금 때에는 물이 거꾸로 흘러 나라가 범람하여졌으며, 뱀과 용이 살며 백성들은 정착하지 못하였다. 낮은 데 사람은 나무 위에 집을 짓고 높은 곳의 사람은 굴 속에서 살았다. 《서경》에 이르기를
〈강수(洚水)가 나를 일깨웠다.〉
고 했는데 강수는 홍수를 말한다. 요 임금은 우 임금에게 다스리게 하였다. 우 임금은 땅을 파서 물을 바다로 흐르게 하고 뱀과 용을 쫓아 늪지대로 몰아냈다.
물은 물길을 따라 흘러 양자강, 회하(淮河), 한수(漢水)가 그것이다. 험한 곳은 이미 벗어났고, 새나 짐승이 사람을 해치는 것도 사라졌다. 이런 다음에 백성들은 마음놓고 땅에서 살게 되었다.
요 임금과 순 임금이 사라진 후, 성인의 도가 쇠퇴하여져서 포악한 임금이 대신 일어났다. 집을 헐어서 못을 만들어 백성들이 편히 쉴 곳이 없어지고 밭을 빼앗아 사냥터를 만들어 백성들이 의식을 얻을 수 없게 되었다. 사냥터, 못, 놀이터가 많아짐에 따라 새나 짐승이 번식하게 되더니, 주(紂)의 대에 이르러 천하가 또 큰 혼란을 겪게 되었다. 주공

(周公)이 무왕(武王)을 도와서 주(紂)를 죽이고 엄(奄)나라를 토벌한 지 3년이 되어 그 임금을 죽이고 바닷가로 비염(飛廉)을 축출하여 살육하였다. 멸망한 나라가 50이나 되고 호랑이, 표범, 코뿔소, 코끼리 등이 멀리 가니까 천하가 크게 기뻐하였다.《서경》에 말하기를
〈크게 현명하신*(丕顯) 문왕의 계획. 크게 이으신 무왕의 공로. 우리 자손들을 도와 길을 열고 바른 길을 걷는 데 모자람이 없게 했다.〉
고 하였다. 세상이 쇠퇴하고 더욱이 미미해져서 사설(邪說)과 폭행을 일삼아 신하가 그 임금을 죽이고, 자식이 그 아버지를 죽이게 되었다. 공자께서 이것을 두려워하여《춘추(春秋)》를 지으셨다.《춘추》는 천자의 일을 말한 것이다. 이러한 까닭에 공자께서 말하기를 '나를 아는 것도 오직《춘추》를 통해서이고, 나를 죄 주는 것도 오직《춘추》를 통해서일 것이다.'라고 하였다. 성인이 나오지 않고, 제후는 방자해지고, 선비도 나쁜 모의를 일삼고 있다. 양주(陽朱), 묵적(墨翟)의 말이 천하를 휩쓴다. 천하의 말이 양주가 아니면 묵적으로 돌아갔다. 양주는 나만을 위하니, 이것은 임금을 무시하는 것이고, 묵적은 겸애(兼愛)를 내세우니 이것은 자기 아버지를 무시하고 있다. 임금이 없고, 아버지를 무시한다는 것은 새나 짐승의 짓이다. 공명의는 말하여 '푸주에 살찐 말이 있는데도 백성은 굶주린 얼굴빛이고, 들에는 굶어죽은 시체가 있다. 이것은 짐승을 데려와서 사람을 잡아먹게 하는 것과 같다.' 하였다. 양주, 묵적의 도가 없어지지 않으면 공자의 도가 드러나지 않는다. 이러한 사설(邪說)과 무민(誣民)이 인의(仁義)를 꽉 막고 있다. 인의를 꽉 막는 것은 짐승을 데려다가 사람을 잡아먹게 하는 것이 되고 장차는 사람끼리 서로 잡아먹게 하는 것이 된다. 나는 이것이 두려워서 성인의 도를 지키고 양주와 묵적을 멀리하며 음란한 언사를 몰아내며 사설을 내세우는 자가 없게 할 것이다. 사설이 그 마음에 작용하면 일에 해를 끼치고, 사설이 그 일에 작용하면 그 정치를 해롭게 한다. 성인이 다시 나타난다고 해도 내 말이 바뀌지 않을 것이다. 옛날 우 임금은 홍수를 억제하여 천하를 태평하게 하였다. 공자께서《춘추》를 이루시니, 난을 일으킨 역적과 신하가 두려워하였다.《시경》에 가로되

북쪽 오랑캐를 치고
남쪽 오랑캐를 징계하니
우리에게 감히 대항*(承)할 사람이 없다.

하였다. 아버지와 임금을 업신여긴 것은 주공도 이를 응징하였다. 나도 또한 사람들의 마음을 바로잡기 위하여 사설을 없애고 극단적인 행위를 멀리하며 음란한 언사를 몰아내어 세 성인의 뒤를 이으려고 한다. 어찌 변론을 좋아하겠는가. 부득이하여서이다. 능히 말로 양주, 묵적을 막아낼 수 있는 사람은 누구나 다 성인의 무리이다."

10. 潔癖과 節操

匡章이 曰, 陳仲子는 豈不誠廉士哉리오 居於陵할새 三日不食하여 耳無聞하며 目無見也러니 井上有李를 螬食實者 過半矣어늘 匍匐往將食之하여 三咽然後에야 耳有聞하며 目有見하니이다.

孟子曰, 於齊國之士에 吾必以仲子로 爲巨擘焉이어니와 雖然이나 仲子는 惡能廉이리오 充仲子之操면 則蚓而後可者也니라.

夫蚓은 上食槁壤하고 下飮黃泉하나니 仲子所居之室은 伯夷之所築與아 抑亦盜跖之所築與아 所食之粟은 伯夷之所樹與아 抑亦盜跖之所樹與아 是未可知也로다.

曰, 是何傷哉리오 彼身織屨하고 妻辟纑하여 以易之
也니이다.

曰, 仲子는 齊之世家也라 兄戴 蓋祿이 萬鍾이러니 以兄
之祿으로 爲不義之祿 而不食也하며 以兄之室로 爲不義
之室 而不居也하고 辟兄離母하여 處於於陵이러니 他日에
歸 則有饋其兄生鵝者어늘 己頻顣曰, 惡用是鶃鶃者爲
哉리오 他日에 其母 殺是鵝也하여 與之食이러니 其兄이
自外至曰, 是鶃鶃之肉也라 한대 出而哇之하니라.
以母則不食하고 以妻則食之하며 以兄之 室則弗居하
고 以於陵則居之하니 是尚爲能充其類也乎아. 若仲子者
는 蚓而後充其操者也니라.

【解釋】 광장(匡章)이 말했다.

"진중자(陳仲子)는 참으로 청렴한 선비입니다. 오릉(於陵)에 살면서 3일이나 먹지 않아서 귀가 먹고 눈이 멀었다. 우물가에 오얏이 익었는데 굼벵이가 오얏을 반수나 파먹었다. 포복하여 가서 그것을 굶주림으로 잘 씹지도 못하고*(三咽) 삼킨 연후에야 귀도 들리고 눈도 보이게 되었다."

맹자가 말했다.

"제(齊)나라의 선비로서 나는 필히 중자를 엄지손가락으로 꼽는다. 비록 그러하나 중자를 청렴하다고 할 수 있겠는가. 중자의 절조를 넓혀 나가려면 지렁이가 된 다음에야 가능할 것이다. 지렁이란 놈은 위에서는 마른 흙을 먹고 아래에서는 황천의 물을 마신다. 중자가 거처하는 집은 백이가 지은 것인가, 아니면 또한 도척(盜跖)이 지은 것인가. 그가 먹는 곡식은 백이가 심은 나무에서 나온 것인가, 아니면 도척이 심은 나무에서 나온 것인가. 이것을 알지 못하겠다."

"그것이 무슨 상관이 있습니까. 그는 스스로 신을 삼고 그 아내는 실을 뽑아 천을 만들어 곡식과 바꾸었습니다."

"중자는 제나라에서 대대로 녹을 받아온 집 사람이다. 형인 대(戴)가 합(蓋)에서 받은 녹은 만 종(萬鍾)이나 된다. 형이 받는 녹이 의롭지 못한 것이라 하여 먹지 아니하고 형이 사는 집이 의롭지 못한 것으로 만든 집이라 하여 살지 않았다.

형을 피하고 어머니를 떠나 오릉에 와 거처를 하였다. 어느 날 집에 돌아가니 그의 형에게 산 거위를 주는 사람이 있었다.

그는 이마를 찡그리며 말하기를 '이 꽥꽥 하는 것을 무엇에 쓰려는 것인가?'라고 하였다.

어느 날 그의 어머니가 이 거위를 잡아 죽여서 같이 먹었다. 그의 형이 밖에서 들어와 말하기를 '꽥꽥 하는 고기로구나.'하였다. 이에 중자는 밖으로 나가 토해 버렸다.

그의 어머니가 주는 것은 먹지 않으면서 아내가 주는 것은 먹었다. 형의 집에서는 살지 않으면서 오릉에서는 살았다. 그러고서도 능히 절조를 확충해 나갈 수 있다고 보는가. 중자 같은 사람은 지렁이가 된 다음에야 그 절조를 확충해 나갈 수 있는 사람이다."

[註釋] *田 사냥의 뜻.
*虞人 사냥터지기.
*皇皇如 구할 수가 없어서 초조해 하는 모양.
*泰 분에 넘치는 일.
*羨 남는다는 뜻으로 餘와 같음.
*匪厥玄黃 광주리(匪)에 담은 검은 색의 비단, 누런 색의 비단.

*紹我周王見休 우리 주왕 그 훌륭한 덕(休)을 찾아온다(紹).
*迫 만나보기를 간절히 바라는 것.
*亡 없다는 뜻으로 무로 읽음.
*丕顯 크게(丕) 현명함.
*承 대항하는 것.
*三咽 굶주림으로 잘 씹지도 못하고 허겁지겁 먹는 것.

■ 離婁篇

離婁章句 上

1. 仁愛의 정치

　　　맹자왈　　　이루지명　　　공수자지교　　　　불이규구　불능
　　孟子曰, 離婁之明 과 公輸子之巧 로도 不以規矩면 不能
　　　성방원　　　사광지총　　　　불이육률　　　불능정오음
　　成方員이오 師曠之聰으로도 不以六律이면 不能正五音이
　　　　요순지도　　　불이인정　　　불능평치천하
오 堯舜之道로도 不以仁政이면 不能平治天下니라.
　　　　금유인심인문이민불피기택　　　　　불가법어후세자　불
　　今有仁心仁聞而民不被其澤하여 不可法於後世者는 不
행선왕지도야
行先王之道也일새니라.
　　　　고　왈　도선　　부족이위정　　　도법　　불능이자행
　　故로 曰, 徒善이 不足以爲政이오 徒法이 不能以自行이
라 하니라.
　　　　시　운　불건불망　　솔유구장　　　　준선왕지법이과
　　詩에 云, 不愆不忘은 率由舊章이라 하니 遵先王之法而過
자　미지유야
者 未之有也니라.
　　　　성인　기갈목력언　　　　계지이규구준승　　　이위방원
　　聖人이 旣竭目力焉하고 繼之以規矩準繩하니 以爲方員
　　평직　불가승용야　　기갈이력언　　　계지이육률　　　정
平直에 不可勝用也며 旣竭耳力焉하고 繼之以六律하니 正
　　오음　불가승용야　　기갈심사언　　　계지이불인인지정
五音에 不可勝用也며 旣竭心思焉하고 繼之以不忍人之政

하니 而仁覆天下矣 니라.

故로曰, 爲高하되 必因丘陵하며 爲下하되 必因川澤이
라 하니 爲政하되 不因先王之道면 可謂智乎아.

是以惟仁者아 宜在高位니 不仁而在高位면 是는播其惡
於衆也 니라.

上無道揆也하며 下無法守也하여 朝不信道하며 工不信
度하여 君子犯義오 小人이 犯刑이면 國之所存者 幸也
니라.

故로曰, 城郭不完하며 兵甲不多 非國之災也며 田野
不辟하며 貨財不聚非國之害也라. 上無禮하며 不無學이
면 賊民이 興하여 喪無日矣라 하니라.

詩에曰, 天之方蹶시니 無然泄泄라 하니 泄泄는 猶沓沓
也 니라.

事君無義하며 進退無禮하고 言則非先王之道者 猶沓
沓也 니라.

故로曰, 責難於君을 謂之恭이오 陳善閉邪를 謂之敬이
오 吾君不能을 謂之賊이라 하니라.

【解釋】 맹자가 말했다.

"이루(離婁)의 밝은 눈, 공수자(公輸子)의 교묘한 기술이 있더라도 컴퍼스(規)와 곡척(曲尺)이 없으면 둥근 원과 네모꼴을 만들 수 없다. 사광(師曠)처럼 밝은 귀를 가졌어도 6률을 쓰지 않으면 5음을 바르게 할 수 없다. 요 임금과 순 임금의 도도 어진 정치를 행하지 않으면 천하를 태평하게 다스릴 수 없다. 지금에 있어 어진 마음이나 어질다는 소문은 들리면서도 백성들이 그 혜택을 입지 못하고 후세에 모범이 될 수 없는 것은 선생의 도를 행하지 않기 때문이다. 이러한 고로 일컫기를 '착하기만 하여서는 정치를 하는 데 부족하고 법을 갖추었다고 하여서 저절로 행해지는 것은 아니다.'라고 하였다.

《시경》에
  벗어나지도 않고 잊지도 않으며 오로지 옛 법도에 따른다.

라고 하였다. 선왕의 법도를 따르고 과오를 저지른 사람은 없다. 성인은 시력을 다 쓰고서 계속하여 그림쇠, 곡척, 수준기(水準器), 먹줄을 써서 시각, 원, 수평, 직선을 만들어 이루 다 쓸 수 없을 정도였다. 이미 청력(聽力)을 다 사용하고 6률을 써서 5음(五音)을 바로잡았으니 이루 다 쓸 수 없을 정도였다. 이미 마음과 생각을 다하고서 이어 백성의 불행을 보고 참지 못하는 정치를 했으므로 어진 것이 천하를 덮었다. 그런 까닭에 말하기를 '높아지려면 반드시 구릉을 이용하여야 하고 낮아지려면 개울이나 못을 이용하여야 한다.'고 하였다. 정치를 하는 데 선생의 도를 근본으로 하지 않는다면 지혜롭다고 할 수 있겠는가. 그러므로 오직 어진 자만이 높은 지위에 있어 마땅하다. 어질지 않으면서 높은 지위에 있으면 이것은 많은 사람들에게 악을 뿌리는 것이다. 위에 있는 자가 도로써 만사를 헤아리지*(道揆) 않고, 아래 있는 자가 법을 지키지 않아서 조정에서는 도리를 믿지 않고, 관리들은 법도를 믿지 않으며, 군자는 의리를 어기고, 소인배들은 형벌을 어긴다. 이러고서도 나라가 존재한다면 요행이라고밖에 할 수 없다. 그런 까닭에 말하기를 '성곽이 완전하지도 않고 병사와 무기가 많지 않은 것이 나라의 재난이 아니고, 밭과 들이 개간되지 않고 재물이 모이지 않는 것이 나라의 해다.'라고 하였다.

《시경》에도
하늘이 뒤엎으려 할 때
예예(泄泄)하여서는 아니된다.

하였다. 예예란 답답(沓沓)을 말한다. 임금을 섬기는 데 의리가 없으며, 나가고 물러섬에 예가 없으며, 말 끝마다 선왕의 도리를 비난하는 것이 답답(沓沓)이다. 그런 까닭에 '임금에게 어려운 일을 책하는 것을 공(恭)이라 일컫고 착함을 따르고 사악한 것을 막는 것을 경(敬)이라 한다. 우리 임금이 능력이 없다고 하는 것은 일컬어 적(賊)이라 한다.'고 했다."

2. 殷鑒이 멀지 않다

孟子曰, 規矩는 方員之至也오 聖人은 人倫之至也니라.

欲爲君인댄 盡君道오 欲爲臣인댄 盡臣道니 二者를 皆法

堯舜而已矣니 不以舜之所以事堯로 事君이면 不敬其君者

也오 不以堯之所以治民으로 治民이면 賊其民者也니라.

孔子曰, 道二니 仁與不仁而已矣라 하시니라.

暴其民이 甚則身弑國亡하고 不甚則身危國削하나니 名

之曰幽厲면 雖孝子慈孫이라도 百世에 不能改也니라.

> 詩云, 殷鑒不遠이라 在夏后之世라 하니 此之謂也니라.

【解釋】 맹자가 말했다.

"그림쇠와 곡척(曲尺)은 원과 사각을 그리는 극치요, 성인은 인륜(人倫)의 극치다. 임금이 애써 임금의 도리를 다하고 신하가 애써 신하의 도리를 다한다. 이 두 가지는 모두 요·순 임금의 법도를 따라야 할 뿐이다. 순 임금이 요 임금을 섬기듯이 임금을 섬기지 않으면, 그것은 임금을 공경하는 것이 아니다. 요 임금이 백성을 다스리듯이 백성을 다스리지 않으면 그것은 백성들의 적된 일이다.

공자가 말하기를 '두 가지 길이란 어지냐 어질지 않느냐 뿐이다.'라고 하였다. 포악함이 그 백성들에게 극심하면 자기 몸을 죽이는 것이 되고 나라는 망한다. 심하지 않더라도 몸은 위태롭고 나라는 줄어들 것이다. 이것을 유*(幽), 여(厲)라고 한다. 비록 효자, 효손이 난다 할지라도 백세 동안 그 이름을 고칠 수 없다.

《시경》에
  은감(은나라의 학정)이 멀지 않다.
  바로 하(夏) 시대에 있었다.

라고 했다. 이를 두고 한 말이다."

3. 취함은 싫으나 술은 마신다

> 孟子曰, 三代之得天下也는 以仁이오 其失天下也는 以不仁이니라.

> 국지소이폐흥존망자　역연
> 國之所以廢興存亡者 亦然 하니라.
> 천자불인　　　불보사해　　　제후불인　　　불보사직
> 天子不仁 이면 不保四海 하고 諸侯不仁 이면 不保社稷 하
> 경대부불인　　　불보종묘　　사서인　　불인　　　불보
> 고 卿大夫不仁 이면 不保宗廟 하고 士庶人 이 不仁 이면 不保
> 사체
> 四體 니라.
> 금　　오사망이락불인　　　　시유오취이강주
> 今 에 惡死亡而樂不仁 하나니 是猶惡醉而强酒 니라.

【解釋】 맹자가 말했다.

"3대를 두고 천하를 얻을 수 있었던 것도 어짐으로써요, 천하를 잃은 것도 어질지 못하였기 때문이다. 나라의 흥망과 존폐는 또한 이러하다. 천자가 어질지 못하면 사해를 보존할 수 없고, 제후가 어질지 못하면 사직을 보존할 수 없으며, 대신들이 어질지 못하면 종묘를 보존치 못하며, 선비나 일반 백성들이 어질지 못하면 그 몸을 보존치 못한다. 이제 죽는 것은 싫어하면서 어질지 못한 것을 즐기는 것은 취하기를 싫어하면서 억지로 술을 먹는 것과 같다."

4. 자랑스런 반성

> 맹자왈　애인불친　　　반기인　　치인불치　　　반
> 孟子曰, 愛人不親 이어든 反其仁 하고 治人不治 어든 反
> 기지　　예인부답　　　반기경
> 其智 하고 禮人不答 이어든 反其敬 이니라.
> 행유부득자　　개반구저기　기신　정이천하 귀지
> 行有不得者 어든 皆反求諸己 니 其身 이 正而天下 歸之 니라.

> 시 운　영 언 배 명　자 구 다 복
> 詩云, 永言配命이 自求多福이라 하니라.

【解釋】 맹자가 말했다.

"사람을 사랑하는 데도 친해지지 않으면 어질지 못한가 반성하고, 사람을 다스려도 다스려지지 않으면 지혜롭지 않은가 반성하며, 예로써 사람을 대하여도 응답이 없으면 공경하지 않았는가 반성한다. 실행을 하였는데도 얻는 것이 없다면 다 자기 자신에게 있는 것이 아닌가 반성한다. 자기 몸이 올바르면 천하가 다 귀의할 것이다.

《시경》에
  길이 천명에 배합하면
  자신이 많은 복을 구하리로다.

하였다."

5. 豪言壯談

> 맹 자 왈　인 유 항 언　　개 왈　천 하 국 가　　　천 하
> 孟子曰, 人有恒言호되 皆曰, 天下國家라 하나니 天下
> 지 본　재 국　　국 지 본　재 가　　가 지 본　재 신
> 之本은 在國하고 國之本은 在家하고 家之本은 在身하니라.

【解釋】 맹자가 말했다.

"사람들은 늘 말하기를 모두가 천하 국가라고 말끝마다 한다. 천하의 근본은 국가에 있으며, 나라의 근본은 가정에 있고, 가정의 근본은 자기 자신에게 있다."

6. 정치는 어려운 것이 아니다

孟子曰, 爲政이 不難하니 不得罪於巨室이니 巨室之所慕를 一國이 慕之하고 一國之所慕를 天下 慕之하나니 故로 沛然德敎溢乎四海하나니라.

【解釋】 맹자가 말했다.
"정치를 하는 것은 어렵지 않다. 큰 집안에 죄가 있지 않으면 큰 가문을 흠모한다. 큰 가문을 흠모하는 것은 한 나라를 흠모하는 것이며, 한 나라를 흠모하는 것은 천하를 흠모하는 것이다. 이런 까닭에 도도히 흐르는 덕교(德敎)가 사해에 넘치게 된다."

7. 하늘의 도리를 거역하면 망한다

孟子曰, 天下 有道엔 小德이 役大德하며 小賢이 役大賢하고 天下 無道엔 小役大하며 弱役强하나니 斯二者는 天也니 順天者는 存하고 逆天者는 亡하나니라.

齊景公이 曰, 旣不能令하고 又不受命이면 是는 絶物也라 하고 涕出而女於吳하니라. 今也에 小國이 師大國而恥受命焉하니 是猶弟子而恥受命於先師也니라. 如恥之인댄 莫若師文王이니 師文王이면 大國은 五年이오 小國은 七年에 必爲政於天下矣리라. 云, 詩에 商之孫子 其麗不億이언마는 上帝旣命이라 侯于周服이로다. 侯服于周하니 天命靡常이라 殷士膚敏이 祼將于京이라 하야늘 孔子曰, 仁不可爲衆也니 夫國君이 好仁이면 天下無敵이라 하시니라. 今也에 欲無敵於天下而不以仁하나니 是猶執熱而不以濯也니 詩에 云, 誰能執熱하여 逝不以濯이리오 하니라.

【解釋】 맹자가 말했다.

"천하에 도가 이루어지면 덕이 적은 자는 덕이 큰 자를 위해 일하고 소현(小賢)은 대현(大賢)을 위해 일한다. 천하에 도가 이루어지지 않으면 작은 자는 큰 자를 위해 일하며 약한 자는 강한 자를 위해 일한다. 이 두 가지는 하늘이다. 하늘에 순응하는 자는 존재하고 하늘을 거역하는 자는 망한다. 제나라 경공(景公)이 말하기를 '이미 명령을 할 능력도 없고 명령을 받는 것도 아니라면 이것은 국교를 끊는 것이다.' 하면서 딸을 오나라로 눈물을 흘리며 시집보냈다. 이제 조그만 나라가 큰 나라를 스승으로 섬기면서 명령을 받는 것을 수치로 안다면 이것은 제자가 스승의 말을 듣는 것을 수치로 아는 것과 같다. 만일 이런 것을 수치로 안다면 문왕을 스승으로 하여야 한다. 문왕을 스승으로 하면 조그만 나라는 7년, 큰 나라는 5년, 반드시 천하에 정치를 할 수 있게 될 것이다.

《시경》에
상나라의 자손 수가 몇십만인지 모르지만
상제께서 이미 명령하신지라 주(周)나라에 복종하였다.
주나라에 복종하였으니 천명은 무상하구나.
은나라의 훌륭한 신하들 서울에 와
술을 땅에 부으며 주나랴의 제사를 돕는구나.

하였으며, 공자가 말하기를 '어진 데는 많은 수효로 대적할 수 없다. 대체로 한 나라의 임금이 어진 것을 좋아하면, 천하에 적이 없게 된다.'고 하였다. 지금 제후들은 어질지 않으면서 천하에 적이 없기를 바라고 있다. 이것은 마치 뜨거운 것을 손에 쥐고서도 물에 담그지 않는 것과 같다.

《시경》에
누가 뜨거운 것을 손에 쥐고서도
물에 담그지 않을 수 있겠는가.
하였다."

8. 후회는 자신에게 원인이 있다

孟子曰, 不仁者는 可與言哉아. 安其危而利其菑하여

樂其其所以亡者 하나니 不仁而可與言 이면 則何亡國敗家之
有 리오.

有孺子歌曰 滄浪之水淸兮 어든 可以濯我纓 이오 滄浪
之水 獨兮 어든 可以濯我足 이라 하야늘 孔子曰 小子 아 聽
之 하라. 淸斯濯纓濁斯濯足矣 로소니 自取之也 라 하시니라.

夫人必自侮 然後 에 人 이 侮之 하며 家必自毀而後 에 人
이 毀之 하며 國必自伐而後 에 人 이 伐之 하나니라.

太甲 에 曰 天作孼 은 猶可違 어니와 自作孼 은 不可活 이
라 하니 此之謂也 니라.

【解釋】 맹자가 말했다.

 "어질지 못한 자에게는 말을 해도 소용이 없다. 위태로운 것을 편안히 여기고 해로운 것을 이롭게 여기며 망하게 될 일을 즐거워한다. 어질지 못한데도 말할 수만 있다면 나라를 망치고 집을 패하게 하는 일이 어찌 있겠는가.

 어린아이들이 노래부르기를 '창랑이 맑으면, 내 갓끈을 씻고, 창랑의 물 흐리면 내 발을 씻으리라.' 하였다. 공자가 말하기를 '어린아이들의 저 노래를 들어 보아라. 물이 맑으면 갓끈을 씻고 흐리면 발을 씻는다 하니 물 자체가 그렇게 한 것이다.' 하였다. 사람이 반드시 스스로 후회한 다음에야 남이 그를 모욕하고, 집안은 그 자신이 파괴한 뒤에야 남들이 파괴하게 되고, 국가도 반드시 스스로가 토벌되게 된 뒤에야 남이 그 국가를 토벌한다. 《서경》『태갑편(太甲篇)』에

〈하늘이 내린 재앙은 피할 수가 있지만 자신이 부른 재앙은 벗어날 길이 없다.〉고 한 것은 이를 두고 한 말이다."

9. 인심을 얻으려면

孟子曰, 桀紂之失天下也는 失其民也니 失其民者는 失其心也라. 得天下 有道하니 得其民이면 斯得天下矣리라. 得其民이 有道하니 得其心이면 斯得民矣리라. 得其心이 有道하니 所欲을 與之聚之오 所惡를 勿施爾也니라. 民之歸仁也 猶水之就下며 獸之走壙也니라. 故로 爲淵敺魚者는 獺也오 爲叢敺爵者는 鸇也오 爲湯武敺民者는 桀與紂也니라. 今天下之君이 有好仁者면 則諸侯 皆爲之敺矣리니 雖欲無王이나 不可得已니라. 今之欲王者는 猶七年之病에 求三年之艾也니 苟爲不畜이면 終身不得하리니 苟不志於仁이면 終身憂辱하여 以陷於死亡하리라. 詩에 云, 其何能淑이리오 載胥及溺이라 하니 此之謂也니라.

【解釋】 맹자가 말했다.

"걸(桀), 주(紂)가 천하를 잃은 것은 백성을 잃었기 때문이다. 백성을 잃은 것은 백성들의 마음을 잃었기 때문이다. 천하를 얻는 데는 도가 있다. 백성들을 얻으면 천하를 얻을 수 있다. 백성을 얻는 데도 도가 있다. 백성들의 마음을 얻으면 백성들을 얻게 되는 것이다. 백성들의 마음을 얻는 데도 도가 있다. 백성들이 바라는 것을 모아다가 주고 백성들이 싫어하는 것을 베풀지 않도록 할 뿐이다. 백성들이 어진 덕에 귀복하는 것은 물이 낮은 데로 흐르며, 짐승이 광야를 달리는 것과 같다. 이런 까닭에 연못으로 고기를 내모는 것은 수달이며, 새 떼를 숲으로 내모는 것은 새매이다. 백성들을 탕왕과 무왕에게 몰아다가 준 것은 걸과 주이다. 이제 어진 것을 좋아하는 임금이 있다면 제후들은 백성을 그에게로 몰아 줄 것이다. 비록 왕이 되지 않으려 해도 어쩔 수 없이 왕이 되고 말 것이다. 지금 왕이 되려는 사람들은 7년 된 병에 3년 묵은 쑥을 구하려고 하는 것과 같다. 미리 비축하여 두지 않으면 종신토록 얻지 못할 것이다. 어진 데에 뜻을 두지 않으면 종신토록 우울과 욕됨의 함정에서 사망하고 말 것이다.

《시경》에
  그 어찌 착하다 할 수 있으리
  곧 서로가 다 깊은 물에 빠져 버리리라.

하였다. 이것을 일컬은 것이다."

10. 自暴自棄

孟子曰, 自暴者는 不可與有言也오 自棄者는 不可與有

爲也니 言非禮義를 謂之自暴也오 吾身不能居仁由義를 謂之自棄也니라.

仁은 人之安宅也오 義는 人之正路也라.

曠安宅而弗居하며 舍正路而不由하나니 哀哉라.

【解釋】 맹자가 말했다.

"스스로를 학대하는 사람과는 말할 수 없고 스스로를 버리는 사람과는 함께 일할 수 없다. 입만 열면 예의를 비방하는데 이것을 자포(自暴)라 하고, 자신의 몸은 인의(仁義)에 살 수 없다고 하는 것을 자기(自棄)라고 한다. 어질다는 것은 사람이 편히 쉴 수 있는 집이요, 의롭다는 것은 사람이 올바르게 가는 길이다. 편안한 집을 비워 놓고 살지 않으며 바른 길을 가지 않으니 슬프다."

11. 道는 가까운 데에 있다

孟子曰, 道在爾而求諸遠하며 事在易而求諸難하나니 人人이 親其親하며 長其長이면 而天下平하리라.

【解釋】 맹자가 말했다.

"도는 가까운 데 있는데 먼 데서 구한다. 도를 실천하는 것은 쉬운데 어려운 것에서 찾으려고 한다. 사람마다 자기 부모를 공경하고 형제를 사랑하면 천하는 태평하게 될 것이다."

12. 誠實은 하늘의 道

孟子曰, 居下位而不獲於上이면 民不可得而治也라라.
獲於上이 有道하니 不信於友면 弗獲於上矣라라. 信於友
有道하니 事親弗悅이면 弗信於友矣라라. 悅親이 有道하
니 反身不誠이면 不悅於親矣라라. 誠身이 有道하니 不明
乎善이면 不誠其身矣라라.
是故로 誠者는 天之道也오 思誠者는 人之道也니라.
至誠而不動者 未之有也니 不誠이면 未有能動者也니라.

【解釋】 맹자가 말했다.
"낮은 지위에 있으면서 윗사람에게 신임을 얻지 못하면 백성을 다스릴 수 없다. 윗사람의 신임을 얻는 길은 벗들에게 신임을 받는 것이다. 벗들에게 신임을 받지 못하면 윗사람에게도 신임을 얻지 못하게 된다. 벗들에게 신임을 받는 데도 도가 있다. 부모를 섬기어 기쁘게 해드리는 일이다. 부모를 섬기어 기쁘게 해드리지 못하면 벗들에게 신임을 받을 수 없다. 부모를 기쁘게 해드리는 데도 도가 있다. 자신을 반성하여 성실하지 못하면 부모를 기쁘게 해드릴 수 없다. 자신이 성실한 데도 도가 있으니 착한 일에 밝지 아니하면 그 자신의 몸이 성실치 못한 것이다. 이런 까닭에 성실하다는 것은 하늘의 도이다. 성실해지기를 마음먹는 것은 사람의 도이다. 정성이 지극한 데 움직이지 않는 사람이 없으며 성실치 아니한 데 남을 움직일 수 있는 사람은 없다."

13. 백성을 어버이라 할 사람에게 몸을 의탁하라

孟子曰, 伯夷 辟紂하여 居北海之濱이러니 聞文王作興하고 曰, 盍歸乎來리오 吾聞西伯은 善養老者라 하고 太公이 辟紂하여 居東海之濱이러니 聞文王作興하고 曰, 盍歸乎來리오 吾聞西伯은 善養老者라 하니라. 二老者는 天下之大老也而歸之하니 是는 天下之父 歸之也라. 天下之父 歸之어니 其子焉往이리오 諸侯 有行 文王之政者면 七年之內에 必爲政於天下矣리라.

【解釋】 맹자가 말했다.

"백이는 주(紂)를 피하여 북해 근처에 살았는데, 문왕이 나타났다는 말을 듣고 '어찌 그에게 가지 않으리오. 나는 서백(西伯)이 늙은이를 잘 봉양해 주는 사람이라고 들었다.'고 하였다. 태공(太公)도 주를 피하여 동해 근처에 살았는데, 문왕이 나타났다는 말을 듣고 '어찌 그에게 돌아가지 않으리오. 나는 그가 늙은이를 잘 봉양한다고 들었다.'고 하였다. 이 두 늙은이는 천하의 대로(大老)들인데, 그들이 왔으니 이것은 천하의 어버이가 온 것이 된다. 온 천하의 어버이들이 왔으니 그 아이들이 어디를 가겠느냐. 문왕의 정치를 행하는 제후들이 있다면 7년 안에 반드시 온 천하를 다스리게 될 것이다."

14. 孔子에게 버림받은 자

孟子曰, 求也 爲季氏宰하여 無能改於其德이오 而賦粟을 倍他日한대 孔子曰, 求는 非我徒也로소니 小子아 鳴鼓而攻之 可也라 하시니라.

由此觀之컨댄 君不行仁政而富하면 皆棄於孔子者也니 況於爲之强戰하여 爭地以戰에 殺人盈野하며 爭城以戰에 殺人盈城에랴. 此 所謂率土地而食人肉이라 罪不容於死니라.

故로 善戰者는 服上刑하고 連諸侯者 次之하고 辟草萊 任土地者次之니라.

【解釋】 맹자가 말했다.

"염구(冉求)는 계씨(季氏)의 재상이면서도 무능하여 악덕을 고쳐 주지 못하고 세곡을 배로 늘였다. 어느 날 공자가 말했다. '염구는 내 제자가 아니다. 너희들은 북을 울려 그의 비행을 공격해도 된다.' 이것을 보더라도 임금이 어진 정치를 행하지 않는데도 그를 부유하게 해 주는 자는 모두가 공자에게 버림받는 사람이 되었다. 하물며 임금을 위하여 싸움을 강제로 일으키고, 싸워서 땅을 빼앗느라고 죽은 사람의 시체가 들에 가득하고, 싸워서 성을 빼앗느라고 죽은 사람의 시체가 성에 가득함에 있어서이랴. 이것은 토지에 사람의 고기를 먹게 하는 것과 같아서 그 죄는 사형으로써도 용서할 수 없다. 그런 고로 전쟁을 잘하는 사람은 극형에 처하고, 제후들을 연합하는 자는 다음 형벌에 처하고, 황무지를 개간*(辟草萊)하여 경작지를 백성에게 주어 세금을 거둬들이는 자는 그 다음의 형벌에 처하여야 한다."

15. 눈은 마음의 窓

孟子曰, 存乎人者 莫良於眸子 하니 眸子 不能掩其惡

하나니 胸中이 正則眸子 瞭焉 하고 胸中이 不正則眸子 眊

焉 이니라.

聽其言也오 觀其眸子 면 人焉廋哉 리오.

【解釋】 맹자가 말했다.

"사람을 보는*(存乎人者) 데 눈보다 더 솔직한 것은 없다. 눈은 악한 것을 감추지 못한다. 눈은 가슴 속이 바르면 맑고 가슴 속이 바르지 못하면 흐려진다. 그 말을 듣고 그 눈을 보면 사람이 어떻게 숨기리오."

16. 조심성 있고 신중한 자

孟子曰, 恭者는 不侮人하고 儉者는 不奪人하나니 侮奪人之君은 惟恐不順焉이어니 惡得爲恭儉이리오 恭儉은 豈可以聲音笑貌爲哉리오.

【解釋】 맹자가 말했다.

"공손한 사람은 남을 모욕하지 않고 검소한 사람은 남의 것을 빼앗지 않는다. 백성들을 모욕하거나 재산을 빼앗는 임금은 오직 백성들이 순종하지 않는 일만 두려워한다. 이러고도 공손하고 검손하다 할 수 있으리오. 공손하고 신중하다고 하는 것은 온화한 음성이나 웃는 얼굴로 꾸밀 수 있는 것은 아니다."

17. 천하를 구하는 것

淳于髡이 曰, 男女 授受不親이 禮與이까. 孟子曰, 禮

也니라. 曰, 嫂溺則援之以手乎이까. 曰, 嫂溺不援이면 是는
豺狼也니 男女授受不親은 禮也오 嫂溺이어든 援之以手者는
權也니라.

曰, 今天下 溺矣어늘 夫子之不援은 何也이꼬.

曰, 天下 溺이어든 援之以道오 嫂溺이어든 援之以手니
子欲手援天下乎아.

【解釋】 순우곤(淳于髡)이 말했다.
"남녀가 물건을 주고받지 않는 것은 예의입니까?"
맹자가 대답했다.
"예의다."
"형수가 물에 빠지면 손으로 당겨 줍니까?"
"형수가 물에 빠졌을 때 끌어당겨 주지 않는다면 이것은 짐승이다. 남녀가 물건을 주고받지 않는 것은 예(禮)이고, 형수가 물에 빠졌을 때 손으로 끌어주는 것은 권도(權道)이다."
"이제까지 천하가 물에 잠겨 있었습니다. 선생께서는 왜 끌어주지 않으십니까?"
"온 천하가 물에 잠기면 도로써 그것을 끌어주고, 형수가 물에 빠지면 손으로써 그녀를 끌어준다. 그대는 감히 손으로써 천하를 끌어주려고 생각하는가."

18. 君子는 자식을 가르치지 않는다

公孫丑曰, 君子之不敎子는 何也이꼬.
孟子曰, 勢不行也니라. 敎者는 必以正이니 以正不行
이어든 繼之以怒하고 繼之以怒則反夷矣니 夫子敎我以正
하사대 夫子도 未出於正也라 하면 則是父子相夷也니 父子
相夷則惡矣니라.
古者에 易子而敎之하니라.
父子之間은 不責善이니 責善則離하나니 離則不祥이 莫
大焉이니라.

【解釋】 공손추(公孫丑)가 말했다.
"군자가 자기 자식을 가르치지 않음은 무슨 까닭입니까?"
맹자가 대답했다.
"형편상 그럴 수밖에 없기 때문이다. 가르치는 것은 반드시 바른 것으로 하는데, 올바로 행하여지지 않으면 이어 성을 내게 되고 성내는 것으로 가르친다면 도리어 해치는 것이 된다. '아버지는 나를 보고 바른 일만 하라고 하지만 아버지도 바르지 못한 일을 하고 있다.'라고 하게 된다면 이것은 부모와 자식이 서로 해치게 되는 것이다. 부모와 자식이 서로 해치게 되면 좋지 않다. 옛날 사람은 자식을 바꾸어 교육시켰고, 부모와 자식간에는 선하라고 책망하지 않았다. 잘하라고 책망하면 거리가 생긴다. 거리가 생기면 상서롭지 못함이 그보다 큰 것이 없다."

19. 부모를 섬기는 태도

孟子曰, 事孰爲大오 事親이 爲大하니라. 守孰爲大오 守身이 爲大하니라. 不失其身 而能事其親者를 吾聞之矣오 失其身 而能事其親者를 吾未之聞也로라. 孰不爲事리오마는 事親이 事之本也오 孰不爲守리오마는 守身이 守之本也니라. 曾子 養曾晳하되 必有酒肉이러시니 將徹할새 必請所與하시며 問有餘어든 必曰有라 하더시다. 曾晳이 死커늘 曾元이 養曾子하되 必有酒肉하더니 將徹할새 不請所與하며 問有餘어시든 曰亡矣라 하니 將以復進也라. 此所謂養口體者也니 若曾子 則可謂養志也니라. 事親을 若曾子者 可也니라.

【解釋】 맹자가 말했다.

"사람을 섬기는 일 중에서 가장 중대한 일은 부모를 섬기는 일이다. 지키는 일 중에서 가장 중대한 일은 자기 몸을 지키는 일이다. 자기의 몸을 잃지 않고서 자기의 부친을 잘 섬긴다는 말은 들었지마는 자기의 몸을 잃고서 부모를 잘 섬긴다는 말은 듣지 못하였다. 그 어느 것이 섬기는 일이 아니겠느냐마는 부모를 섬기는 일이 가장 근본이다. 그 어느 것이 지키는 일이 아니겠느냐마는 자기의 몸을 지키는 것이 가장 근본이다. 증자(曾子)는 증석(曾晳)을 봉양하는 데 있어 반드시 술과 고기를 떨어지게 하지 않았다. 상을 물릴 때에는 남는 것이 있으면 '누구에게 줄까요?' 하고 물었고, 남는 것이 있느냐고 물으면 반드시 '있습니다.'라고 하였다. 증석이 죽자 증원(曾元)이 그의 아버지인 증자를 봉양하게 되었다. 반드시 고기와 술을 떨어지지 않게 하였다. 상을 물릴 때 남는 것이 있으면 '누구에게 줄까요?'라고 묻지 않았고, 남는 것이 있느냐고 물으면 '없습니다.'라고 하였다. 장차 다시 상을 차려 올리기 위해서였다. 이것이 소위 입과 몸으로 봉양하는 것이다. 증자의 섬김은 어버이의 심지(心志)를 봉양한 것이다. 부모를 섬기는 데에는 증자처럼 하여야 한다."

20. 最高責任者

孟子曰, 人不足與適也며 政不足間也라. 惟大人이어야 爲能格君心之非니 君仁이면 莫不仁이오 君義면 莫不義오 君正이면 莫不正이니 一正君而國이 定矣니라.

【解釋】 맹자가 말했다.

"사람을 책할 것도 없고, 정치를 이러니 저러니 비난할 것도 없다. 큰 덕을 지닌 사람만이 군주의 마음의 잘못을 알 수 있다. 임금이 어질면 어질지 않은 사람이 없고, 임금이 의로우면 의롭지 않은 사람이 없으며, 임금이 바르면 바르지 않은 사람이 없다. 한번 임금만 바로잡으면 나라는 저절로 안정되는 법이다."

21. 칭찬과 훼손

맹 자 왈　유 불 우 지 예　　유 구 전 지 훼
孟子曰, 有不虞之譽 하며 有求全之毁 하니라.

【解釋】 맹자가 말했다.

"생각지도 않았던*(虞) 칭찬을 듣는 수도 있고, 완전을 기했는 데도 명예를 훼손당하는 수도 있다."

22. 입이 가벼우면

맹 자 왈　인 지 이 기 언 야　　무 책 이 의
孟子曰, 人之易其言也 는 無責耳矣 니라.

【解釋】 맹자가 말했다.

"사람들이 말을 가볍게 하는 것은 책임을 가지지 않기 때문이다."

23. 잘난 체하는 버릇

> 孟子曰, 人之患이 在好爲人師니라.

【解釋】 맹자가 말했다.
"인간의 폐단은 다른 사람들의 스승이 되기를 좋아하는 데 있다."

24. 어른에 대한 인사

> 樂正子 從於子敖하여 之齊러니 樂正子見孟子한대 孟
> 子曰, 子亦來見我乎아. 曰, 先生은 何爲出此言也시니이
> 꼬. 曰, 子來幾日矣오. 曰, 昔者니이다. 曰, 昔者則我出
> 此言也 不亦宜乎아. 曰, 舍館을 未定이러이다. 曰, 子聞
> 之也아. 舍館을 定然後에 求見長者乎아. 曰, 克이 有罪니
> 이다.

【解釋】 맹자가 제나라에 있을 때 자오를 따라온 악정자가 찾아왔다. 맹자가 말했다.
"그대도 나를 보러 오는가."
"선생은 왜 그런 말씀을 하시는지요."
"그대가 여기 온 지 며칠이나 되는가."
"어제 왔습니다."
"어제 왔다면 내가 이런 말을 하는 것이 마땅하지 않은가."
"여관을 정하지 못했기 때문입니다."
"자네는 여관을 정한 뒤에야 어른을 찾아와 뵙는다고 들었는가."
"제가 잘못했습니다."

25. 行動의 기준

> 맹자 위악정자왈 자지종어자오래 도포철야
> 孟子 謂樂正子曰, 子之從於子敖來는 徒餔啜也 로다.
> 아불의자학고지도이이포철야
> 我不意子學古之道而以餔啜也 호라.

【解釋】 맹자가 악정자를 보고 말했다.
"그대가 자오를 따라온 것은 먹기 위해서이다. 나는 뜻밖이다. 자네가 옛날에 도를 배운 것이 먹기 위해서일 줄은."

26. 승낙없이 아내를 얻다

> 맹자왈 불효유삼 　　무후위대
> 孟子曰, 不孝有三 하니 無後爲大 하니라.
> 　　　순 불고이취 　위무후야 　군자 　이위유고야
> 舜이 不告而娶는 爲無後也니 君子 以爲猶告也라 하니라.

【解釋】 맹자가 말했다.

"불효에는 세 가지가 있다. 그 중에서 가장 큰 것은 대를 이을 후손이 없는 것이다. 순 임금은 부모에게 알리지 않고 후손이 없기 때문에 아내를 얻었다. 군자는 이것이 어버이에게 알린 것과 같다고 한다."

27. 音 樂

> 맹자왈 　인지실 　사친 시야 　의지실 　종형 시야
> 孟子曰, 仁之實은 事親이 是也오 義之實은 從兄이 是也
> 　　　　지지실 　지사이자 　불거시야 　예지실 　절문
> 니라. 智之實은 知斯二者하여 弗去是也오 禮之實은 節文
> 사이자 시야 　악지실 　낙사이자 　낙즉생의 　생즉오
> 斯二者 是也오 樂之實은 樂斯二者니 樂則生矣니 生則惡
> 가이야 　　오가이즉부지족지도지 　수지무지
> 可已也리오. 惡可已則不知足之蹈之하며 手之舞之니라.

【解釋】 맹자가 말했다.

"인(仁)의 참됨은 부모에게 효도하는 것이요, 의(義)의 참됨은 형제를 따르는 것이다. 지(智)의 참됨은 이 두 가지를 알아서 잠시도 버리지 않는 것이요, 예(禮)의 참됨은 이 두 가지를 조리에 맞도록 하는 것이요, 악(樂)의 참됨은 이 두 가지를 즐거워하는 것이다. 즐거워지면 인의의 마음이 저절로 생기고, 인의의 마음이 생기면 이를 어찌 그만둘 수 있겠는가. 이렇게 되면 알지 못하는 사이에 저절로 손발이 움직여져 춤을 추게 될 것이다."

28. 大 孝

孟子曰, 天下가 大悅而將歸己어든 視天下悅而歸己하되 猶草芥也는 惟舜이 爲然하니 不得乎親이면 不可以爲人이오 不順乎親이면 不可以爲子니라. 舜이 盡事親之道而 瞽瞍底豫하니 瞽瞍底豫而天下化하며 瞽瞍底豫而天下之爲父子者定하니 此之謂大孝니라.

【解釋】 맹자가 말했다.

"천하 사람들이 크게 기뻐하여 자기에게로 돌아오려고 하는데도 이것을 보기를 마치 초개같이 여긴 것은 오직 순 임금 뿐이다. 어버이에게 기쁨을 사지 못하면 사람이라고 할 수 없고, 어버이에게 순(順)하지 않으면 자식이라고 할 수 없다. 순 임금은 어버이를 섬기는 도리를 다하여 고수(瞽瞍)가 기뻐하기에 이르렀으니, 고수(瞽瞍)가 기뻐하기에 이르러서 온 천하가 이에 감화되어 부자간의 도덕이 정해졌다. 이런 것을 일컬어 대효(大孝)라고 한다."

[註釋] *道揆 도리로써 만사를 헤아린다.
*幽厲 포악한 임금이 죽은 뒤에 붙이는 나쁜 시호.
*麗 수효.
*祼 울금초라는 향초로 만든 술.
*與之聚之 백성이 바라는 것을 모은다.
*辟草萊 황무지를 개간하는 것.
*存乎人者 사람을 본다.
*虞 생각지도 않았던 일. 헤아리다의 뜻.

離婁章句 下

1. 先聖 後聖의 그 방법은 하나다

> 맹자왈 순 생어저풍 천어부하 졸어명조
> 孟子曰, 舜은 生於諸馮하여 遷於負夏하여 卒於鳴條하
> 동이지인야
> 니 東夷之人也니라.
> 문왕 생어기주 졸어필영 서이지인야
> 文王은 生於岐周하여 卒於畢郢하니 西夷之人也니라.
> 지지상거야 천유여리 세지상후야 천유여세 득
> 地之相去也 千有餘里며 世之相後也 千有餘歲로되 得
> 지 행호중국 약합부절
> 志行乎中國하야 若合符節하니라.
> 선성후성 기규일야
> 先聖後聖이 其揆一也니라.

【解釋】 맹자가 말했다.

"순 임금은 저풍(諸馮)에서 태어나 부하(負夏)로 옮겨 살다 명조(鳴條)에서 죽은 동방의 변비(邊鄙) 사람이다. 주(周)나라의 문왕(文王)은 기주(岐周)에서 태어나 필영(畢郢)에서 죽은 서방의 변비 사람이다. 땅의 거리는 천여 리(약 4백 킬로미터 남짓)나 떨어졌다. 시대로 봐도 천여 년이나 차이가 있다. 그럼에도 불구하고, 두 사람이 뜻을 얻어 중국에서 행한 왕도 정치는 마치 부절(符節)을 맞춘 듯 일치한다. 먼저 나온 성인(聖人)이나 후에 나온 성인이나 그 헤아린 바 도는 하나다."

2. 政治人의 기본 자세

> 子産이 聽鄭國之政할새 以其乘輿로 濟人於溱洧한대 孟
> 子曰, 惠而不知爲政이로다.
> 歲十一月에 徒杠이 成하며 十二月에 輿梁이 成하면 民未
> 病涉也니라.
> 君子 平其政이면 行辟人이 可也니 焉得人人而濟之리오.
> 故로 爲正者 每人而悅之면 日亦不足矣리라.

【解釋】 자산(子産)이 정(鄭)나라에서 정치를 할 때 자기의 수레로 진수(溱水)와 유수(洧水)에서 사람들을 건네 주었다.
 맹자가 말했다.
 "은혜스러우나 정치는 할 줄 모른다. 11월이면 징검다리를 놓아 사람을 건널 수 있게 하고, 12월이면 큰 다리를 놓아 수레가 지날 수 있게 한다. 그러면 백성들은 물을 건너는 고통을 겪지 않게 된다. 군자가 그 정치를 공평되게 하면 길을 가면서 사람들을 이리저리 물리치고*(行辟人可) 다녀도 괜찮을 것이다. 어떻게 사람마다 일일이 다 건네 줄 수 있겠는가. 그런 까닭에 정치하는 사람이 사람마다 다 기쁘게 해주려고 한다면 날마다 그 일만을 해도 부족할 것이다."

3. 君臣間의 義理

孟子_{맹자} 告齊宣王曰_{고제선왕왈}, 君之視臣_{군지시신}이 如手足_{여수족} 則臣視君_{즉신시군}을 如腹心_{여복심}하고 君之視臣_{군지시신}이 如犬馬_{여견마} 則臣視君_{즉신시군}을 如國人_{여국인}하고 君之視臣_{군지시신}이 如土芥_{여토개} 則臣視君_{즉신시군}을 如寇讐_{여구수}니이다.

王曰_{왕왈}, 禮_예에 爲舊君有服_{위구군유복}하니 何如_{하여}라야 斯可爲服矣_{사가위복의}니이꼬.

曰_왈, 諫行言聽_{간행언청}하여 膏澤_{고택}이 下於民_{하어민}이오 有故而去則君_{유고이거즉군}이 使人導之出彊_{사인도지출강}하고 又先於其所往_{우선어기소왕}하며 去三年不反然後_{거삼년불반연후}에 收其田里_{수기전리}하나니 此之謂三有禮焉_{차지위삼유례언}이니 如此則爲之服矣_{여차즉위지복의}니이다.

今也_{금야}엔 爲臣_{위신}이라 諫則不行_{간즉불행}하며 言則不聽_{언즉불청}하여 膏澤_{고택}이 不下於民_{하어민}이오 有故而去則君_{유고이거즉군}이 搏執之_{박집지}하고 又極之於其所往_{우극지어기소왕}하며 去之日_{거지일}에 遂收其田里_{수수기전리}하나니 此之謂寇讐_{차지위구수}니 寇讐_{구수}에 何服之有_{하복지유}리오.

【解釋】 맹자가 제선왕을 보고 말했다.

"임금이 자기 신하를 손발처럼 여기면 신하도 임금을 자기의 배나 가슴처럼 여깁니다. 임금이 신하를 개나 말처럼 여기면 신하도 임금을 길 가는 사람*(國人) 정도로 여깁니다. 임금이 신하를 풀잎처럼 여기면 신하도 임금을 원수같이 여깁니다."

"예(禮)를 보면, 옛날 임금을 위해 상복(喪服)을 입는다고 하였는데, 어떻게 해야 상복을 입게 됩니까?"

"임금이 신하가 간하는 말을 듣고 실행하여, 그 혜택이 백성들에게까지 미치게 되었습니다. 그 신하가 어떤 사정으로 나라를 떠나게 되었습니다. 임금은 사람을 시켜 그를 국경까지 인도하여 주고, 또 그 사람이 가는 것보다 앞질러 연락하여*(先於其所往) 소개해 주었습니다. 떠난지 3년이 되어도 돌아오지 않으면 그때서야 그가 살던 주택과 전록(田祿)을 회수합니다. 이런 것을 일컬어 3례(三禮)라고 합니다만 이것이 옛 신하가 옛 임금을 위해 상복을 입는 것입니다. 오늘날 신하가 간하여도 실행되지 않고, 말하여도 듣지 않으며, 그 혜택이 백성들에게까지 미치지 않습니다. 어떤 사정으로 나라를 떠나면 임금은 그 신하를 잡아 붙들려고 하고, 또 더욱 극심한 것은 그가 간 나라에까지 가 박해를 하는가 하면 떠난 당일로 그의 집과 전록을 몰수합니다. 이런 것을 일컬어 원수라고 하는데 원수를 위해 무슨 상복을 입겠습니까."

4. 대신·관리의 거취

孟子曰, 無罪而殺士 則大夫 可以去오 無罪而戮民 則士可以徙 니라.

【解釋】 맹자가 말했다.

"임금이 죄도 없는데 선비를 죽였다면 대신은 임금 곁을 떠나게 될 것이며, 임금이 죄도 없는데 백성을 죽였다면 선비는 다른 나라로 옮겨 가게 될 것이다."

5. 임금은 백성의 거울

孟子曰, 君仁이면 莫不仁이오 君義면 莫不義니라.

【解釋】 맹자가 말했다.

"임금이 어질면 어질지 않은 사람이 없고, 임금이 의로우면 의롭지 않은 사람이 없다."

6. 似而非

孟子曰, 非禮之禮와 非義之義를 大人이 弗爲니라.

【解釋】 맹자가 말했다.

"예가 아닌 예의와 의가 아닌 의로움은 대인의 할 일이 아니다."

7. 훌륭한 지도자를 환영한다

孟子曰, 中也養不中 하며 才也養不才 라. 故 로 人樂有
賢父兄也 니 如中也 棄不中 하며 才也 棄不才 면 則賢不肖
之相去 其間 이 不能以寸 이니라.

【解釋】 맹자가 말했다.
"중용의 덕을 가진 사람은 중용의 덕을 지니지 못한 사람을 길러 주고, 재능이 있는 사람은 재능이 없는 사람을 길러 준다. 그런 까닭에 사람들은 현명한 부형을 갖기를 좋아한다. 만약에 중용의 덕을 지닌 사람이 중용의 덕을 갖지 못한 사람을 버리고, 재능이 있는 사람이 재능이 없는 사람을 버린다면 현명한 사람과 그렇지 못한 사람의 거리는 한 치의 차이도 없게 된다."

8. 행동의 한계

孟子曰, 人有不爲也而後 에 可以有爲 니라.

【解釋】 맹자가 말했다.
 "사람은 하지 않겠다는 일이 있은 후에야 하는 일이 있을 수 있다."

9. 착하지 않음을 말하지 마라

> 맹자왈 언인지불선   당여후환   하
> 孟子曰, 言人之不善 하다가 當如後患 에 何 오

【解釋】 맹자가 말했다.
 "남의 착하지 않은 점을 말하다가 그 후환을 어떻게 하겠는가."

10. 지나친 일을 하지 않는 사람

> 맹자왈 중니 불위이심자
> 孟子曰, 仲尼 는 不爲已甚者 러시다.

【解釋】 맹자가 말했다.
 "공자는 지나친 일을 하지 않은 사람이었다."

11. 오직 義만을

> 맹자왈 대인자 언불필신 행불필과 유의소재
> 孟子曰, 大人者는 言不必信이며 行不必果오 惟義所在
> 니라.

【解釋】 맹자가 말했다.
"대인은 그가 한 말이 반드시 믿음이 있다고 하지 않으며, 그 행동에 반드시 끝을 맺으려 하지 않는다. 오직 의에 따라 행동할 뿐이다."

12. 大人

> 맹자왈 대인자 불실기적자지심자야
> 孟子曰, 大人者는 不失其赤子之心者也 니라.

【解釋】 맹자가 말했다.
"대인이란 어린아이 때의 마음을 잃지 않고 있는 사람이다."

13. 장례식의 중대함

孟子曰, 養生者 不足以當大事오 惟送死아 可以當大事니라.

【解釋】 맹자가 말했다.
"살아 생전에 부모를 봉양하는 일은 큰 일이라 할 것이 못 된다. 오직 부모가 돌아가셨을 때 장례치르는 일만이 큰 일이다."

14. 自得

孟子曰, 君子 深造之以道는 欲其自得之也니 自得之則居之安하고 居之安則資之深하고 資之深則取之左右에 逢其原이니 故로 君子는 欲其自得之也니라.

【解釋】 맹자가 말했다.

"군자가 올바른 방법으로써 깊이 진리를 추구하는 것은 그 스스로가 그것을 깨달아 얻기 위해서이다. 그 스스로가 이를 체득하게 되면 그곳에 있는 것이 안정되게 된다. 거처함이 안정되면 의지할 바를 취하는 일에 깊이가 있게 된다. 의지할 바 취하는 일에 깊이가 있게 되면 좌우에서 취하고서도 그 근원을 체득하게 된다. 그런고로 군자는 스스로가 깨달아 얻고자 한다."

15. 博學의 뜻

> 孟子曰, 博學而詳説之는 將以反説約也니라.

【解釋】 맹자가 말했다.
"널리 배우고 상세히 설명함은 장차 이것으로써 다시 요점을 설명해 보려는 것이다."

16. 善을 행하여 사람을 감화시킴

> 孟子曰, 以善服人者는 未有能服人者也니 以善養人然後에 能服天下하나니 天下 不心服而王者 未之有也니라.

【解釋】 맹자가 말했다.

"선(善)으로써 사람을 복종시키려는 자는 사람을 복종시킬 수 없다. 선으로써 사람을 키운 뒤에야 천하를 복종시킬 수 있다. 온 천하가 마음으로 복종하지 않는데 왕노릇을 한 사람은 아직 없다."

17. 상서로운 말

> 맹자왈 언무실불상 불상지실 폐현자 당지
> 孟子曰, 言無實不祥하니 不祥之實은 蔽賢者 當之니라.

【解釋】 맹자가 말했다.

"언어는 실제로 상서롭지 않은 것이 없다. 상서롭지 않다는 것은 실제에 있어서는 현명함을 가리는 것이다*(無實)."

18. 물이여, 물이여

> 서자왈 중니 기칭어수왈 수재수재 하취어
> 徐子曰, 仲尼 亟稱於水曰 水哉水哉여 하시니 何取於
> 수야
> 水也시니이꼬.
> 맹자왈 원천 혼혼 불사주야 영과이후 진
> 孟子曰, 原泉이 混混하여 不舍晝夜하여 盈科而後에 進
> 방호사해 유본자 여시 시지취이
> 하여 放乎四海하나니 有本者 如是라 是之取爾시니라.

苟爲無本이면 七八月之間에 雨集하여 溝澮皆盈이나 其
涸也는 可立而待也니 故로 聲聞過情을 君子恥之니라.

【解釋】 서자(徐子)가 말했다.
"공자께서 물을 칭송하여 말하기를 '물이여, 물이여.' 했는데, 물의 어떤 점을 취한 것입니까?"
맹자가 대답했다.
"샘을 근원으로 하는 물은 밤낮을 끊이지 않고 흘러서 웅덩이*(科)를 채우고 난 다음에 흘러서 바다에 이른다. 근본이 있는 것은 이와 같으므로 이것을 취한 것이다. 진실로 근본이 없다면 칠팔 월 사이에 내린 비는 모여서 크고 작은 개울을 다 차게 만들 수는 있지만, 비만 그치면 그 물이 금방 말라 버리는 것은 가히 서서 기다리는 것과 같다. 그런 까닭에 명성이 실제의 사정보다 지나치는 것은 군자의 부끄러워하는 바이다."

19. 사람과 동물의 차이

孟子曰, 人之所以異於禽獸者幾希하니 庶民은 去之하
고 君子는 存之니라.
舜은 明於庶物하며 察於人倫하니 由仁義行이라 非行仁
義也니라.

【解釋】 맹자가 말했다.

"사람의 소이가 동물과 다른 점은 극히 희소*하다. 서민은 인륜(人倫)을 버리나 군자는 이것을 지킨다. 순 임금은 만물의 도리에 밝고 인륜으로 살피었다. 이것은 인의에 따라 행동한 것이요, 인의를 억지로 행한 것은 아니다."

20. 禹湯文武와 周公

孟子曰, 禹는惡旨酒 而好善言이러라. 湯은 執中하며 立
賢無方이러라. 文王은 視民如傷하며 望道而未之見이러라.
武王은 不泄邇하며 不忘遠이러라.
周公은 思兼三王하여 以施四事하되 其有不合者어든 仰
而思之하여 夜以繼日하여 幸而得之어든 坐而待旦이러라.

【解釋】 맹자가 말했다.

"우 임금은 술을 싫어하고 착한 말 하기를 좋아했다. 탕왕은 중용을 지키고 현자를 등용할 때 출신 성분을 따지지 않았다. 문왕은 다친 자를 어루만지듯 백성들을 대했고 보지 못한 것을 바라고 따르듯이 도를 추구했다. 무왕은 가깝고 허물없다고 함부로 하지 않았고 먼 곳에 있는 자들도 잊지 않았다. 주공은 이 세 왕의 좋은 점을 전부 취하려고 애를 썼고 네 가지 일을 다시 행하려고 하였다. 적합하지 않은 것이 있으면 하늘을 우러러보고 생각하기를 밤새우며 나날이 계속했다. 다행히 좋은 도리를 얻으면 앉아서 날이 새기를 기다렸다."

21. 孔子《春秋》를 지음

> 孟子曰, 王者之迹이 熄而詩亡하니 詩亡然後에 春秋作하니라. 晉之乘과 楚之檮杌과 魯之春秋 一也니라. 其事則齊桓晉文이오 其文則史니 孔子曰, 其義則丘竊取之矣로라 하시니라.

【解釋】 맹자가 말했다.

"왕자들의 발자취도 끊어지자 시(詩)가 없어졌고, 시가 없어진 다음에《춘추》가 지어졌다. 진(晉)나라의 승(乘)과 초나라의 도올(檮杌)과 노나라의《춘추》는 같은 것이다. 제(齊)나라의 환공과 노나라 문공의 일들이 실려 있고 그 글은 사관(史官)이 쓴 것이다. 공자는 말하기를 '거기에 기록된 도리는 나 자신이 개인적으로 외람되게 쓴 것이다.' 라고 하였다."

22. 私淑

> 孟子曰, 君子之澤 五世而斬이오 小人之澤도 五世而斬이니라.

_여 _{미득위공자도야}   _여   _{사숙저인야}
予 未得爲孔子徒也나 予는 私淑諸人也로라.

【解釋】 맹자가 말했다.

"군자가 끼친 은혜나 소인이 끼친 은혜나 5대(代)가 지나면 끊어진다. 나는 공자(孔子)의 제자는 되지 못하였지만 여러 사람을 통해 그를 사숙할 수 있었다."

23. 選擇의 기준

_{맹자왈}   _{가이취}   _{가이무취}   _취   _{상렴}   _{가이여}
孟子曰, 可以取며 可以無取에 取면 傷廉이오 可以與며
_{가이무여}   _여   _{상혜}   _{가이사}   _{가이무사}   _사   _{상용}
可以無與에 與면 傷惠오 可以死며 可以無死에 死면 傷勇이니라.

【解釋】 맹자가 말했다.

"받을 수도 있고 받지 않을 수도 있는 것을 받는 것은 청렴을 해치는 것이다. 줄 수도 있고 주지 않을 수도 있는 것을 주는 것은 은혜를 해치는 것이다. 죽을 수도 있고 죽지 않을 수도 있는데 죽는 것은 용기를 해치는 것이다."

24. 敎育의 책임

_{봉몽}   _{학사어예}   _{진예지도}   _{사천하}   _{유예}   _위
逢蒙이 學射於羿하여 盡羿之道하고 思天下에 惟羿 爲

愈己_{라 하여} 於是_에 殺羿_{한대} 孟子曰, 是亦羿 有罪焉_{이니}라. 公明儀曰, 宜若無罪焉_{하니이다.} 曰, 薄乎云爾_{언정} 惡得無罪_{리오.}

鄭人_이 使子濯孺子_로 侵衛_{어늘} 衛 使庾公之斯_로 追之_{러니} 子濯孺子曰, 今日_에 我 疾作_{이라} 不可以執弓_{이로소}니 吾死矣夫_{인저 하고} 問其僕曰, 追我者_는 誰也_오 其僕_이曰, 庾公之斯也_{로소이다.} 曰, 吾 生矣_{로다} 其僕_이 曰, 庾公之斯_는 衛之善射者也_{어늘} 夫子曰, 吾生_은 何謂也_이꼬. 曰, 庾公之斯_는 學射於尹公之他_{하고} 尹公之他_는 學射於我_{하니} 夫尹公之他_는 端人也_라 其取友 必端矣_{라.} 庾公之斯 至曰, 夫子_는 何爲不執弓_{고.} 曰, 今日_에 我 疾作_{이라} 不可以執弓_{이로다.} 曰, 小人_은 學射於尹公之他_{하고} 尹公之他_는 學射於夫子_{하니} 我 不忍以夫子之道_로 反害夫子_{하노라.} 雖然_{이나} 今日之事_는 君事也_{라.} 我 不敢廢_{라 하고} 抽矢扣輪_{하여} 去其金_{하고} 發乘矢而後_에 反_{하니라.}

【解釋】 봉몽(逢蒙)이 예(羿)에게 활쏘는 법을 배웠다. 예에게 배울 것을 다 배운 뒤에 생각했다. 천하에서 나를 이길 사람은 오직 예 한 사람뿐이다. 이래서 예를 죽였다.

맹자가 말했다.

"이것 역시 예에게 죄가 있다. 공명의는 '거의 그에게는 죄가 없다.'고 하나 죄가 가벼울 뿐 무죄라고 할 수는 없다. 정나라 임금이 자탁 유자를 시켜 위나라를 침입했을 때 위나라는 유공지사를 시켜 물리치게 했다. 자탁 유자가 말하기를 '오늘 나는 병이 나서 활을 잡을 수가 없다. 나는 죽는가 보다.'하고 그 노복에게 '나를 쫓아오는 자가 누구냐.'고 물었다.

'유공지사입니다.'

'나는 살았다.'

'유공지사는 위나라 제일의 궁사입니다.'

'유공지사는 활쏘는 것을 윤공지타(尹公之他)에게서 배웠고 윤공지타는 활쏘는 것을 나에게서 배웠다. 윤공지타는 마음이 올바른 사람이다. 그러므로 그가 취한 벗도 마음이 바른 사람일 것이다.'

공지사가 이르러서 말하기를

'선생은 어찌 활을 잡지 않습니까?'

'오늘 나는 병이 나서 활을 잡을 수 없다.'

'나는 윤공지타에게 활쏘는 법을 배웠습니다. 윤공지타는 활쏘는 법을 선생에게 배웠습니다. 나는 차마 선생에게 배운 것으로 선생을 해칠 수는 없습니다. 그러나 오늘의 일은 임금의 일인 만큼 나는 감히 그만둘 수는 없습니다.'

하고 화살을 전통에서 뽑아 화살 끝의 쇠테를 두드려 빼내어 촉쇠를 내리고 네 개를 쏜 뒤 돌아갔다."

25. 美女는 虛花

맹자왈 서자 몽불결즉인개엄비이과지
孟子曰, 西子 蒙不潔則人皆掩鼻而過之 니라.

雖有惡人이나 齊戒沐浴則可以祀上帝니라.

【解釋】 맹자가 말했다.
"서자도 불결한 것을 뒤집어쓰게 되면 모든 사람이 코를 막으며 피해 지나가게 된다. 비록 악인이라 할지라도 목욕재계하면 상제라도 제사 지낼 수 있다."

26. 千年 뒤의 冬至를 안다

孟子曰, 天下之言性也는 則故而已矣니 故者는 以利爲本이니라. 所惡於智者는 爲其鑿也니 如智者 若禹之行水也면 則無惡於智矣리라. 禹之行水也는 行其所無事也니 如智者 亦行其所無事면 則智亦大矣리라. 天之高也와 星辰之遠也나 苟求其故면 千歲之日至를 可坐而致也니라.

【解釋】 맹자가 말했다.
"천하에서 인성(人性)을 말할 때에는 사람들은 이미 그렇게 움직여지는 행위로 할 뿐이다. 그렇게 움직여지는 행위라는 것은 순리(順理)를 근본으로 한다. 지(智)의 역겨운 것은 천착하는 것이니 지자(智者)가 만일 우나라의 홍수 다스리는 법을 배운다면 지(智)를 싫어하지 않을 것이다. 우나라의 홍수 다스리는 법은 무사하게 물길을 터주는 것이다. 지자가 또한 지혜를 쓰기를 무사히 한다면 지의 효용도 또한 위대하리라. 하늘이 높고 별이 아무리 먼 곳에 있다 하더라도 그 움직여지는 행위를 추구하여 간다면 천 년 뒤의 동짓날도 저절로 앉아서 알 수 있다."

27. 미워하는 것도 법이 있다

公行子 有子之喪이어늘 右師 往吊할새 入門커든 有進而與右師言者하며 有就右師之位而與右師言者러니 孟子 不與右師言하신대 右師 不悅曰, 諸君子 皆與驩言이어늘 孟子 獨不與驩言하시니 是는 簡驩也로다.
孟子 聞之하시고 曰, 禮에 朝廷에 不歷位而相與言하며 不踰階而相揖也하나니 我欲行禮어늘 子敎 以我爲簡하니 不亦異乎아.

【解釋】 공행자(公行子)가 아들의 상(喪)을 입자, 우사(右師)가 와서 조문을 했다. 문에 들어서자 앞으로 나아가 우사와 말을 하는 사람도

있고 우사의 자리에 가까이 다가가 우사와 더불어 말을 하는 사람도 있었다. 맹자는 우사와 더불어 말을 하지 않았다. 우사는 불쾌해 하며 이렇게 말했다.

"여러 군자들이 다 나와 더불어 말을 나누는데 맹자만은 홀로 나와 말을 하지 않고 있다. 이것은 나를 무시하기 때문이다."

맹자가 이렇게 말했다.

"예(禮)에 있어서는 조정에서는 자기 자리를 넘어가서 서로 얘기하거나 계단을 넘어가서 인사를 나누지 않는다. 나는 예를 실행한 것 뿐인데 자오(子敖)는 내가 무시한 것이라고 하니 이것 또한 이상하지 않은가."

28. 終身之憂

孟子曰, 君子所以異於人者는 以其存心也니 君子는 以仁存心하며 以禮存心이니라. 仁者는 愛人하고 有禮者는 敬人하나니 愛人者는 人恒愛之하고 敬人者는 人恒敬之니라. 有人於此하니 其待我以橫逆 則君子 必自反也하여 我必不仁也며 必無禮也로다. 此物이 奚宜至哉오 하나니라. 其自反而仁矣며 自反而有禮矣로되 其橫逆이 由是也어든 君子必自反也하여 我必不忠이로다 하나니라.

自反而忠矣로되 其橫逆이 由是也어든 君子曰, 此亦妄
人也已矣로다 하나니 如此則與禽獸奚擇哉리오 於禽獸에
又何難焉이리오.
是故로 君子 有終身之憂오 無一朝之患也니 乃若所憂
則有之하니 舜도 人也며 我亦人也로되 舜은 爲法於天下하
여 可傳於後世어늘 我는 由未免爲鄕人也하니 是則可憂也
라. 憂之如何오 如舜而已矣니라. 若夫君子所患則亡矣니
라. 非仁無爲也며 非禮無行也라 如有一朝之患이라도 則君
子 不患矣니라.

【解釋】 맹자가 말했다.

"군자가 보통 사람들과 다른 것은 본심을 잃지 않기 때문이다. 군자는 인(仁)과 예(禮)를 본심으로 지닌다.

어진 사람은 남을 사랑하며 예를 아는 사람은 남을 공경한다. 남을 사랑하는 사람은 항상 남의 사랑을 받게 되고 남을 공경하는 사람은 항상 남에게 공경을 받게 된다.

여기에 군자인 한 사람이 있다. 누군가 횡포하게 자기를 대하면 군자는 반드시 '내가 어질지 못하고 무례하기 때문이구나. 그렇지 않다면 왜 이런 일이 있겠는가.' 하고 스스로를 반성하고, 스스로를 반성하여 어질거나 예의가 바른데도 횡포가 여전하면 그는 반드시 '내가 불충(不忠)하여서이구나.' 하고 스스로 반성한다. 스스로를 반성하여 불충치 않았는데도 횡포가 여전하면 군자는 일컫기를 '이 사람은 역시 망령된 사람이로구나. 짐승과 다름이 없구나. 짐승을 나무라서 무엇하리오.'

하고 말한다. 이런 까닭에 군자는 종신토록 근심하나 하루 아침에 생기는 근심은 없다. 근심하는 것에는 이런 것이 있다. '순 임금도 사람이고 나도 또한 사람이다. 순 임금은 천하에 모범이 되어 후세에까지 이름이 전해 오고 있다. 그런데 나는 시골 사람을 면하지 못하고 있다.' 이것은 근심할 만한 일이다. 어떻게 근심하느냐 하면 순 임금과 같이 할 뿐이다. 대개 군자는 근심하는 일이 없다. 인이 아니면 하지 않고 예가 아니면 행하지 않는다. 하루 아침에 생기는 근심은 군자의 근심이 아니다."

29. 禹와 后稷과 顔回

禹稷이 當平世하여 三過其門而不入한대 孔子賢之하시니라.

顔子 當亂世하여 居於陋巷하여 一簞食와 一瓢飮을 人不堪其憂어늘 顔子 不改其樂한대 孔子 賢之하시니라.

孟子曰, 禹稷顔回 同道하니라. 禹는 思天下有溺者어든 由己溺之也하며 稷은 思天下 有飢者어든 由己飢之也하니 是以로 如是其急也니라.

禹稷顔子 易地則皆然이리라.

今有同室之人이 鬪者어든 救之호되 雖被髮纓冠而救之라도 可也니라.

鄉隣^{향린}에 有鬪者^{유부자}어든 被髮纓冠而往救之則惑也^{피발영관이왕구지즉혹야}니 雖閉戶^{수폐호}라도 可也^{가야}니라.

【解釋】 우(禹) 임금과 후직(后稷)은 태평한 세상을 만나서도 제집 대문 앞을 세 번이나 지나면서도 들어가지 않았다. 공자는 이들을 현자라고 하였다. 안자(顔子)는 어지러운 세상을 만나서 지저분하고 좁은 뒷골목에 살면서 한 사발의 밥과 한 그릇의 국으로 만족하였다. 보통 사람들로서는 감당하기 어려운 고생을 안자는 즐기면서 고치려 하지 않았다. 공자는 그를 현인이라고 하였다.

맹자가 말했다.

"우 임금과 후직, 안회는 그 지키는 도(道)는 같다. 우 임금은 천하에 익사자가 생기면 자기가 물에 빠진 듯 생각하였다. 후직은 천하에 굶주린 자가 생기면 자기가 굶주린 듯 생각하였다. 그렇기 때문에 그렇게 급하게 다닌 것이다. 우 임금과 후직, 안자도 입장을 바꾼다면 모두가 그렇게 했을 것이다. 이제 같은 방에 있는 사람이 싸운다면 말린다. 비록 머리카락이 흩어지고 관끈을 매가면서 급히 나가 말리어도 상관없다. 그러나 동네에서 싸우는 자가 있을 때는 그렇게 하는 것이 잘못이나 문을 닫고 있어도 좋다."

30. 匡章은 불효자인가

公都子曰^{공도자왈}, 匡章^{광장}을 通國^{통국}이 皆稱不孝焉^{개칭불효언}이어늘 夫子與之^{부자여지} 遊^유하시고 又從而禮貌之^{우종이례모지}하시니 敢問何也^{감문하야}이꼬.

孟子曰, 世俗所謂不孝者 五니 惰其四肢하여 不顧父母之養이 一不孝也오 博奕好飮酒하여 不顧父母之養이 二不孝也오 好貨財하며 私妻子하여 不顧父母之養이 三不孝也오 從耳目之欲하여 以爲父母戮이 四不孝也오 好勇鬪狠하여 以危父母 五不孝也니 章子 有一於是乎아.
夫章子는 子父 責善而不相遇也니라.
責善은 朋友之道也니 父子責善은 賊恩之大者니라.
夫章子는 豈不欲有夫妻子母之屬哉리오마는 爲得罪於父하여 不得近이라 出妻屛子하여 終身不養焉하니 其設心에 以爲不若是면 是則罪之大者라 하니 是則章子已矣니라.

【解釋】 공도자(公都子)가 말했다.

"광장은 나라 사람이 다 불효자라고 칭하는데 선생은 그와 더불어 놀며 또 예모를 차리시니, 무엇 때문인지 감히 묻고자 합니다."

맹자가 말했다.

"세속에서 소위 불효자라고 하는 것은 다섯 가지가 있다. 사지(四肢)를 게을리하여 그 부모를 봉양하는 것을 돌보지 않는 것이 불효의 첫째요, 노름이나 술을 좋아하여 부모를 봉양하는 것을 돌보지 않는 것이 불효의 둘째요, 재화를 좋아하며 처자를 돌보면서도 부모를 봉양하지 않는 것이 불효의 셋째요, 이목(耳目)의 욕망만을 따르느라고 부모에게 누를 끼치는 것이 불효의 넷째며, 용맹을 좋아하며 싸우고 성내기를 잘하여 부모에게 위태로움을 주는 것이 다섯째 불효이다. 장자(章子)

는 이 가운데 하나라도 있는가. 장자는 부모 자식간에 서로 선(善)을 책망하다가 사이가 나빠졌다. 선을 책망하는 것은 친구간에 할 도리이지 부모 자식간에 선을 책망하는 것은 은혜를 크게 해치는 것이다. 장자라고 어찌 처자와 자모의 권속들을 갖고 싶지 않았겠는가. 어버이에게 죄를 지었으므로, 가까이 할 수 없기 때문에 아내를 내보내고 자식을 물리쳐서 종신토록 그들에게 봉양을 받지 않았다. 이렇게라도 하지 않으면 그는 마음먹기를 죄가 더욱 큰 것이라고 생각했던 것이다. 이러한 사람이 장자이다."

31. 曾子와 子思

曾子 居武城 하실새 有越寇 러니 或曰, 寇至 하나니 盍去
諸 리오 曰, 無寓人於我室 하여 毁傷其薪木 하라. 寇退則
曰, 修我牆屋 하라. 我將反 하리라. 寇退커늘 曾子 反 하신대
左右曰, 待先生 이 如此其忠且敬也 어늘 寇至則先去 하여
以爲民望 하시고 寇退則反 하시니 殆於不可 로소이다.
沈猶行 이 曰, 是 非汝所知也 라. 昔 에 沈猶 有負芻之
禍 어늘 從先生者七十人 이 未有與焉 이라 하니라.
子思 居於衛 하실새 有齊寇 러니 或曰, 寇至 하나니 盍去
諸 리오 子思曰, 如伋 이 去 면 君誰與守 리오 하시니라.

孟子曰, 曾子子思 同道하니 曾子는 師也며 父兄也오
子思는 臣也며 微也니 曾子子思 易地則皆然이리라.

【解釋】 증자(曾子)가 무성(武城)에 있을 때 월(越)나라 군대가 쳐들어왔다. 어떤 사람이 말하기를 "적이 이르렀습니다. 어찌 이곳을 떠나지 않습니까?"라고 권했다. "내 집에 사람을 들이지 않도록 하고 정원의 나무들이 상하지 않도록 하여라. 적이 물러가면 담장과 집을 수리하여라. 내가 장차 돌아올 것이다." 하고 떠났다. 적이 물러간 다음 증자는 돌아왔다. 좌우에서 말하기를 '이곳 사람들은 선생을 충심으로 존경하고 극진히 공경하여 대우하였는데, 적이 쳐들어오자 먼저 떠나서 백성들의 본보기를 만드시고 적이 물러가자 다시 돌아오셨으니 옳지 않은 듯합니다."라고 하였다.

심유행이 말하기를 "그것은 너희들이 잘 모르기 때문이다. 옛날에 심유의 집에 선생이 오셨을 때 부추(負芻)라는 자가 난을 일으켰다. 선생을 따르는 제자 70여 명도 그 중에서 난을 겪은 사람은 없었다."고 했다 한다.

자사(子思)가 위(衛)나라에 있을 때 제(齊)나라의 군대가 쳐들어왔다. 어떤 사람이 말하기를 "적이 쳐들어왔습니다. 어찌 이곳을 떠나지 않습니까?"라고 하였다. 자사가 말했다.
"내가 떠나 버리면 임금께선 누구와 더불어 나라를 지키겠느냐."
맹자가 말했다.
"증자와 자사의 도는 같다. 증자는 스승이요 부형이며, 자사는 신하요 미약한 존재다. 증자와 자사가 입장을 바꾼다고 해도 다 그렇게 하였을 것이다."

32. 보통 사람과 같은 堯舜

> 저자왈   왕   사인간부자   과유이이어인호
> 儲子曰, 王이 使人瞷夫子 하나니 果有以異於人乎 이까.
> 맹자왈   하이이어인재   요순   여인동이
> 孟子曰, 何以異於人哉리오 堯舜도 與人同耳 니라.

【解釋】 저자(儲者)가 말했다.
"왕이 사람을 시켜 선생을 엿보게 했는데 과연 남다른 데가 있습니까."
맹자가 말했다.
"어찌 보통 사람과 다름이 있으리오. 요 임금, 순 임금도 다 같은 사람이다."

33. 비겁한 허세

> 제인   유일처일첩이서실자   기량인   출 즉필염
> 齊人이 有一妻一妾而處室이러니 其良人이 出 則必饜
> 주육이후 반   기처 문소여음식자   즉진부귀야
> 酒肉而後에 反이어늘 其妻 問所與飲食者 則盡富貴也러
>   기처   고기첩왈   량인   출 즉필염주육이후   반
> 라. 其妻 告其妾曰, 良人이 出 則必饜酒肉而後에 反할

問其與飮食者하니 盡富貴也로되 而未嘗有顯者來하니 吾將瞯良人之所之也호리라 하고 蚤起하여 施從良人之所之하니 徧國中하되 無與立談者러니 卒之東郭墦間之祭者하여 乞其餘하고 不足이어든 又顧而之他하니 此其爲饜足之道也러라 其妻歸告其妾曰, 良人者는 所仰望而終身也어늘 今若此라 하고 與其妾으로 訕其良人而相泣於中庭이어늘 而良人이 未之知也하여 施施從外來하여 驕其妻妾하더라.

由君子觀之컨대 則人之所以求富貴利達者 其妻妾이 不羞也而不相泣者 幾希矣니라.

【解釋】 제(齊)나라에 아내와 첩을 거느린 사람이 있었다. 그 사람이 밖으로 나가면 반드시 고기와 술을 싫도록 먹고 돌아왔다. 아내가 누구와 음식을 먹었느냐고 물으면 다 부귀한 사람들이었다.

 그 아내가 첩에게 말하기를 "남편이 밖으로 나가면 고기와 술을 싫도록 먹고 들어온다. 음식을 같이 먹은 사람을 물으면 다 부귀로운 사람들이다. 그런데 왜 우리 집에 귀한 사람이 찾아오지 않을까, 내가 몰래 남편이 가는 곳을 따라가 볼까?" 하였다.

 아침에 일찍 일어나 남편이 가는 곳을 몰래 쫓아갔다. 나라 안 어디로 가도 남편과 서서 말하는 사람이 없었다. 마침내 동쪽 성곽의 묘지에 가더니 제사지내는 사람에게 찌꺼기를 구걸하고, 그래도 부족하면 이리저리 둘러보며 다른 곳으로 갔다.

이것이 음식을 싫도록 먹는 방법이었다. 그 아내가 돌아와 첩에게 말하기를 "남편이란 평생을 우러러보며 살아야 할 사람인데 우리 남편은 이러했네." 하였다.
 아내와 첩은 남편을 흉보면서 안마당에서 마주잡고 울며 서 있었다. 남편은 그런 줄도 모르고 밖에서 돌아와서는 아내와 첩에게 제법 교만하게 굴었다. 군자의 눈으로 볼 때는 사람들이 부귀와 이익, 영달을 구하려는 것이 남편과 조금도 다를 것이 없다. 아내와 첩이 부끄럽게 여기지 않고, 서로 마주잡고 울지 않을 사람은 드물 것이다.

[註釋] *辟 길에 다니는 사람을 이리저리 물리치며 다니는 것.
*國人 길가는 통행인 정도.
*先於其所往 그 사람이 가는 것보다 앞질러 가는 것.
*無實 실제로…… 함이 없다.
*科 웅덩이.

■ 萬章篇

萬章章句 上

1. 평생토록 부모를 사모함

萬章이 問曰, 舜이 往于田하여 號泣于旻天하니 何爲其
號泣也이꼬. 孟子曰, 怨慕也라.
萬章이 曰, 父母 愛之어시든 喜而不忘하고 父母 惡之
어시든 勞而不怨이니 然則舜은 怨乎이까. 曰, 長息이 問
於公明高曰, 舜이 往于田則吾 旣得聞命矣어니와 號泣于
旻天과 于父母則 吾不知也로이다. 公明高曰, 是는 非爾所
知也라 하니 夫公明高는 以孝子之心이 爲不若是恝이라.
我는 竭力耕田하여 共爲子職而已矣니 父母之不我愛는
於我何哉오 하니라.
帝 使其子九男二女로 百官牛羊倉廩을 備하여 以事舜
於畎畝之中하니 天下之士 多就之者어든 帝將胥天下而
遷之焉이러니 爲不順於父母라 如窮人無所歸러라.

> 천하지사 열지   인지소욕야   이부족이해우
> 天下之士 悅之는 人之所欲也어늘 而不足以解憂하며
> 호색   인지소욕   처제지이녀   이부족이해우
> 好色은 人之所欲이어늘 妻帝之二女하되 而不足以解憂하며
> 부   인지소욕   부유천하   이부족이해우   귀
> 富는 人之所欲이어늘 富有天下하되 而不足以解憂하며 貴
>   인지소욕   귀위천자   이부족이해우   인열
> 는 人之所欲이어늘 貴爲天子하되 而不足以解憂하니 人悅
> 지   호색   부귀   무족이해우자   유순어부모   가
> 之와 好色과 富貴에 無足以解憂者오 惟順於父母라야 可
> 이해우
> 以解憂라.
>
> 인   소즉모부모   지호색즉모소애   유처자즉
> 人이 少則慕父母하다가 知好色則慕少艾하고 有妻子則
> 모처자   사즉모군   부득어군즉열중   대효   종
> 慕妻子하고 仕則慕君하고 不得於君則熱中이니 大孝는 終
> 신모부모   오십이모자   여어대순   견지의
> 身慕父母하나니 五十而慕者를 予於大舜에 見之矣로라.

【解釋】 만장(萬章)이 물었다.

"순 임금은 밭에 나가서 하늘을 부르면서 소리내어 울었다. 왜 소리내어 울었습니까?"

맹자가 대답했다.

"원망하고 사모하여서이다."

만장이 말했다.

"부모가 사랑하면 기뻐하면서 잊지 말고, 부모가 미워하면 두려워하면서 원망하지 않는다고 했습니다. 그렇다면 순 임금은 부모를 원망하였겠습니까?"

맹자가 대답했다.

"장식(長息)이 공명고(公明高)에게 묻기를 '순 임금이 밭에 나가 밭갈이한 것은 나는 들어서 알고 있습니다만 하늘을 부르면서 소리쳐 울고 부모를 부른 데 대하여서는 나는 알 수 없습니다.'하니, 공명고가 말하기

를 '이것은 네가 알 바가 아니다.'고 하였다. 이것은 공명고가 효자의
마음은 이렇게 근심*(慭)이 없지 않다고 생각해서 한 것이다. '나는 힘
껏 밭을 갈아 자식으로서의 직책을 다할 뿐이다. 부모가 나를 사랑하
지 않는 것이 어찌 나에게 있으리오.' 하여서는 안 된다. 요 임금은 9
남 2녀의 자식들에게 하인과 소, 양, 곡물 창고까지 마련하여 순 임금
의 농가에서 섬기게 하니 천하의 선비가 그를 많이 따랐다. 요 임금
은 천하의 형편을 살펴서 순 임금에게 임금 자리를 옮겨주려고 하였다.
그러나 부모에게 불순하였기 때문에 마치 몸을 의지할 곳이 없는 곤궁
한 사람 같았다. 천하의 선비들이 기뻐하는 것은 사람이면 다 바라는
바이나, 이것이 그의 근심을 풀기에 부족하고, 색을 좋아하는 것은 사
람들이 다 원하는 바이나, 요 임금의 두 딸을 아내로 삼았으니 그것이
순 임금의 근심을 풀기에 부족하였다. 부유한 것은 사람들이 다 원하는
바이나 천하의 부를 가지고서도 순 임금의 근심을 덜기에는 부족하였으
며, 귀한 사람이 되는 것은 사람이면 다 바라는 바이나, 귀히 되기를
천자가 되었어도 순 임금의 근심을 풀기에 부족하였다. 남이 기뻐해 주
는 일이나 호색과 부귀도 순 임금의 근심을 풀기에 부족하고 오직 부
모가 기뻐해 주는 것만이 그의 근심을 풀어줄 수 있었다. 사람은 어려
서는 부모를 사모하고 색을 좋아하게 되는 나이가 되면 예쁜 여자 (小
艾)를 사모하고 처자를 가지게 되면 처자를 사모하며 벼슬을 하면 임
금을 사모하고 임금의 마음에 들지 못하면 초조해지도록 애쓴다. 종신
토록 부모를 사모하는 것이 대효(大孝)이다. 쉰 살이 되어도 여전히
부모를 사모하는 사람을 나는 위대한 순 임금에게서 보았다."

2. 남녀의 結合

萬章이 問曰, 詩云娶妻如之何오 必告父母라 하니 信斯

言也_댄 宜莫如舜_{이니} 舜之不告而娶_는 何也_{이꼬.} 孟子曰,
告則不得娶_{리니} 男女居室_은 人之大倫也_니 如告則廢人
之大倫_{하여} 以懟父母_라 是以不告也_{니라.}

萬章_이 曰, 舜之不告而娶 則吾既得聞命矣_{어니와} 帝之
妻舜而不告_는 何也_{이꼬.} 曰, 帝亦知告焉 則不得妻也_{니라.}

萬章_이 曰, 父母使舜_{으로} 完廩捐階_{하고} 瞽瞍焚廩_{하며}
使浚井_{하여} 出_{커늘} 從而揜之_{하고} 象_이 曰, 謨蓋都君_은 咸
我績_{이니} 牛羊父母_오 倉廩父母_오 干戈朕_{이오} 琴朕_{이오} 弤
朕_{이오} 二嫂_란 使治朕棲_{하리라} 하고 象_이 往入舜宮_{한대} 舜
_이 在牀琴_{이어늘} 象_이 曰, 鬱陶思君爾_라 하고 忸怩_{한대} 舜
_이 曰, 惟兹臣庶_를 汝其于予治_라 하니 不識_{게이다.} 舜_이
不知象之將殺己與_{이까.} 曰, 奚而不知也_{리오.} 象憂亦憂_하
고 象喜亦喜_{하니라.}

曰, 然則舜_은 僞喜者與_{이까.} 曰, 否_라 昔者_에 有饋生魚
於鄭子產_{이어늘} 子產_이 使校人_{으로} 畜之池_{한대} 校人_이 烹
之_{하고} 反命曰, 始舍之_{하니} 圉圉焉_{이러니} 少則洋洋焉_{하여}
攸然而逝_{하더이다.}

> 子產이 曰, 得其所哉인저, 得其所哉인저 하야늘 校人이
> 出 曰, 孰謂子產을 智오 予旣烹而食之하니 曰, 得其所
> 哉인저 得其所哉인저 하니 故로 君子는 可欺以其方이어니와 難
> 罔以非其道니 彼以愛兄之道로 來故로 誠信而喜之니 奚
> 僞焉이리오.

【解釋】 만장이 물었다.

"《시경》에 말하기를 '아내를 얻으려면 어떻게 하는가. 반드시 부모에게 알린다.'라고 했습니다. 이 말을 믿는다면 순 임금처럼 해서는 안 됩니다. 순 임금은 부모에게 알리지 않고 아내를 얻었습니다. 이건 어찌된 일입니까?"

맹자가 대답했다.

"부모에게 알리면 아내를 얻을 수 없기 때문이다. 남녀가 방에서 사는 것은 사람의 대륜(大倫)이다. 부모에게 알리면 인간의 대륜을 폐하게 되고 부모를 원망하게 되므로 알리지 않은 것이다."

만장이 말했다.

"순 임금이 부모에게 알리지 않고 아내를 얻은 것은 나도 듣고 알았습니다. 그런데 요 임금이 순 임금에게 딸을 보내면서 알리지 않은 것은 무엇때문입니까?"

"요 임금도 또한 그것을 알리면 순 임금이 아내를 얻지 못할 것을 알았기 때문이다."

만장이 말했다.

"순 임금의 부모는 순 임금에게 곡물 창고를 수리하도록 하고 사닥다리를 치우고 아버지인 고수(瞽瞍)가 창고에 불을 질렀습니다. 우물을 파게*(浚井)하고는 순 임금이 나오는데 흙으로 묻어 버렸다고 합니다. 상(象)은 '순 임금*(都君)을 모략을 써서 묻어 버리기로 한 것은 내 공

적이다. 소와 양, 곡물 창고는 부모에게 주고 창과 방패는 내가 가지자. 금(琴)과 활도 내가 가지며, 두 형수는 내 잠자리를 돌보게 한다.'고 말하고 순 임금의 집에 가보니 순 임금은 평상에서 금을 켜고 있었다. 상은 말하기를 '형님을 추모하는 생각이 간절*(鬱陶)하여 왔습니다.' 하며 부끄러워*(忸怩)하자, 순 임금이 말하기를 '이 하인들을 나 대신 부려라.' 하였다니 알지 못하겠습니다. 순 임금은 상이 자기를 죽이려 한 것을 몰랐다는 것입니까?"

"왜 몰랐겠나. 상이 근심하면 그도 또한 근심하고 상이 기뻐하면 그도 역시 기뻐한 것이다."

"그렇다면 순 임금은 거짓으로 기뻐한 것입니까?"

"아니다. 옛날에 정자산(鄭子産)에게 산 물고기를 보낸 사람이 있었다. 자산은 교인(校人)을 시켜 연못에 넣어 기르라고 하였는데 교인은 이것을 삶아먹고 돌아와 이렇게 복명하였다. '처음에는 잘 움직이지 못하더니 조금 있다가 힘을 차려서 물 속으로 들어가 버렸습니다.' 자산이 말하기를 '제 곳으로 갔구나.' 하였다. 교인이 나와서 말하기를 '누가 자산을 지혜롭다고 말하는가. 내가 물고기를 삶아 먹었는데도 말하기를 제 곳으로 갔구나, 제 곳으로 갔어 하니 말이야.' 하였다 한다. 그런 까닭에 군자를 속이는 데는 이런 방법으로는 가능하겠지만 도리에 어긋나는 말을 가지고 속일 수 없다. 상은 형을 사랑한다는 도리로써 찾아온 까닭에 순 임금도 진심으로 기뻐한 것이지 거짓으로 기뻐했겠느냐?"

3. 仁과 不仁

萬章이 問曰, 象이 日以殺舜爲事어늘 立爲天子則放之

는 何也이꼬 孟子曰, 封之也어늘 或曰, 放焉이라 하니라.

萬章이 曰, 舜이 流共工于幽州하고 放驩兜于崇山하고

殺三苗于三危하고 殛鯀于羽山하여 四罪한대 而天下咸服

은 誅不仁也니 象이 至不仁이어늘 封之有庳하니 有庳之人

은 奚罪焉고 仁人도 固如是乎이까. 在他人則誅之하고 在

弟則封之온여. 曰, 仁人之於弟也에 不藏怒焉하며 不宿怨

焉이오 親愛之而已矣니 親之란 欲其貴也오 愛之란 欲其富

也니 封之有庳는 富貴之也니 身爲天子오 弟爲匹夫면 可

謂親愛之乎아.

敢問或曰, 放者는 何謂也이꼬. 曰, 象이 不得有爲於

其國하고 天子使吏로 治其國而納其貢稅焉하니 故로 謂之

放이니 豈得暴彼民哉리오 雖然이나 欲常常而見之故로 源

源而來하니 不及貢하여 以政接于有庳라 하니 此之謂也니라.

【解釋】 만장이 물었다.

"상은 날마다 순을 죽이려는 일만을 일삼은 사람인데 순 임금은 천자가 되어 상을 다만 쫓아내기만 하였으니 어찌된 일입니까?"

맹자가 대답했다.

"어떤 사람은 그를 내쫓았다고 하지만 봉(封)해 주었소."

만장이 말했다.

"순 임금은 공공(共工)을 유주(幽州)로 보내고, 환도(驩兜)를 숭산(崇山)으로 내쫓았으며, 삼묘(三苗)를 삼위(三危)에서 죽였으며, 곤(鯀)을 우산(羽山)에서 책형에 처했습니다. 이 네 가지를 벌주어서 천하가 다 복종했다고 합니다. 어질지 못한 사람을 처벌했기 때문입니다. 상(象)은 어질지 못한 사람인데 유비(有庳)라는 땅에 봉했다고 하니, 유비의 백성들이 무슨 죄가 있습니까. 어진 사람은 이러합니까. 다른 사람이라면 죽였을 것을 동생이라 하여 봉하였습니다."

"어진 사람의 동생에 대한 태도는 노여움을 감추지도 않고 원한을 품지도 않는다. 친애할 뿐이다. 친밀하게 구는 것은 그가 귀히 되기를 바라서이고 사랑하는 것은 그가 부유해지기를 바라서이다. 유비의 영주로 봉한 것은 부귀롭게 해 주기 위해서이다. 천자의 몸으로 동생이 필부라면 친애라고 할 수 있겠는가."

"감히 묻건대 어떤 사람은 그를 쫓아냈다고 하는데 이것은 무엇을 일컬음입니까?"

"상은 그 나라를 다스릴 만하지 못하기 때문에 천자가 관리를 보내어 그 나라를 다스리게 하고 세금을 바치게 하였다. 이런 까닭에 쫓아냈다고 하는 것이다. 어찌 그 나라 백성들을 횡포하게 다루도록 하겠는가. 비록 그렇기는 하지만 그를 늘 만나보고 싶은 까닭에 늘 물이 끊이지 않듯이*(源源以來) 찾아오게 하였다. '조공을 드릴 때도 아닌데 정무를 평계삼아 유비의 군주를 만나보았다.'는 것이 이것을 일컬음이다."

4. 아버지도 자식으로 할 수 없다

咸丘蒙이 問曰, 語에 云盛德之士는 君不得而臣하며 父不得而子라 舜이 南面而立이어늘 堯帥諸侯하여 北面而朝

之하고 瞽瞍亦北面而朝之어늘 舜이見瞽瞍하고 其容이
有蹙이라 하야늘 孔子曰, 於斯時也에 天下殆哉岌岌乎저
하시니 不識게이다 此語誠然乎哉이까. 孟子曰, 否라. 此非
君子之言이라. 齊東野人之語也라. 堯老而舜이攝也러니
堯典에曰, 二十有八載에放勳이乃徂落커늘 百姓은如喪
考妣三年하고 四海는遏密八音이라하며 孔子曰, 天無二
日이오 民無二王이라 하시니 舜이 旣爲天子矣오 又帥天下
諸侯하여 以爲堯三年喪이면 是는二天子矣니라.
咸丘蒙이曰, 舜之不臣堯則吾旣得聞命矣어니와 詩
云, 普天之下 莫非王土며 率土之濱이 莫非王臣이라 하니
而舜이 旣爲天子矣니 敢問瞽瞍之非臣은 如何이꼬. 曰, 是
詩也는 非是之謂也라 勞於王事而不得養父母也하여曰,
此莫非王事어늘 我獨賢勞也라 하니 故로 説詩者 不以文
害辭하며 下以辭害志오 以意逆志라야 是爲得之니 如以辭
而已矣인댄 雲漢之詩에 曰, 周餘黎民이 靡有孑遺라 하니
信斯言也인댄 是는周無遺民也니라.
孝子之至는莫大乎尊親이오 尊親之至는莫大乎以天下

養이니 爲天子父하니 尊之至也오 以天下養하니 養之至也
라. 詩에 曰, 永言孝思라 孝思維則이라 하니 此之謂也니라.
書에 曰, 祇載見瞽瞍하되 夔夔齊栗한대 瞽瞍 亦允若
이라 하니 是爲父不得而子也니라.

【解釋】 함구몽(咸丘蒙)이 물었다.
"전해 오는 말에 '덕이 높은 선비는 임금도 신하로 할 수 없으며 아버지도 자식으로 할 수 없다. 순 임금이 남면(南面)에 서자 요 임금도 제후들을 거느리고 북면(北面)에서 신하로서의 예를 갖췄고 고수(瞽瞍) 또한 북면에서 예를 갖췄다. 순 임금이 고수를 보자 그 얼굴에 불안한 기색이 떠돌았다. 공자께서 '세상이 위태로웠다. 위태위태하여*(岌岌) 천하가 편안치 않았다.'고 했습니다. 알지 못하지만 이 말이 정말입니까?"

맹자가 대답했다.
"아니다. 이것은 군자의 말이 아니라 제나라 동쪽 들녘 백성들의 말이다. 요 임금이 늙어서 순 임금이 섭정한 것이다.
요전(堯典)에도 '순 임금이 섭정한 지 28년째 되던 해에 요 임금이 마침내 세상을 떠나셨다. 백성들은 부모의 상*(考妣)을 당한 듯 3년 동안 사해에 팔음(八音)소리가 끊겼다.'라고 씌어 있고 공자께서도 일컫기를 '하늘에는 해가 둘이 있을 수 없듯 백성들에게는 두 임금이 있을 수 없다.'고 하였다. 순 임금이 이미 천자가 되었는데 또 천하의 제후들을 거느리고 요 임금의 3년상을 치른다면 이것은 천자가 둘인 셈이 된다."

함구몽이 말했다.
"순 임금이 요 임금을 신하로 취급치 않은 것은 나도 들어 알고 있습니다.

《시경》에 읊기를
  천하가 다 왕의 땅이며
  땅의 끝 어디서나
  왕의 신하가 아닌 자 없다.
하였습니다. 이미 순 임금은 천자가 되었는데 아버지인 고수가 신하가 아니라는 것은 어떻게 된 것입니까. 감히 물어보는 바입니다."
 "이 시는 그러한 것을 일컬은 것이 아니다. 나라 일에 시달려서 부모를 봉양할 수 없는 것을 말한 것이다. '이것이 다 나라 일 아닌 것이 하나도 없는데 나만 유독 시달려야 하나.'고 한 것이다. 이런 까닭에 시를 말하는 사람은 문자에 얽매여 시구의 뜻을 그르쳐서도 안 되고 시구에 얽매여 시인이 말하려는 뜻을 거슬러서도 안 된다. 이렇게 되어야 시의 참뜻을 얻을 수 있는 것이다.
 시구에 대하여 얽매이게 된다면 운한(雲漢)의 시에
  얼마 남지 않은 주나라의 백성들도
  살아남은 자 한 사람도 없다.
라고 하였으니 이 말을 믿는다면 이것은 주나라에 남은 백성이 하나도 없는 것이 된다.
 효자의 지극한 것으로는 어버이를 존경하는 것보다 더 큰 것이 없고, 어버이를 존경하는 것이 지극함은 천하를 가지고 봉양하는 것보다 더 지극한 것이 없다.
 《시경》에 일컫기를
  영원히 효도하도다.
  효야말로 곧 이 세상의 대법이다.
라고 하였다. 이것을 말한 것이다.
 《서경》에도
  '일을 삼가고 조심하여 고수를 만났는데 조심스레 두려워했다. 고수도 진심으로 순을 따르도다.'라고 되어 있다.
 이것이 아버지라도 그 아들을 자식으로 할 수 없다는 것이다."

5. 天下는 天子의 것이 아니다

萬章이 曰, 堯以天下與舜이라 하니 有諸이까. 孟子曰,
否라. 天子 不能以天下與人이니라.
然則舜有天下也는 孰與之이꼬. 曰, 天이 與之니라.
天이 與之者는 諄諄然命之乎이까.
曰, 否라. 天이 不言이라 以行與事로 示之而已矣니라.
曰, 以行與事로 示之者는 如之何이까. 曰, 天子 能薦
人於天이언정 不能使天으로 與之天下며 諸侯能薦人於天
子언정 不能使天子로 與之諸侯며 大夫 能薦人於諸侯언
정 不能使諸侯로 與之大夫니 昔者에 堯 薦舜於天而天이
受之하고 暴之於民而民이 受之하니 故로 曰, 天이 不言이
라 以行與事로 示之而已矣라 하노라.
曰, 敢問薦之於天而天이 受之하고 暴之於民而民이 受
之는 如何이꼬. 曰, 使之主祭而百神이 享之하니 是는 天이

受之요 使之主事而事治하여 百姓이 安之하니 是는 民이 受
之也라 天이 與之하며 人이 與之故로 曰, 天子 不能以天
下與人이라 하노라. 舜이 相堯二十有八載하니 非人之所能
爲也라 天也라. 堯 崩커늘 三年之喪을 畢하고 舜이 避堯之
子於南河之南이어늘 天下諸侯朝覲者 不之堯之子而之舜
하며 訟獄者 不之堯之子而之舜하며 謳歌者 不謳歌堯之
子而謳歌舜하니 故로 曰, 天也라 夫然後에 之中國하여 踐
天子位焉하니 而居堯之宮하여 逼堯之子면 是는 簒也라 非
天與也니라.
泰誓에 曰, 天視 自我民視며 天聽은 自我民聽이라 하니
此之謂也니라.

【解釋】 만장이 말했다.

"요 임금이 순에게 천하를 주었는데 그것이 사실입니까?"

맹자가 말했다.

"아니다. 천자가 자기 마음대로 천하를 남에게 줄 수 없는 것이다."

"그렇다면 순 임금이 천하를 얻은 것은 누가 준 것입니까?"

"하늘이 준 것이다."

"하늘이 이래라저래라 명령을 내린 것입니까?"

"아니다. 하늘은 말을 하지 않는다. 그 사람의 행동과 사실을 가지고 보여줄 뿐이다."

"행동과 사실로서 보여 주는 것이 어떤 것입니까?"

"천자는 하늘에 사람을 추천할 수는 있지만 천하를 주도록 이를 강요하지는 못한다. 제후는 천자에 대해 사람을 추천할 수는 있지만 천자에게 제후를 주라고 강요하지는 못한다. 대신은 제후에 대해 사람을 추천할 수는 있지만, 제후에게 대신을 주게 할 수는 없다.
 옛날 요 임금은 하늘에 대해 순 임금을 천거했다. 하늘은 그를 받아들인 다음 백성들에게 이를 알리자 백성들도 그를 받아들였다. 그런 까닭에 '하늘은 말을 하지 않고, 행동과 사실에 의해 보여준다.'고 한 것은 이를 말한 것이다."
"감히 묻건대 하늘에 천거하였더니 하늘이 받아들인 다음 그를 백성들 앞에 내놓으니 백성들이 받아들였다는 것은 무엇입니까?"
"천거한 사람으로 하여금 제사를 지내게 하면 모든 신들이 그 제사를 기꺼이 받는다. 이것은 하늘이 그를 받아들인 것이다. 또 정치를 맡겨 주관케 했는데 나라 일이 잘 다스려져, 백성들이 마음 편히 살게 되면, 이것은 백성이 받아들인 것이 된다. 천하는 하늘이 주고 백성이 주는 것이다. 그러므로 일컫기를 '천자가 주는 사람에게 천하를 줄 수 없다.'는 것이다.
 순 임금은 요 임금을 도와 28년 동안이나 섭정하였으나 이것은 사람이 해낼 수 있는 일이 아니고 하늘의 뜻이다. 요 임금이 죽고 3년상이 끝났을 때, 순 임금은 요 임금의 아들을 피해 남하의 남쪽으로 갔다. 그러나 조회하러 오는 천하의 제후들은 요 임금 아들에게는 가지 않고, 순 임금 있는 곳으로 갔다. 소송을 하는 사람들도 요 임금의 아들에게로 가지 않고 순 임금에게로 갔다. 찬양의 노래를 부르는 사람들도 요 임금 아들을 찬양하지 않고 순 임금을 찬양했다.
 이런 까닭에 일컫기를 '하늘의 뜻이다.'라고 한다. 이런 연후에 중국으로 돌아와 천자의 자리에 앉은 것이다. 만일 순 임금이 처음부터 요 임금의 궁궐을 차지하고 앉아 요 임금의 아들을 핍박했다고 한다면, 이것은 빼앗은 것이지 하늘이 준 것은 아니다.
 《서경》『태서편(泰誓篇)』에 〈하늘이 보는 것은 우리 백성을 통해서 보고, 하늘이 듣는 것은 우리 백성을 통해서 듣는다.〉고 한 것은 이것을 일컫는 것이다."

6. 世襲도 天意

萬章이 問曰, 人이 有言하되 至於禹而德衰하여 不傳於賢而傳於子라 하니 有諸이까. 孟子曰, 否라. 不然也라. 天이 與賢則與賢하고 天이 與子則與子니라. 昔者에 舜이 薦禹於天十有七年에 舜이 崩커늘 三年之喪을 畢하고 禹避舜之子於陽城이러니 天下之民이 從之를 若堯崩之後에 不從堯之子而從舜也하니라. 禹薦益於天七年에 禹崩커늘 三年之喪을 畢하고 益이 避禹之子於箕山之陰이러니 朝覲訟獄者 不之益而之啓曰, 吾君之子也라 하며 謳歌者 不謳歌益而謳歌啓曰, 吾君之子也라 하니라.

丹朱之不肖에 舜之子亦不肖하며 舜之相堯와 禹之相舜也는 歷年이 多하여 施澤於民이 久하고 啓는 賢하여 能敬承繼禹之道하며 益之相禹也는 歷年이 少하여 施澤於民이 未久하니 舜禹益相去久遠과 其子之賢不肖 皆天也라 非人

之所能爲也니 莫之爲而爲者는 天也오 莫之致而至者는 命也니라.

匹夫而有天下者는 德必若舜禹而又有天子 薦之者니 故로 仲尼不有天下하시니라.

繼世以有天下에 天之所廢는 必若桀紂者也니 故로 益伊尹周公이 不有天下하니라.

伊尹이 相湯하여 以王於天下러니 湯이 崩커늘 太丁은 未立하고 外丙은 二年이오 仲壬은 四年이러니 太甲이 顚覆湯之典刑이어늘 伊尹이 放之於桐三年한대 太甲이 悔過하여 自怨自艾하여 於桐에 處仁遷義三年하여 以聽伊尹之訓己也하여 復歸于亳하니라.

周公之不有天下는 猶益之於夏와 伊尹之於殷也니라.

孔子曰, 唐虞는 禪하고 夏后殷周는 繼하니 其義一也라

하시니라.

【解釋】 만장이 물었다.

"사람들이 말하기를 우 임금 대에 덕이 쇠퇴하여 천자의 자리를 현명한 사람에게 전하지 않고 그 아들에게 전하였다는 것이 사실입니까?"

맹자가 말했다.

"아니다. 그렇지 않다. 하늘이 현명한 사람에게 주고자 하면 현명한 사람에게 주고 하늘이 자식에게 주고자 하면 자식에게 주는 것이다. 옛날에 순 임금은 우 임금을 하늘에 천거하기를 17년 동안이나 했다. 순 임금이 돌아가시자 3년상을 끝내고 우 임금은 순 임금의 아들을 피하여 양성(陽城)에 갔는데 온 천하의 백성들이 따라갔다. 이것은 요 임금이 돌아가신 뒤 요 임금의 아들을 따르지 않고 순 임금을 따른 것과 같다. 우 임금이 익(益)을 하늘에 천거한 지 7년, 우 임금이 돌아가시자 3년상을 끝내고 익은 우 임금의 아들을 피하여 기산(箕山) 북쪽으로 갔다. 조정에 나와 뵙거나 소송 사건이 있는 자들이 익에게로 가지 않고 계(啓)에게 가서 말하기를 '우리 임금의 아들이다.' 하며, 노래를 부르는 자들도 익을 노래하지 않고 계를 노래하여 '우리 임금의 아들이시다.'라고 했다. 요 임금의 아들 단주(丹朱)도 불초했지만 순 임금 아들 역시 불초하였다. 순 임금이 요 임금을, 우 임금이 순 임금을 보좌한 햇수도 길어서 백성들이 그 혜택을 받은 것도 오래다. 계는 현명하고 공경할 줄 알아서 우 임금의 도를 계승할 수 있었다. 익이 우 임금을 보좌한 햇수는 짧아서 백성들이 혜택을 입은 것도 짧다. 순 임금과 우 임금, 익이 임금을 보좌한 햇수의 오래고 짧음과 그 아들들이 현명하거나 불초한 것은 다 하늘의 일이다. 사람의 힘으로써는 어쩔 수 없는 것이다. 하려고 하지 않아도 그렇게 되는 것이 천(天)이요, 불러들이지 않아도 저절로 찾아오는 것이 명(命)이다. 필부로서 천하의 왕자가 되려면 덕이 반드시 순 임금이나 우 임금처럼 있어야 되며 또한 천자가 그를 추천하여야 한다. 그런 까닭에 중니(仲尼)는 천하를 차지하지 못하였다. 대대로 천하를 이어오다가 하늘의 버림을 받는 자는 걸(桀)・주(紂)와 같은 사람이다. 이런 까닭에 익(益), 이윤(伊尹), 주공(周公)은 천하를 차지하지 못하였다. 이윤은 탕(湯)왕을 보좌하여 천하의 왕이 되었다. 탕왕이 돌아가시자, 태정(太丁)이 왕위에 오르기 전에 죽었고, 외병(外丙)은 2년, 중임은 4년 만에 죽었다.
　태갑(太甲)은 탕왕의 제도와 규범을 전복하였다. 이윤이 태갑을 동(桐)으로 추방한 지 3년, 태갑은 잘못을 뉘우치고 스스로 원망하고 스스로 수양하여 동에서 인의를 행한 지 3년, 이윤의 훈계를 잘 들었으므로 박(毫)으로 돌아오게 되었다.
 주공이 천하를 다스리지 못한 것도 익의 하나라에서의 경우, 이윤의 은나라에서의 경우와 같았다.
 공자가 말하기를 '요 임금과 순 임금*(唐虞)은 선양(禪讓)하였고, 하후(夏后), 은, 주는 아들이 계승하였지만 천명(天命)을 따른다는 점에서는 그 뜻이 같았다.'고 하였다."

7. 목적과 방법

萬章이 問曰, 人이 有言하되 伊尹이 以割烹要湯이라 하니 有諸이까.

孟子曰, 否라. 不然하니라. 伊尹이 耕於有莘之野而樂堯舜之道焉하여 非其義也며 非其道也어든 祿之以天下라도 弗顧也하며 繫馬千駟라도 弗視也하고 非其義也며 非其道也어든 一介를 不以與人하며 一介를 不以取諸人하니라.

湯이 使人以幣聘之한대 囂囂然曰, 我何以湯之聘幣爲哉리오 我豈若處畎畝之中하여 由是以樂堯舜之道哉리오.

湯이 三使往聘之한대 旣而오 幡然改曰, 與我處畎畝之中하여 由是以樂堯舜之道로는 吾豈若使是君으로 爲堯

舜之君哉며 吾豈若使是民으로 爲堯舜之民哉며 吾豈若於
吾身에 親見之哉리오.
天之生此民也는 使先知로 覺後知하며 使先覺으로 覺後
覺也시니 予는 天民之先覺者也로니 予將以斯道로 覺斯民
也니 非予 覺之오 而誰也리오.
思天下之民이 匹夫匹婦 有不被堯舜之澤者어든 若己
推而内之溝中하니 其自任以天下之重이 如此라 故로 就湯
而說之하야 以伐夏救民하니라.
吾 未聞枉己而正人者也로니 況辱己以正天下者乎아
聖人之行이 不同也라 或遠或近하며 或去或不去나 歸는 潔
其身而已矣니라.
吾는 聞其以堯舜之道로 要湯이오 未聞以割烹也케라.
伊訓에 曰, 天誅造攻을 自牧宮은 朕載自亳이라 하니라.

【解釋】 만장이 물었다.
"사람들이 말하기를 이윤(伊尹)은 요리하는 방법으로써 탕왕에게 써 주기를 바랐다고 하는데 사실입니까?"
맹자가 대답했다.
"아니다. 그렇지 않다. 이윤은 유신(有莘)이라는 땅에서 밭갈이를 하며 요순의 도를 즐기고 있었다. 의롭지 않고 도가 아니면 천하를 녹

(祿)으로 그에게 주어도 돌아다보지 않았다. 말 4천 필을 매어놓고 있다고 하여도 넘보지 않았다. 의롭지 않고 도에 어긋나면 하찮은 물건 하나라도 사람에게 주거나 받지 않았다. 탕왕이 사람을 시켜 폐백을 보내어 그를 초빙하였으나 거리낌없이*(囂囂) 말하기를 '내가 어찌 탕왕의 폐백을 받고 초빙되어 갈 수가 있겠느냐. 내가 밭 가운데 살며 요순의 도를 즐기는 편이 오히려 낫다.'고 하였다. 탕왕은 세 번이나 사람을 보내어 초빙하였다. 그제야 생각을 바꾸어 말하기를 '내가 밭 가운데 있으며 요순의 도를 즐기는 것이 어찌 탕왕을 요 임금이나 순 임금으로 만드는 것 같기야 하겠는가. 이 백성들을 요순의 백성들과 같이 만드는 것 같기야 하겠는가. 그것을 내 자신이 직접 보는 것과 같기야 하겠는가. 하늘이 이 세상에 백성들을 낳게 만드실 때 먼저 아는 사람을 시켜서 후에 아는 사람을 깨닫게 하고, 먼저 깨달은 사람을 시켜서 후에 깨닫는 사람을 일깨우게 했다. 나는 하늘이 낳은 백성들의 선각자다. 나는 장차 이 도를 가지고 백성들을 일깨우겠다. 그 같은 일은 내가 아니면 누가 하겠는가.'고 하였다.

 그는 천하의 백성 중에 필부(匹夫)와 필부(匹婦)라 할지라도 요순과 같은 혜택을 입지 못한 사람이 있으면 구렁 속에 자기를 밀어넣은 것처럼 생각하였다. 그는 천하의 중임을 스스로 맡고 나선 것이 이와 같았다. 이런 까닭에 탕왕에게로 가서 하나라의 백성들을 구할 것을 설득하였던 것이다. 나는 자신을 굽히고 들어가서 남을 바로잡았다는 말을 들은 적이 없다. 장차 자기를 욕되게 하고서 천하를 바로잡을 수 있겠는가. 성인의 행동은 항상 같은 것이 아니다. 혹은 멀리 있기도 하고 가까이 있기도 하며, 어떤 때는 물러나기도 하고 물러나지 않기도 한다. 어떤 경우이든 자기의 몸만은 깨끗하게 할 뿐이다. 내가 듣기로는 이윤이 요순의 도로써 탕왕에게 벼슬한 것은 알지만 요리하는 방법으로써 써주기를 바랐다는 것은 들은 일이 없다.

 《서경》이훈(伊訓)에 '하늘의 무찌름은 목궁(牧宮 ─ 걸의 궁전)을 치는 데서 시작했으나 나는 박(亳)에 와 있을 때부터 시작했다.'고 하였다.

8. 누구 손님이 되는가 보라

萬章이 問曰, 或이 謂孔子 於衛에 主癰疽하시고 於齊에 主侍人瘠環이라 하니 有諸乎이까. 孟子曰, 否라. 不然也라. 好事者 爲之也니라.

於衛에 主顔讐由러시니 彌子之妻 與子路之妻로 兄弟也라. 彌子 謂子路曰, 孔子 主我하시면 衛卿을 可得也라 하야늘 子路 以告한대 孔子曰, 有命이라 하시니 孔子 進以禮하시며 退以義하사 得之不得에 曰, 有命이라 하시니 而主癰疽與侍人瘠環이시면 是는 無義無命也니라.

孔子 不悅於魯衛하사 遭宋桓司馬 將要而殺之하여 微服而過宋하시니 是時에 孔子 當阨하시되 主司城貞子 爲陳侯周臣하시니라.

吾聞觀近臣하되 以其所爲主오 觀遠臣하되 以其所主라 하니 若孔子 主癰疽與侍人瘠環이시면 何以爲孔子리오.

【解釋】 만장이 물었다.

"혹은 일컫기를 공자는 위(衛)나라에 있을 때 옹저(癰疽)의 집에서 머무르시고, 제나라에서는 시인(侍人) 척환(瘠環)의 집에 있었다는데 사실입니까?"

맹자가 대답했다.

"아니다. 그렇지 않다. 헐뜯기를 좋아하는 사람들이 만들어낸 말이다. 위나라에서는 안수유(顔讎由) 집에 있었다. 미자(彌子)의 처는 자로(子路)의 처와 형제 사이이다. 미자가 자로에게 말하기를 '공자께서 우리 집에 있으면 위나라 대신을 시켜줄 수 있다.'고 하였다. 자로가 이 말을 공자에게 하였다. 공자가 말하기를 '모든 것은 천명에 있다.'고 하였다. 공자는 진퇴를 예의(禮義)에 따라 행했고, 벼슬을 얻고 못 얻음도 천명에 있다고 말하였다. 옹저나 척환의 집에 있었다면 의로움도 없고 천명도 없는 일이다. 공자께서는 노나라와 위나라에 있을 때 환영을 받지 못하였다. 송나라에서는 환사마(桓司馬)가 죽이려 하는 일을 당해서 평민의 복장으로 송나라를 지나갔다. 그 때 공자가 횡액을 당하셨어도 진후주(陳侯周)의 신하인 사성정자(司城貞子)의 집에 있었다. 내가 듣기로는 가까운 신하를 살펴보려면 그 집에 손님으로 온 사람들로써 하고 먼 신하를 살펴보는 것도 그 집에 손님으로 있는 사람으로 한다. 만일 공자께서 옹저나 척환의 집에 있었다면 무엇을 가지고 공자라 할 수 있는가.'"

9. 賢者 百里奚

萬章이 問曰, 或曰百里奚 自鬻於秦養牲者하여 五羊

之皮로 食牛하여 以要秦穆公이라 하니 信乎이까. 孟子曰,
否라. 不然하니라. 好事者 爲之也니라.
百里奚는 虞人也니 晉人이 以垂棘之璧과 與屈産之乘으
로 假道於虞하여 以伐虢이어늘 宮之奇는 諫하고 百里奚는
不諫하니라.
知虞公之不可諫而去之秦하니 年已七十矣라 曾不知以
食牛로 干秦穆公之爲汚也면 可謂智乎아. 不可諫而不諫
하니 可謂不智乎아. 知虞公之將亡而先去之하니 不可謂
不智也니라. 時擧於秦하여 知穆公之可與有行也而相之하
니 可謂不智乎아. 相秦而顯其君於天下하여 可傳於後世
하니 不賢而能之乎아 自鬻以成其君을 鄕黨自好者도 不爲
온 而謂賢者 爲之乎아.

【解釋】 만장이 물었다.

"어떤 사람은 말하기를 '백리해(百里奚)는 진나라의 제사 때 쓰는 가축을 기르는 사람에게 스스로를 팔아서*(自鬻) 다섯 장의 양의 가죽으로 소 먹이는 사람이 되어서 진 목공(秦穆公)에게 벼슬을 요구했다는 것이 사실입니까?"

맹자가 대답했다.

"아니다. 그렇지 않다. 헐뜯기를 좋아하는 사람들이 꾸며낸 말이다.

백리해는 우(虞)나라 사람이다. 진(晉)나라 사람들이 수극(垂棘)에서 나는 구슬과 굴(屈)에서 나는 좋은 말을 보내어 우나라에 길을 빌려 괵(虢)을 치려고 하였다. 궁지기(宮之奇)는 간하였고 백리해는 간하지 않았다. 우공(虞公)에게 간할 수 없음을 알고 진나라로 갔는데 이미 70세였다. 소먹이는 사람이 되어서 진목공에게 벼슬을 요구하는 것이 부끄러운(汙) 행동인 것을 몰랐다면 가히 일컬어 지혜로운 사람이라고 할 수 있겠는가. 간할 수 없음을 알고 간하지 않았는데 이것을 지혜롭지 못하다고 할 수 있겠는가. 우공이 장차 말하려는 것을 알고 먼저 떠난 것을 지혜롭지 않다고는 할 수 없다. 그 때 진나라에서 등용하여 목공이 함께 일할 만함을 알고 그를 도왔으니 지혜롭지 않다고 할 수 있겠는가. 진나라를 도와서 그 임금이 천하에 이름을 떨쳐 후세에까지 전해지도록 하였으니 현명한 사람이 아니고 능히 해낼 수 있었겠는가. 스스로를 팔아서 그 임금을 성공시킨 일은 시골에서 스스로 명성을 좋아하는 사람도 하지 않는 일인데 백리해 같은 현명한 사람이 그런 일을 하였다고 말하겠는가."

[註釋] *恝 근심이 없음.
 *少艾 예쁜 여자.
 *浚井 우물을 파는 것.
 *都君 순 임금을 말함. 도성의 임금.
 *鬱陶 추모하는 마음이 간절할 때 쓰는 형용사.
 *忸怩 부끄러워함.
 *源源而來 물이 끊이지 않듯이 찾

아오는 것.
 *岌岌 위태위태함.
 *考妣 죽은 부모를 일컫는 말.
 *唐虞 堯舜을 말함.
 *囂囂 거리낌없이 말하는 것.
 *自鬻 스스로 판다는 뜻.
 *汙 부끄러운 행동.

萬章章句 下

1. 集大成

<small>맹자왈 백이 목불시악색 이불청악성 비기</small>
孟子曰, 伯夷는 目不視惡色하며 耳不聽惡聲하고 非其
<small>군불사 비기민불사 치즉진 난즉퇴 횡정</small>
君不事하며 非其民不使하여 治則進하고 亂則退하여 橫政
<small>지소출 횡민지소지 불인거야 사여향인처 여</small>
之所出과 橫民之所止에 不忍居也하며 思與鄕人處하되 如
<small>이조의조관 좌어도탄야 당주지시 거북해지</small>
以朝衣朝冠으로 坐於塗炭也러니 當紂之時하여 居北海之
<small>빈 이대천하지청야 고 문백이지풍자 완부</small>
濱하여 以待天下之淸也하니 故로 聞伯夷之風者는 頑夫
<small>염 나부 유립지</small>
廉하며 懦夫 有立志하니라.
<small>이윤 왈 하사비군 하사비민 치역진</small>
伊尹이 曰, 何事非君이며 何使非民이리오 하여 治亦進
<small>난역진 왈 천지생사민야 사선지 각후지</small>
하며 亂亦進하여 曰, 天之生斯民也는 使先知로 覺後知하
<small>사선각 각후각 여 천민지선각자야 여</small>
며 使先覺으로 覺後覺이시니 予는 天民之先覺者也로니 予
<small>장이차도 각차민야 사천하지민 필부필부유불</small>
將以此道로 覺此民也라 하며 思天下之民이 匹夫匹婦有不
<small>여피요순지택자 약기 퇴이납지구중 기자임이</small>
與被堯舜之澤者어든 若己 推而内之溝中하니 其自任以
<small>천하지중야</small>
天下之重也니라.

柳下惠는 不羞汙君하며 不辭小官하며 進不隱賢하여 必
以其道하며 遺佚而不怨하며 阨窮而不憫하며 與鄉人處하
되 由由然不忍去也하여 爾爲爾오 我爲我니 雖袒裼裸裎
於我側인들 爾焉能浼我哉리오 하니 故로 聞柳下惠之風者
는 鄙夫寬하며 薄夫敦하나라.
孔子之去齊에 接淅而行하시고 去魯에 曰, 遲遲라 吾行
也여 하시니 去父母國之道也라. 可以速而速하며 可以久而
久하며 可以處而處하며 可以仕而仕는 孔子也시니라.
孟子曰, 伯夷는 聖之淸者也오 伊尹은 聖之任者也오 柳
下惠는 聖之和者也오 孔子는 聖之時者也시니라.
孔子之謂集大成이시니 集大成也者는 金聲而玉振之也
라. 金聲也者는 始條理也오 玉振之也者는 終條理也니 始
條理者는 智之事也오 終條理者는 聖之事也니라. 智를 譬
則巧也오 聖을 譬則力也니 由射於百步之外也하니 其至는
爾力也어니와 其中은 非爾力也니라.

【解釋】 맹자가 말했다.
"백이(伯夷)는 행실이 좋지 않은 것은 보지 않았고 나쁜 소리는 귀로 듣지 않았다. 훌륭한 임금이 아니면 섬기지 않았고 당연히 다스려야 할 백성이 아니면 다스리지 않았다. 다스려지면 나아갔고 더러운 사람이면 숨어서 살았다. 못된 정치가 판을 치고, 못된 인간들이 활개치는 곳에서는 참고 살 수가 없었던 것이다. 그는 예를 모르는 시골 사람들과 같이 사는 것을 마치 조복(朝服)과 조관(朝冠)을 쓰고 흙 구덩이에 앉아 있는 것처럼 생각했다. 주왕(紂王) 때에는 멀리 북쪽 바닷가에 가 살면서 세상이 깨끗해지는 것을 기다리고 있었던 것이다. 이같은 백이의 기풍을 들은 사람들은 우둔한 사람이라도 청렴하게 되고 의지가 약한 사람들도 뜻을 세울 수 있었다. 이윤(伊尹)은 말하기를

'어떤 임금을 섬기든 임금이다. 어떤 백성을 다스리든 내 백성이다.'

라고 말하며, 다스려지는 세상이든 어지러운 세상이든 나아갔다.

또 말하기를

'하늘이 이 세상에 사람을 만들어냈을 때, 먼저 안 사람은 후에 안 사람을 깨우쳐 주도록 했으며, 먼저 깨달은 사람은 후에 깨달은 사람을 깨우쳐 주게 했다. 나는 하늘이 낸 선각자이다. 그러므로 나는 요순의 도에 의해 백성들을 깨우쳐 주려고 한다.'

이윤은 온 천하의 백성들 중에 필부(匹夫) 필부(匹夫)인 사람이라도 요순 시대와 같은 은택을 입지 못한 사람이 있으면, 자기가 그 사람을 도랑에 밀어넣은 것처럼 느꼈다. 천하의 중임을 스스로 맡고 나선 때문이다. 유하혜(柳下惠)는 더러운 임금을 섬기는 것을 부끄럽게 생각지 않았고, 조그마한 벼슬이라도 사양하지 않았다. 벼슬길로 나아가서는 자기의 현명함을 감추지 않았고, 반드시 정당한 방법으로 일하였다. 벼슬에서 쫓겨나도 원망하지 않고, 곤궁하여져도 고민하지 않았으며, 시골 사람과 더불어 살았어도 너그럽게 대하여 떠나지 못하였다.

'너는 너고, 나는 나다. 네가 내 곁에서 발가벗고 있다고 해서 네가 어찌 나를 더럽힐 수 있겠느냐.'고 하였다.

유하혜의 기풍을 들은 사람들은 아무리 마음이 좁은 사람이라도 너그러워지고 아무리 박정한 사람이라도 후한 사람으로 된다.

공자가 제나라를 떠날 때에는 물에 젖은 쌀*(接淅)을 건져서 떠날 만큼 서둘렀다. 그러나 노나라를 떠날 때는

'내 걸음이 왜 이다지도 더디냐.'
라고 말했다. 부모의 나라를 떠나는 도리이다.

빨리 떠나야 할 때에는 빨리 떠나고 오래 있어야 할 때에는 오래 있는다. 머물러 있어야 할 때에는 머무르고 벼슬을 해야 마땅할 때는 벼슬을 한다. 이것이 공자이다."

맹자가 말했다.

"백이는 성인 중에서 청렴했던 것으로 우수했고, 이윤은 사명감으로 우수한 성인이었으며, 유하혜는 사상과의 조화 속에 산 성인이었다. 공자는 그때그때에 맞는 최선의 방법으로 세상을 산 분이다. 공자 같은 이를 일컬어 집대성자라고 한다. 집대성이란 것은 금속 소리에서 시작해서 옥소리로 끝나는 것이다. 음악에 있어서 처음 금속 소리를 낸다는 것은 조리있게 시작하는 것이요, 옥소리로 울려 낸다는 것은 조리있게 끝내는 것이다. 시작이 조리가 있다는 것은 지(智)가 할 일이요, 끝이 조리가 있다는 것은 성(聖)이 할 일이다. 지는 비유하여 말하면 기교이며 성은 비유하여 말하면 곧 힘이다. 예를 들어 백 보(步)쯤 떨어진 곳에서 활을 쏠 경우, 과녁을 맞히는 것은 기교이지만, 거기까지 화살을 보내는 것은 힘인 것이다."

2. 周나라의 작위 봉록

北宮錡 問曰, 周室班爵祿也는 如之何이꼬.
孟子曰, 其詳은 不可得而聞也로오 諸侯 惡其害己也
而皆去其籍이어니와 然而軻也 嘗聞其略也로라.

天子 一位오 公이 一位오 侯 一位오 伯이 一位오 子男이
同 一位니 凡五等也라 君이 一位오 卿이 一位오 大夫一位
오 上士 一位오 中士 一位오 下士 一位니 凡六等이라. 天
子之制는 地方千里오 公侯는 皆方百里오 伯은 七十里오 子
男은 五十里니 凡四等이라. 不能五十里는 不達於天子하여
附於諸侯하나니 曰附庸이오.
天子之卿은 受地視侯하고 大夫는 受地視伯하고 元士는
受地視子男이오.
大國은 地方百里니 君은 十卿祿이오 卿祿은 四大夫오 大
夫는 倍上士오 上士는 倍中士오 中士는 倍下士오 下士與庶
人在官者는 同祿하니 祿足以代其耕也이오.
次國은 地方七十里니 君은 十卿祿이오 卿祿은 三大夫오
大夫는 倍上士오 上士는 倍中士오 中士는 倍下士오 下士與
庶人在官者는 同祿하니 祿足以代其耕也이오.
小國은 地方五十里니 君은 十卿祿이오 卿祿은 二大夫오
大夫는 倍上士오 上士는 倍中士오 中士는 倍下士오 下士與
庶人在官者는 同祿하니 祿足以代其耕也이오.

> 耕者之所獲은 一夫 百畝니 百畝之糞에 上農夫는 食九
> 人하고 上次는 食八人하고 中은 食七人하고 中次는 食六人
> 하고 下는 食五人이니 庶人在官者 其祿이 以是爲差니라.

【解釋】 북궁기(北宮錡)가 물었다.
"주왕실의 작위 및 봉록의 서열은 어떠하였습니까?"
맹자가 말했다.
"상세히는 듣지 못했다. 자기에게 해로우니까, 제후들이 그 전적을 다 없애 버렸기 때문이다.

그러나 전에 대강 들은 일이 있다. 천하에는 천자, 공(公), 후(侯), 백(伯)이 각기 한 지위, 자(子)와 남(男)을 합쳐 한 지위로 전부 다섯 지위이다. 또 각국에 있는 자는 임금, 경(卿), 대신(大夫), 상급 관리, 중급 관리, 하급 관리의 여섯 지위다.

다음 봉록 제도는, 천자의 영지가 1천 리 사방, 공과 후는 사방 1백 리, 백은 사방 70리, 자와 남은 사방 50리로 전부 네 등급이 있으며, 그밖에 영지가 사방 50리에 이르지 못하는 자는 천자에게 연계(連繫)를 짓지 못하고*(不達於天子) 제후에게 부속시킨다. 그것을 부용(附庸 —부속 城市)이라고 한다. 천자의 경(卿)이 영지를 받는 것은 후국(侯國)에 준하고, 대신(大夫)은 백국(伯國)에, 상급 관리는 자·남의 나라에 준한다. 사방 백 리의 영지를 갖는 대국에선 군주의 봉록은 경(卿)의 10배, 경의 봉록은 대신(大夫)의 4배, 대신은 상급 관리의 배, 상급 관리는 중급 관리의 배, 중급 관리는 하급 관리의 배가 된다.

하급 관리의 봉록은 서민으로 관청에 고용된 자와 같으며, 그 봉록은 그가 농사를 짓는 것을 대신하기에 충분하다. 사방 70리의 영지를 갖는 중 정도의 나라에선 임금의 봉록이 경의 10배, 경은 대부의 3배, 대부는 상급 관리의 배, 상급 관리는 중급 관리의 배, 중급 관리는 하급 관리의 배가 된다. 그리하여 하급 관리의 봉록은 서민으로 관청에 고용된 자와 같으며, 그 봉록은 그가 농사를 짓는 것을 대신하기에 충분하다.

사방 50리의 영지를 갖는 소국에선 임금의 봉록이 경의 10배, 경은 대신의 2배, 대신은 상급 관리의 배, 상급 관리는 중급 관리의 배, 중급 관리는 하급 관리의 배가 된다. 그리고 하급 관리의 봉록은 서민으로 관청에 고용되어 있는 자와 같으며, 그 봉록은 한 사람의 농부가 농사를 짓는 것을 대신 하기에 충분하다. 농민의 소득은 1인당 1백 묘(畝) (1백 82아르)인데, 1백 묘의 농사를 지어, 상농(上農)의 상에선 9인, 상농의 하에선 8인, 중농의 상은 7인, 중농의 하는 6인, 하농은 5인의 식구를 먹인다.

서민(庶人)으로서 관청에 고용되어 있는 사람의 봉록에도 이와 같은 차이가 있다."

3. 交友關係

萬章이 問曰, 敢問友하노이다. 孟子曰, 不挾長하며 不挾貴하며 不挾兄弟而友니 友也者는 友其德也니 不可以有挾也니라.

孟獻子는 百乘之家也라 有友五人焉하더니 樂正裘와 牧仲이오 其三人則予 忘之矣로라 獻子之與此五人者로 友也에 無獻子之家者也니 此五人者 亦有獻子之家면 則不

　　　　여 지 우 의
　　　　與之友矣리라.

　　　　　비 유 백 승 지 가　　위 연 야　　수 소 국 지 군　　　역 유 지
　　　　非惟百乘之家 **爲然也**라 **雖小國之君**이라도 **亦有之**하니
　　비 혜 공　　　왈　　오　어 자 사 즉 사 지 의　　오 어 안 반 즉 우 지 의
　　費惠公이 **曰, 吾** **於子思則師之矣**오 **吾於顏般則友之矣**
　　　왕 순 장 식 즉 사 아 자 야
오 **王順長息則事我者也**라 하니라.

　　　　　비 유 소 국 지 군　　위 연 야　　수 대 국 지 군　　　역 유 지
　　　　非惟小國之君이 **爲然也**라 **雖大國之君**이라도 **亦有之**하
　　　진 평 공 지 어 해 당 야　　입 운 즉 입　　　좌 운 즉 좌　　　식 운
니 **晉平公之於亥唐也**에 **入云則入**하며 **坐云則坐**하며 **食云**
　즉 식　　　　수 소 사 채 갱　　　　　미 상 불 포　　　개 불 감 불 포 야
則食하여 **雖疏食菜羹**이라도 **未嘗不飽**하니 **蓋不敢不飽也**
　　연　　　종 어 차 이 이 의　　불 여 공 천 위 야　　　불 여 치 천 직
라 **然**이나 **終於此而已矣**오 **弗與共天位也**하며 **弗與治天職**
　야　　　불 여 식 천 록 야　　　　사 지 존 현 자 야　　　비 왕 공 지 존
也하며 **弗與食天祿也**오하니 **士之尊賢者也**라 **非王公之尊**
　현 야
賢也니라.

　　　　　순　　상 현 제　　　제　관 생 우 이 실　　　역 향 순　　　질 위
　　　　舜이 **尚見帝**어늘 **帝** **館甥于貳室**하고 **亦饗舜**하여 **迭爲**
　　빈 주　　　시　천 자 이 우 필 부 야
　　賓主하니 **是**는 **天子而友匹夫也**니라.

　　　　　용 하 경 상　　위 지 귀 귀　　용 상 경 하　　위 지 존 현　　　귀 귀
　　　　用下敬上을 **謂之貴貴**오 **用上敬下**를 **謂之尊賢**이니 **貴貴**
　　존 현　　　기 의 일 야
　　尊賢이 **其義一也**니라.

【**解釋**】 만장이 맹자에게 물었다.
"친구를 사귀는 도리를 감히 물어 보겠습니다."
맹자가 말했다.

"나이가 위라든지 귀한 신분이라든지 세력있는 형제가 있다든지 그런 것을 믿지 않으면서 벗을 사귀어야 한다. 벗을 사귄다는 것은 그 사람의 덕을 벗하는 것이다.

 믿는 것이 있어서는 안 된다.

 맹헌자(孟獻子)는 백승의 집안 사람이었다. 그에게는 5명의 친구가 있었다. 악정구(樂正裘)와 목중(牧仲)과 그밖의 3명은 내가 이름을 잊어 버렸다. 맹헌자가 이들 5명과 사귄 것은 가문이나 신분을 염두에 두지 않았기 때문이다. 이 사람들도 역시 맹헌자의 가문이나 신분을 염두에 두고 있었다면 맹헌자를 사귀지 않았을 것이다.

 이런한 예는 백승의 집에만 그러했던 것은 아니다. 작은 나라의 임금에도 있다. 비(費)의 혜공(惠公)은 말하기를 '자사(子思)는 나의 스승이요, 안반(顏般)은 나의 친구요, 왕순(王順)과 장식(長息)은 나를 섬기는*(事我)자들이다.' 하였다.

 비록 작은 나라의 임금만이 그러했던 것은 아니다. 큰 나라의 임금에도 그런 사람이 있었다. 예를 들면 진평공(晋平公)이 그러했다. 평공은 해당(亥唐)을 찾아갔을 때, 해당이 들어오라고 하면 들어가고, 앉으라고 하면 앉고, 먹으라고 하면 먹었다. 비록 거친 밥이 됐든 나물 국이 됐든, 언제나 배불리 먹었다. 생각컨대 감히 배불리 먹지 않을 수 없었을 것이다. 그러나 그것으로 끝났을 뿐이다. 하늘이 준 지위와 하늘이 준 직분과 하늘이 준 봉록을 해당과 함께 나누어 가지지는 않았다. 그것은 선비가 어진 사람을 존경하는 것이지 왕공(王公)이 어진 사람을 존경하는 것은 아니다. 순 임금이 요 임금을 올라가 뵈었는데 요 임금은 사위에 별관을 제공하고 어떤 때는 향연을 베풀어 서로 손님도 되고 주인도 되었다. 이것이 천자이면서 필부를 벗으로 삼는 것이다. 밑의 사람으로서 윗사람을 존경하는 것을 귀한 사람을 귀하게 여긴다고 하고, 윗사람으로서 밑의 사람을 존경하는 것을 현명한 사람을 존경하는 것이라고 한다. 귀한 사람을 귀히 여기고 현명한 사람을 존경하는 것은 다 같은 뜻이다.'

4. 饋 物

萬章이 問曰, 敢問交際는 何心也이꼬 孟子曰, 恭也니라.

曰, 卻之卻之 爲不恭은 何哉이꼬 曰, 尊者 賜之어든 曰, 其所取之者 義乎아 不義乎아 而後受之라 以是爲不恭이니 故로 弗卻也니라.

曰, 請無以辭卻之오 以心卻之 曰, 其取諸民之不義라 하여 而以他辭로 無受 不可乎이까. 曰, 其交也以道오 其接也 以禮면 斯는 孔子도 受之矣시니라.

萬章이 曰, 今有禦人於國門之外者 其交也 以道오 其餽也 以禮면 斯可受禦與이까. 曰, 不可하니 康誥에 曰, 殺越人于貨하여 閔不畏死를 凡民이 罔不譈라 하니 是는 不待敎而誅者也니 殷受夏周受殷 所不辭也니 於今爲烈 如之何其受之리오.

曰, 今之諸侯 取之於民也 猶禦也어늘 苟善其禮際矣
면 斯는 君子도 受之라 하시니 敢問何說也니이꼬 曰, 子以
爲有王者作인댄 將比今之諸侯而誅之乎아. 其敎之不改
而後에 誅之乎아. 夫謂非其有而取之者를 盜也는 充類至
義之盡也라. 孔子之仕於魯也에 魯人이 獵較이어늘 孔子亦
獵較하시니 獵較도 猶可온 而況受其賜乎아.
曰, 然則孔子之仕也 非事道與이까. 曰, 事道也시니라.
事道어시니 奚獵較也이꼬 曰, 孔子 先簿正祭器하사 不以
四方之食으로 供簿正하시니라. 曰, 奚不去也시니이꼬 曰,
爲之兆也시니 兆 足以行矣而不行 而後에 去하시니 是以
로 未嘗有所終三年淹也시니라.
孔子 有見行可之仕하시며 有際可之仕하시며 有公養之
仕하시니 於季桓子엔 見行可之仕也오 於衛靈公엔 際可之
仕也오 於衛孝公엔 公養之仕也니라.

【解釋】 만장이 물었다.
"감히 묻겠사온데 교제하는 데는 어떤 마음가짐이 필요합니까?"
맹자가 말했다.
"공손하여야 한다."

"남이 보내온 물건을 받지 않는 것*(卻之)은 공손하지 못하다고 하는데 어째서입니까?"

"존귀한 사람이 보내 준 것인데, 그 물건이 의로운 것인가 의롭지 않은가를 따진 다음에 이를 받기로 하면 곧 공손치 못한 것이 된다. 그러므로 이를 물리치지 않는다."

"그렇다면 청컨대 말로써 물리치지 마시고 마음으로 물리치시되, 그 제후가 옳지 못한 방법으로 백성들에게 거둬들인 것이라고 하고 그리고 다른 핑계로서 받지 않으시면 안 되겠습니까?"

"그 사귀는 데 있어 도에 맞는 것으로 하고 접촉하는 데도 예로 하면 공자도 그럴 때는 받았었다."

"지금 성문 밖에서 강도질*(禦)을 한 사람이라도 사귀는 데 도에 맞게 하고, 예법에 따라 선물을 보내 오면 강도질한 것이라도 받을 수 있습니까?"

"그럴 수는 없다. 《서경(書經)》『강고』편(康誥篇)에도 〈사람을 죽이고 물건을 앗으면서도, 감히 죽음을 두려워하지 않는 사람은 모든 백성에게 미움을 받는다.〉라고 했다. 이런 사람은 임금의 명령을 기다릴 것도 없이 사형에 처해 마땅하다. 은나라는 그 법을 하나라에서 받고 주나라는 그 법을 은나라에서 물려 받았다. 말할 것도 없이 그 법은 지금에 와서 명백한 것이다. 그와 같은 것을 어떻게 받았겠는가?"

"오늘의 제후들은 강도나 다름이 없을 만큼 백성의 재물을 앗아 들이고 있습니다. 그런데 예를 다해 교제를 청해 오면, 군자도 그를 받아들인다고 말씀하시니, 무슨 이유에서인지 감히 묻는 바입니다."

"그대 생각으로 여기에 왕자가 나타났다고 하자. 그 왕자는 지금의 제후들을 잡아다가 모조리 죽일 것이라고 보는가. 아니면 우선 가르쳐 보고 그래도 고치지 않은 뒤에야 죽일 것으로 보느냐. 그 소유가 아닌 것을 취함을 도둑이라 하는 것은 너무 극단적인 해석이 아니겠느냐. 공자는 노나라에서 벼슬하고 있었을 때, 노나라 사람들이 사냥한 것을 서로 앗을 모임을 할 때에는, 공자도 역시 거기에 참가했다. 이런 것이 옳을 것 같으면 제후가 보내온 물건을 받는 것이야 어떻겠는가."

"그렇다면 공자가 벼슬을 한 것은 도를 행하기 위한 것이 아닙니까?"

"도를 행하기 위해서였다."

"도를 행하기 위해서였다면 왜 사냥한 것을 서로 앗는 모임에 있을 수 있었습니까?"

"공자는 먼저 장부를 만들어 제기(祭器) 들의 수를 바로잡아 놓았다. 그래서 사방에서 얻은 변칙적인 식품들은 장부에 바로잡아 놓은 제기에는 괴어 놓지 않았다."

"어째서 그런 나라를 버리고 떠나지 않았습니까?"

"먼저 바른 도를 행할 수 있는 계기를 만들려 했던 것이다. 그런 계기를 만들었는데도 도가 행해지지 않게 되면 그때에야 비로소 그 나라를 떠났던 것이다. 그러므로 한 나라 안에서 3년을 머물러 있었던 일은 없었다. 공자는 그 임금이 도를 행할 만하면 벼슬을 하였고, 임금이 신하를 대우하는 태도가 예에 맞는다고 하여 벼슬을 하였으며, 어진 인재를 길러줄 수 있겠다고 보아 벼슬을 하였다. 계환자(季桓子)에게는 도를 가히 행할 만하다고 보아 벼슬을 한 것이며, 위영공(衛靈公)에게는 신하를 대우하는 태도가 예에 맞는다고 하여 벼슬을 살았으며 위효공(衛孝公)에게는 어진 인재를 길러줄 수 있다고 하여 벼슬을 살았던 것이다."

5. 俸祿도둑

孟子曰, 仕 非爲貧也 而有時乎爲貧하며 娶妻 非爲養也而有時乎爲養이니라. 爲貧者는 辭尊居卑하며 辭富居貧이니라. 辭尊居卑하며 辭富居貧은 惡乎宜乎오 抱關擊柝이니라.

$$
\begin{aligned}
&\underset{공자}{孔子}\ \underset{상위위리의}{嘗爲委吏矣}\ 하사\ \underset{왈}{曰},\ \underset{회계}{會計}를\ \underset{당이이의}{當而已矣}\ 라\ 하시고\ \underset{상}{嘗} \\
&\underset{위승전의}{爲乘田矣}\ 하사\ \underset{왈}{曰},\ \underset{우양}{牛羊}을\ \underset{촬장장이이의}{茁壯長而已矣}\ 라\ 하시니라.\ \underset{위비}{位卑} \\
&\underset{이언고}{而言高}\ \underset{죄야}{罪也}오\ \underset{입호인지본조}{立乎人之本朝}\ \underset{이도불행}{而道不行}이\ \underset{치야}{恥也}\ 니라.
\end{aligned}
$$

【解釋】 맹자가 말했다.

"벼슬을 하는 것은 가난하기 때문은 아니다. 그러나 때로는 가난하기 때문에 벼슬을 하는 경우도 있다.

아내를 맞는 것은 집안 살림을 하기 위해서가 아니다. 그러나 때로는 살림을 하기 위해 맞는 경우도 있다.

가난하기 때문에 벼슬하는 사람은 높은 벼슬을 사양하고 낮은 벼슬에 앉으며 많은 녹을 마다하고 적은 녹으로 만족해야 한다. 그러려면 어떤 자리가 마땅한 것인가. 문지기나 야경꾼 정도가 좋을 것이다.

공자도 일찍이 계리(季吏)를 지낸 일이 있다. 그 때는 말하기를 '회계를 잘하는 일뿐이다.'라고 하였다. 또 일찍이 승전(乘田)을 지날 일이 있었다. 말하기를 '소와 양이 잘 자라면*(茁) 그뿐이다.'라고 하였다. 비천한 지위이면서 높은 말을 하면 죄이다. 조정의 높은 자리에 있으면서 도를 행하지 않으면 그것은 부끄러운 일이다."

6. 나는 家畜이 아니다

$$
\begin{aligned}
&\underset{만장}{萬章}이\ \underset{왈}{曰},\ \underset{사지불탁제후}{士之不託諸侯}는\ \underset{하야}{何也}이꼬\ \underset{맹자왈}{孟子曰},\ \underset{불감야}{不敢也} \\
&니라.\ \underset{제후}{諸侯}\ \underset{실국이후}{失國而後}에\ \underset{탁어제후}{託於諸侯}는\ \underset{예야}{禮也}오\ \underset{사지탁어제후}{士之託於諸侯}
\end{aligned}
$$

는 非禮也니라.

萬章이 曰, 君이 餽之粟則受之乎이까. 曰, 受之니라. 受之는 何義也이꼬. 曰, 君之於氓也에 固周之니라.

曰, 周之則受하고 賜之則不受는 何也이꼬. 曰, 不敢也니라. 曰, 敢問其不敢은 何也이꼬. 曰, 抱關擊柝者 皆有常職하여 以食於上하나니 無常職而賜於上者를 以爲不恭也니라.

曰, 君이 餽之則受之라 하시니 不識케이다. 可常繼乎이까. 曰, 繆公之於子思也에 亟問하고 亟餽鼎肉이어늘 子思不悦하사 於卒也에 標使者하여 出諸大門之外하시고 北面稽首再拜而不受 曰, 今而後에 知君之犬馬畜伋이라 하시니 蓋自是로 臺無餽也하니 悦賢不能舉오 又不能養也면 可謂悦賢乎아.

曰, 敢問國君이 欲養君子인댄 如何라야 斯可謂養矣리이꼬. 曰, 以君命將之어든 再拜稽首而受하나니 其後에 廩人이 繼粟하며 庖人이 繼肉하여 不以君命將之니 子思以爲鼎肉이 使己僕僕爾亟拜也라 非養君子之道也라 하시니라.

堯之於舜也_에 使其子九男_{으로} 事之_{하며} 二女_로 女焉_하고 百官牛羊倉廩_을 備_{하여} 以養舜於畎畝之中_{이러니} 後_에 擧而加諸上位_{하니} 故_로 曰, 王公之尊賢者也_{니라.}

【解釋】 만장이 물었다.
"선비가 제후에게 몸을 의탁하지 않는 것은 어째서입니까?"
맹자가 말했다.
"감히 그러지 못하는 것이다. 나라를 잃은 제후가 다른 제후에게 몸을 의탁하는 것은 예에 맞는 일이지만 선비로서 제후에게 몸을 의탁하는 것은 예에 맞지 않는다."
"그렇다면 임금이 양식을 보내 주면*(餓) 그것을 받습니까?"
"받는다."
"어떤 이유에서 받습니까?"
"임금이 백성을 구조하는 것은 당연한 일이기 때문이다."
"구조로서 주면 이를 받고, 녹으로 주면 받지 않는 겁니까?"
"감히 받지 못하는 것이다."
"감히 묻건대 어찌하여 받지 않습니까?"
"문지기와 야경꾼도 일정한 직무를 받고 있기 때문에 녹을 받게 되는 것이다. 이렇다할 직무도 없이 녹을 받는 것은 불공한 일이다."
"임금이 보내주는 것은 받아도 좋다고 하셨는데, 언제까지 받고 있어도 괜찮은 겁니까?"
"옛날 노목공(魯繆公)은 자주 사신을 보내 자사(子思)에게 문안을 전하고 그 때마다 삶은 고기를 보내 주었다. 자사는 이를 못마땅하게 생각한 나머지, 사신을 대문 밖으로 데리고 나가 임금이 있는 곳을 향해 절을 한 다음 '오늘에야 임금이 나를 가축과 똑같이 대하는 것을 알았습니다.'하고 보내온 것을 거절했다. 그 뒤로 사신을 시켜 보내오는 일은 없었다.

어진 사람을 대우하려면 높은 지위에 올려 쓰든지, 아니면 정당한 방법으로 대접할 일이다. 그렇지 못하면 어진 사람을 대접하는 것이 되지 못한다."
"감히 묻건대 임금으로서 군자에 대한 대접은 어떻게 하여야 합니까?"
"맨 처음은 임금의 명령으로써 전달한다. 받는 사람은 당연히 절하고 이를 받는다. 그러나 그 후부터는 양식은 창고를 맡은 사람을 시키고 고기는 요리 맡은 사람을 시켜 직접 전하게 하고 임금의 명령으로써 하지 않는다. '삶은 고기 때문에 매번 머리를 숙이게 되어서야.' 하고 자사는 화를 낸 것인데, 그런 생각을 갖도록 한다는 것은 군자에 대한 올바른 대우가 아니다. 요 임금이 순 임금을 도울 때엔 그 아들 9명과 딸 2명을 보내고 백관과 소와 양, 곡물 창고를 두어 시골에 사는 순 임금을 도왔다. 그 후에 순 임금은 높은 자리에 올랐다. 고로 일컫기를 왕공 중에서 현자를 존경한 사람이란 요 임금을 말한다."

7. 왜 諸侯를 만나지 않는가

萬章이 曰, 敢問不見諸侯는 何義也이꼬 孟子曰, 在國
曰, 市井之臣이오 在野曰, 草莽之臣이라 皆謂庶人이니 庶
人이 不傳質爲臣하야 不敢見於諸侯 禮也니라.
萬章이 曰, 庶人이 召之役則往役하고 君이 欲見之하여
召之則不往見之는 何也이꼬 曰, 往役은 義也오 往見은 不
義也니라.

且君之欲見之也는 何爲也哉오 曰, 爲其多聞也며 爲
其賢也니이다. 曰, 爲其多聞也 則天子도 不召師온 而況
諸侯乎아. 爲其賢也 則吾未聞欲見賢而召之也케라. 繆
公이 亟見於子思曰, 古에 千乘之國이 以友士하니 何如하니
이꼬 子思 不悅曰, 古之人이 有言曰, 事之云乎언정 豈
曰, 友之云乎리오하시니 子思之不悅也는 豈不曰, 以位則子
는 君也오 我는 臣也니 何敢與君友也며 以德則子는 事我者
也니 奚可以與我友리오. 千乘之君이 求與之友 而不可得
也온 而況可召與아. 齊景公이 田할새 招虞人以旌한대 不
至어늘 將殺之러니 志士는 不忘在溝壑이오 勇士는 不忘喪
其元이라 하시니 孔子는 奚取焉고. 取非其招不往也시니라.
曰, 敢問招虞人何以이꼬 曰, 以皮冠이니 庶人은 以
旃이오 士는 以旂오 大夫는 以旌이니라.
以大夫之招로 招虞人이어늘 虞人이 死不敢往하니 以士
之招로 招庶人이면 庶人이 豈敢往哉리오 況乎以不賢人
之招로 招賢人乎아.
欲見賢人而不以其道면 猶欲其入而閉之門也니라. 夫

義는 路也오 禮는 門也니 惟君子 能由是路하며 出入是門
也니 詩云, 周道如底하니 其直如矢로다. 君子所履오 小人
所視라 하니라.
萬章이 曰, 孔子는 君이 命召어시든 不俟駕而行하시니 然
則孔子非與이까. 曰, 孔子는 當仕有官職 而以其官으로召
之也니라.

【解釋】 만장이 말했다.
"감히 묻겠사온대 제후를 만나지 않으심은 무슨 까닭입니까?"
맹자가 말했다.
"임금을 섬기지 않고 도시에 사는 자를 시정(市井)의 신하, 즉 시중(市中)에 있는 신하라 하며, 농촌에 사는 자를 초망(草莽)의 신하라 하는데다 서민에 불과하다. 서민은 인편을 통해 예물을 바치며 정식으로 신하가 되지 않는 한 제후를 만나지 않는 것이 예의이다. 그러므로 만나지 않는 것이다."
만장이 말했다.
"서민은 노역의 일로써 부름을 받아 나가야 하는데, 제후가 만나자고 하는데 나가 만나지 않으심은 무슨 까닭입니까?"
"노역은 당연한 의무이지만 나가 제후를 만나는 일은 의무가 아니다. 그런데 제후가 나를 만나려는 이유는 무엇일까?"
"선생님이 박식하시기 때문입니다. 현자이시기 때문입니다."
"박식하기 때문이라면 스승으로서 배우고자 해서이겠지만 스승이라는 것은 천자도 호출할 수는 없는 것이다. 하물며 제후로서야 결코 할 일이 못된다. 현자이기 때문이라면 그 나름대로의 예를 다할 일이지, 현자를 만나려고 그 자를 불러냈다는 말을 나는 아직 들은 적이 없다. 옛

날 노나라의 무공은 자주 자사와 만나
 '옛날 전차(戰車) 천 대를 낸다는 대국의 임금의 몸으로 한낱 선비를 친구로 했다는 말이 있는데 이것은 어떻게 된 것인가?'라고 물었다. 자사는 그 태도를 좋게 안 보고 '고인의 말에〈현자로서 섬긴다고 말하는 것이라면 친구로 삼을 수 있으리오.〉'라고 했다. 자사가 좋게 생각지 않은 것은 아마〈신분으로 보면 당신은 임금이고 자기는 신하이니까 도저히 친구로 대할 수는 없습니다. 그러나 덕이라는 점에서 본다면 당신은 나에게 사사(師事)할 분이므로 나를 친구 취급할 수는 없습니다.〉라고 한 말이 아니겠는가. 전차 천 대를 낼 수 있다는 대국의 임금이 원해도 친구로 대할 수조차 없는 일이다. 하물며 부른다는 일이야 할 수 있겠는가. 또 제(齊)나라의 경공(景公)이 사냥을 갔을 때 깃털이 꽂힌 깃발로 사냥터지기를 불렀다. 사냥터지기는 규칙상 잘못된 일이므로 가지 않았더니 경공은 화가 나서 죽이려고 했다.
 공자는 그 사냥터지기를 칭찬하여 '지사(志士)는 도(道)를 지키기 위해서는 죽음을 당해 수렁이나 골짜기 속에 버려질 일도 잊지 않으며, 용자(勇者)는 의(義)를 위해서는 목을 잃게 될 일도 잊지 않는 바다.'라고 말했다. 공자는 어떤 점을 취한 것인가. 정당한 부름이 아니면 가지 않는다는 점이다."
 "감히 묻겠사온대 사냥터지기를 부르려면 무엇을 써야 합니까?"
 "가죽 모자다. 서민을 부르려면 붉은 깃발을 사용하고, 평관리를 부르는 데는 이룡(二龍)을 그린 방울달린 깃발을 사용하고, 대신을 부를 때는 깃털이 달린 깃발을 사용한다. 대신을 부르는 방법으로 부르기에 사냥터지기는 죽어도 가지 않은 것이다. 평관리를 부르는 방법으로, 서민을 불렀다면 뻔뻔스레 서민이 갈 수 있겠는가. 하물며 하찮은 자를 부르는 방법으로 부름을 받고 현자로서 갈 수 있겠는가. 현자를 만나고 싶다고 원하면서 거기에 적합한 길을 취하지 않는 것은 마치 집에 들어가려고 하면서 문을 닫는 것과 마찬가지다. 원래 의는 이를테면 길이고, 예는 문이다. 다만, 정말 뛰어난 인물만이 이 길을 통해 이 문으로 출입할 수 있는 것이다.

《시경》(『소아』편 대동)에
주(周)의 길은 숫돌처럼 평평하고
화살과 같이 곧다.
그것은 군자가 가는 길
백성이 보고 본보기로 삼을 길

이라고 되어 있다."
만장이 말했다.
"공자는 임금의 부르심이 있으면 차가 준비되기를 기다리지도 않고 곧 나가셨다고 합니다. 그렇다면 공자의 태도는 잘못입니까?"
"공자는 정식으로 섬기는 관직에 있었다. 그 관직상의 일로 부르심이 있다면 곧 가는 것이 당연한 일이다."

8. 옛사람을 벗으로 한다

孟子ㅣ 謂萬章曰, 一鄕之善士아 斯友一鄕之善士하고 一國之善士아 斯友一國之善士하고 天下之善士아 斯友天下之善士니라.
以友天下之善士로 爲未足하여 又尙論古之人하나니 頌其詩하며 讀其書하되 不知其人이 可乎아. 是以로 論其世也니 是尙友也니라.

【解釋】 맹자가 만장에게 말했다.
"한 시골의 착한 선비는 그 고을의 착한 선비와 벗하고, 한 나라의 착한 선비는 그 나라의 착한 선비와 벗한다. 천하의 착한 선비는 천하의 착한 선비와 벗한다.

천하의 착한 선비와 벗하면서 부족함을 느끼면 역사를 거슬러 올라가 옛사람을 생각하는 것이다.

그 사람들의 시를 읊고 글을 읽으면 그 인물됨을 알 수 없겠느냐. 그런 다음 그 시대를 생각한다. 이것이 옛사람을 벗하는 것이다."

9. 大臣의 責務

齊宣王이 問卿한대 孟子曰, 王은 何卿之問也시니이꼬 王曰, 卿이 不同乎이까. 曰, 不同하니 有貴戚之卿하며 有異姓之卿하니이다. 王曰, 請問貴戚之卿하노이다. 曰, 君이 有大過則諫하고 反覆之而不聽 則易位니이다.

王이 勃然變乎色한대 曰, 王은 勿異也하소서. 王이 問臣하실새 臣이 不敢不以正對하니이다.

王이 色定然後에 請問異姓之卿한대 曰, 君이 有過則諫하고 反覆之而不聽則去니이다.

【解釋】 제선왕이 대신에 대하여 물었다.

맹자가 말했다.

"왕께서는 어떤 대신에 대하여 묻습니까?"

"대신이면 다 같지 않습니까?"

"같지 않습니다. 귀척(貴戚)의 대신도 있고 성이 다른 대신도 있습니다."

"청하여 묻건대 귀척의 대신에 대하여 말해 주십시오."

"임금이 크게 잘못을 하면 간하고 여러 번 간하여도 듣지 않으시면 임금을 바꿉니다."

왕은 발끈하여 얼굴 빛이 변했다.

"왕께서는 이상하게 생각지 마십시오. 왕이 묻길래 신하로서 감히 바르게 대답하지 않을 수 없습니다."

왕은 정색을 하고 다른 성을 가진 대신에 대하여 물었다.

"임금이 큰 잘못이 있으면 간하고 그래도 듣지 않으시면 떠나가 버립니다."

[註釋] *接淅 물에 젖은 쌀을 건져서 말리는 것.
*不達於天子 천자에게 連繫를 짓지 못한다.
*事我 나를 섬기는 것.

*卻之 보내온 물건을 받지 않는다.
*禦 강도질.
*茁 무성하게 자라는 모습.
*餼 임금이 먹을 것을 보내주는 것.

■ 告子篇

告子章句 上

1. 人間 本性

> 告子曰, 性은 猶杞柳也오 義는 猶桮棬也니 以人性爲仁義 猶以杞柳爲桮棬이니라.
>
> 孟子曰, 子能順杞柳之性 而以爲桮棬乎아. 將戕賊杞柳而後에 以爲桮棬也니 如將戕賊杞柳 而以爲桮棬이면 則亦將戕賊人하여 以爲仁義與아. 率天下之人而禍仁義者는 必子之言夫인저.

【解釋】 고자가 말했다.
"인간의 본성은 부드러운 버드나무*(杞柳)와 같다. 의(義)라는 것은 버드나무 가지로 만든 그릇과 같다. 인간의 본성을 인의로 만드는 것, 이것은 버드나무 그릇*(桮棬)을 만드는 것과 같은 것이다."
맹자가 말했다.
"그대는 버드나무의 본성을 그대로 하여 그릇을 만드는가, 버드나무를 해친 후에 그릇을 만드는가. 만일 버드나무를 해친 후에 그릇을 만든다면 또한 사람을 해쳐서 인의를 만들겠다는 것인가. 그대의 말대로 하면 세상 사람들을 모두 거느리고 인과 의를 해치는 방향으로 가게 될 것이다."

2. 인간의 본성은 물

告子曰, 性은 猶湍水也라 決諸東方則東流하고 決諸西
方則西流하나니 人性之無分於善不善也 猶水之無分於東
西也이오.

孟子曰, 水信無分於東西어와 無分於上下乎아. 人性
之善也 猶水之就下也니 人無有不善하며 水無有不下니
라.

今夫水를 搏而躍之면 可使過顙이며 激而行之면 可使在
山이어니와 是豈水之性哉리오. 其勢則然也니 人之可使爲
不善이 其性이 亦猶是也니라.

【解釋】 고자가 말했다.
"인간의 본성은 소용돌이쳐 흐르는 물과 같다. 물길을 동쪽으로 내면 동쪽으로 흐르고 서쪽으로 내면 서쪽으로 흐른다. 인간의 본성이라는 것도 착함과 착하지 않음의 구별이 없다. 물이 동으로도 서로도 흘러 구별이 없는 것과 같다."

맹자가 말했다.

"물은 틀림없이 동으로도 서로도 분별없이 흐른다. 그러나 높은 쪽으로 흐르는가, 낮은 쪽으로 흐르는가의 구별은 없는가. 인간의 본성이 착한 것은 물이 낮은 곳으로 흐르는 것과 같다. 낮은 곳으로 흐르지 않는 물이 없듯이 인간의 본성이 착하지 않은 것은 없다. 이제 물을 손으로 때리면 머리 위로 뛰어오르고 격하게 가게 하면 산으로 끌어올릴 수도 있다. 이것이 어찌 물의 본성일 수 있겠는가. 그 세력이 가해진 때문이다. 사람이 착하지 못한 일을 하게 되는 것은 그 본성이 또한 이와 같기 때문이다."

3. 소의 본성과 인간은 같은가

告子曰, 生之謂性이오 孟子曰, 生之謂性也는 猶白之謂白與아. 曰, 然 하니이다. 白羽之白也 猶白雪之白이며 白雪之白이 猶白玉之白與아. 曰, 然 하니이다. 然則犬之性이 猶牛之性이며 牛之性이 猶人之性與아.

【解釋】 고자가 말했다.

"생 그 자체가 곧 본성이다."

맹자가 말했다.

"생이 본성이라는 것은 흰 것을 희다고 일컫는 것과 같은 것인가?"

"그렇다."

"흰 것의 흰 것, 백설의 흰 것, 백옥의 흰 것은 같은가?"
"그렇다."
"그러면 개의 본성은 소의 본성과 같고 소의 본성은 사람의 본성과 같은가?"

4. 仁內義外

告子曰, 食色이 性也니 仁은 內也라 非外也오 義는 外也라 非內也니이오.

孟子曰, 何以謂仁內義外也오. 曰, 彼長而我長之라 非有長於我也니 猶彼白而我白之라 從其白於外也라. 故로 謂之外也라 하노이다.

曰, 異於白馬之白也는 無以異於白人之白也어니와 不識케라 長馬之長也 無以異於長人之長與아. 且謂長者 義乎아. 長之者 義乎아.

曰, 吾弟則愛之하고 秦人之弟則不愛也하나니 是는 以我爲悅者也라. 故로 謂之內오 長楚人之長하며 亦長吾之長하나니 是는 以長爲悅者也라. 故로 謂之外也라 하노이다.

曰, 耆秦人之炙 無以異於耆吾炙하니 夫物이 則亦有
然者也니 然則耆炙도 亦有外與아.

【解釋】 고자가 말했다.
"식욕과 성욕은 인간의 본성이다. 어진 것은 마음 속에 있는 것이지 마음 밖에 있는 것이 아니다. 의(義)는 마음 속에 있는 것이 아니다."
맹자가 말했다.
"무엇으로써 어진 것은 마음 속에 있고 의는 마음 밖에 있다고 하는가?"
"그대가 나이가 많다는 것은 내가 나이가 많다고 하기 때문이지만, 내가 나이가 많기 때문이 아니다. 그곳에 흰 것이 있으면 내가 희다고 한 것과 같다. 희다고 하는 것의 밖에서 내가 따른 것이다. 그런 까닭에 밖이라고 하는 것이다."
"흰 말을 희다고 보는 것과 얼굴 흰 사람을 희다고 보는 것은 서로 다른 것이 없다. 그러나 늙은 말을 늙다고 보는 것과 나이 많은 사람을 나이 많다고 보는 것이 마찬가지이겠는가. 다시 말해 어른이란 그 자체가 의인가, 어른으로 받드는 마음이 의인가?"
"제 동생은 사랑하지만 진나라의 누구 동생인지도 모르는 자는 사랑하지 않는다. 이것은 사랑하는 것이 내 마음으로부터 나왔기 때문이다. 이런 까닭에 안(內)이라고 하는 것이다. 초나라의 늙은이를 받들거나 내 집 늙은이를 받드는 것은 받드는 마음이 외부에서부터 생겨나기 때문이다. 그러므로 밖에 있다고 하는 것이다."
"구운 고기는 진나라 사람이 만든 것이든 내가 만든 것이든 맛있는 것에는 다름이 없다. 물건을 사랑하는 데도 그러한데, 그렇다면 구운 고기를 맛있다고 생각하는 것도 밖에 있다는 말인가?"

5. 겨울과 여름에 마시는 물

孟季子가 問公都子曰, 何以謂義內也오 曰, 行吾敬故로 謂之內也니라.

鄕人이 長於伯兄一歲면 則誰敬고. 曰, 敬兄이니라. 酌則誰先고. 曰, 先酌鄕人이니라. 所敬은 在此하고 所長은 在彼하니 果在外라 非由內也로다.

公都子 不能答하여 以告孟子한대 孟子曰, 敬叔父乎아 敬弟乎아 하면 彼將曰, 敬叔父라 하리라.

曰, 弟爲尸則誰敬고 하면 彼將曰, 敬弟라 하리라. 子曰, 惡在其敬叔父也오 하면 彼將曰, 在位故也라 하리니 子亦曰, 在位故也라 하라. 庸敬은 在兄하고 斯須之敬은 在鄕人하니라.

季子 聞之하고 曰, 敬叔父則敬하고 敬弟則敬하니 果在外라 非由內也로다. 公都子曰, 冬日則飮湯하고 夏日

즉 음 수　　　　연 즉 음 식　　역 재 외 야
則飮水하나니 **然則飮食**도 **亦在外也**로다.

【**解釋**】　맹계자(孟季子)가 공도자(公都子)에게 물었다.
"어찌하여 의는 마음 속에 있는 것이라고 하는가?"
"내가 공경하여 행하는 까닭에 마음 속에 있다고 한다."
"마을에 형보다 한 살 위인 사람이 있다면 누구를 공경하겠는가?"
"형을 공경한다."
"누구에게 먼저 술을 따르겠는가?"
"마을 사람에게 먼저 따르겠다."
"공경하는 데 있어 마음 속으로 받드는 것은 형이고 겉으로는 연장자를 대한다면 마음 밖에 있는 것이지 마음 속에 있는 것은 아니다."
　공도자가 대답을 못하고 맹자에게 물었다. 맹자가 말했다.
"숙부와 동생 중 누구를 더 공경하는가 물으면, 반드시 그는 '숙부'라고 대답할 것이다. '동생이 조상의 제사를 지낸다면*(尸) 누구를 공경하겠느냐?' 하면 '동생'이라고 대답할 것이다. '숙부를 공경한다고 하니 이상하지 않은가?'라고 말하게. 그는 '동생이 제사를 지내기 때문이다.'라고 대답할 것이다. 그러면 그대도 말하기를 '동생이 제사를 지내기 때문이라면, 동행인에게 먼저 술을 따른 것은 손님이기 때문이다. 평상시에는 형을 존경하지만 잠시, 마을의 연장자로 공경하였다.'고 하게."
　이 말을 듣고 맹계자가 말했다.
"숙부를 공경할 때는 숙부를 공경하고 동생을 공경할 때는 동생을 공경한다면 의가 마음 밖에 있는 것이지 마음 속에 있는 것이 아니다."
　그러자 공도자가 말했다.
"겨울에는 더운 물을 마시고 여름에는 그냥 물을 마신다. 그렇다면 음식은 또한 마음 밖에 있는 것이 아닌가?"

6. 性善說과 本性論

公都子曰, 告子曰, 性은 無善無不善也라 하고 或曰, 性은 可以爲善이며 可以爲不善이니 是故로 文武 興則民이 好善하고 幽厲興則民이 好暴라 하고 或曰, 有性善하며 有性不善하니 是故로 以堯爲君而有象하며 以瞽瞍爲父而有舜하며 以紂爲兄之子오 且以爲君 而有微子啓王子比干이라 하나니 今曰, 性善이라 하시니 然則彼皆非與이까. 孟子曰, 乃若其情 則可以爲善矣니 乃所謂善也니라. 若夫爲不善은 非才之罪也니라. 惻隱之心은 人皆有之하며 羞惡之心은 人皆有之하며 恭敬之心은 人皆有之하며 是非之心은 人皆有之하니 惻隱之心은 仁也오 羞惡之心은 義也오 恭敬之心은 禮也오 是非之心은 智也니 仁義禮智 非由外鑠我也라 我固有之也언마는 弗思耳矣니 故로 曰, 求則得之하고 舍則失之라 하니 或相

倍蓰而無算者는 不能盡其才者也니라.
詩曰, 天生蒸民하니 有物有則이로다. 民之秉夷라 好是
懿德이라 하야늘 孔子曰, 爲此詩者여 其知道乎인저. 故로 有
物이면 必有則이니 民之秉夷也라. 故로 好是懿德이라 하시니라.

【解釋】 공도자가 물었다.
"고자는 말하기를 '본성이란 착한 것도 아니고 착하지 않은 것도 아니다.'라고 하고, 어떤 사람은 '본성이란 착하게도 되고 착하지 않게도 된다. 이런 까닭에 무왕이나 문왕과 같은 이 밑에서는 백성들은 다 착한 일 하기를 좋아하였으며, 유왕(幽王), 여왕(厲王) 같은 임금 밑에서는 백성들은 포악하기를 좋아하였다.'고 하고, 어떤 사람은 '본성이 착한 사람도 있고 착하지 못한 사람도 있다. 이런 까닭에 요 임금 같은 사람 밑에서 상(象) 같은 사람이 있고, 고수(瞽瞍) 같은 아버지 밑에도 순 임금 같은 아들이 있었다. 또 형의 아들로서 주(紂) 임금 같은 폭군을 가졌으되, 그의 숙부의 신하에 미자계(微子啓)나 왕자 비간(比干) 같은 현인이 나타나기도 했다.'고 말하고 있습니다. 이제 선생은 '사람의 본성은 착하다.'라고 합니다. 그렇다면 그것은 다 틀린 것이 아닙니까?"
맹자가 말했다.
"사람은 타고난 천성에 따르면 누구나 착한 일을 할 수 있다. 이것을 내가 '본성은 착하다.'고 하는 것이다. 착하지 못한 일을 하는 사람도 있으나 그것은 타고난 성품이 착하지 못하기 때문만은 아니다. 사람은 측은해 하고, 부끄러워 하고, 공경하고, 시비를 가릴 줄 아는 마음을 누구나 다 가지고 있다. 측은해 하는 마음은 인(仁)이며, 부끄러워 하는 마음은 의(義)며, 공경하는 마음은 예(禮)며, 시비를 가리는 마음은 지(智)이다. 이 인의예지는 밖에서 주어진 것이 아니고 내가 본래부터 가지고 있는 것이다. 그러나 이 본래 지니고 있는 마음도 이것을 생각하지 않으면 없는 것과 다를 것이 없다. 그러기에 말하기를 '찾으면 이를 얻고 버려 두면 잃게 된다.'고 하는 것이다. 본래가 착하면서도, 착한 것과의 거리가 혹은 두 곱, 혹은 다섯 곱, 마지막엔 비교할 수조차 없는 악한 길로 달리는 사람이 있다. 그러나 그것은 타고난 자질을 올바로 키워 나가지 못한 때문이다.

《시경》에도
하늘이 뭇 백성*(蒸民)을 낳으시니, 낳은 것에는 모두 법칙이 있다.
그러므로 백성들은 떳떳한 성품을 타고나서,
자연 이 아름다운 덕(德)을 좋아한다.

고 했다. 이 시를 보고 공자는 이렇게 평했다.
'이 시를 지은 사람은 도를 알고 있다.'
그런 까닭에 사물에는 반드시 법칙이 있고 백성들은 이 법칙에 따르고 있기 때문에 아름다운 덕을 좋아한다.'

7. 사람의 感覺은 똑같다

孟子曰, 富歲엔 子弟 多賴하고 凶歲엔 子弟 多暴하나 非天之降才 爾殊也라. 其所以陷溺其心者 然也니라. 今夫麰麥을 播種而耰之하되 其地 同하며 樹之時 又同하면 浡然而生하여 至於日至之時하여 皆熟矣나니 雖有不

同이나 則地有肥磽하며 雨露之養과 人事之不齊也니라. 故
로 凡同類者擧相似也니 何獨至於人而疑之리오. 聖人도 與
我同類者시니라. 故로 龍子曰, 不知足而爲屨라도 我 知
其不爲蕢也라 하니 屨之相似는 天下之足이 同일새니라.
口之於味에 有同耆也하니 易牙는 先得我口之所耆者也
라. 如使口之於味也에 其性이 與人殊 若犬馬之與我不同
類也면 則天下何耆를 皆從易牙之於味也리오. 至於味하여는
天下期於易牙하나니 是는 天下之口 相似也일새니라.
惟耳도 亦然하니 至於聲하여는 天下 期於師曠하나니 是
는 天下之耳 相似也일새니라.
惟目도 亦然하니 至於子都하여서는 天下 莫不知其姣也하
나니 不知子都之姣者는 無目者也니라.
故로 曰, 口之於味也에 有同耆焉하며 耳之於聲也에 有
同聽焉하며 目之於色也에 有同美焉하니 至於心하여 獨無
所同然乎아. 心之所同然者는 何也오. 謂理也義也니 聖
人은 先得我心之所同然耳시니 故로 理義之悅我心이 猶芻
豢之悅我口니라.

【解釋】 맹자가 말했다.

"풍년이 든 해에는 젊은이들이 믿음직스러운데, 흉년이 되면 포악해지는 젊은이들이 많다. 하늘이 그런 다른 성질을 준 때문이 아니다. 그것은 마음이 구렁에 빠졌기 때문인 것이다.

보리를 심어 묻어 두고, 그 땅도 같고 자라는 시기도 같다고 한다면 이윽고 싹이 돋아 때가 되면 다 익게 될 것이다. 비록 똑같지 않다고 하더라도 그 원인은 토질, 비의 내림, 손질의 고르지 못함 때문일 것이다. 이런 고로 무릇 같은 종류는 별 차이가 없다.

사람이라고 해서 절대로 예외는 아니다.

성인도 우리와 같은 사람인 것이다.

용자(龍子)가 말하기를 '발의 크기를 모르고서 신을 삼아도 삼태기처럼 되지 않음을 안다.'고 하였다. 신의 모양의 비슷함이 이 세상의 발과 같기 때문이다.

미각에 대한 기호도 대체로 같다. 역아(易牙)는 남보다 먼저 미각을 가진 사람이다.

만일 우리들의 미각이라는 것이 사람마다 다 다르듯이, 개나 말이 사람과 다른 것처럼 틀린다면 천하의 기호라는 것도 모두가 역아의 맛을 따르지는 않는다. 역아의 요리가 맛있다는 것은 천하의 맛이 다 비슷하기 때문이다.

귀로 듣는 것도 또한 그러하다. 음악이라면 천하의 사람들은 사광(師曠)을 말한다. 이것은 천하 사람이 듣는 것이 비슷하기 때문이다.

보는 것도 또한 그러하다.

자도(子都)라고 하면 천하 사람이 다 그의 아름다움을 알고 있다. 자도의 아름다움을 모르는 사람은 장님이다. 이런 까닭에 '미각에 대한 기호는 누구나 같고, 귀로 음악을 듣는 것도 누구나 같으며, 눈으로 아름다운 것을 보는 것도 누구나 같다.고 한다.

마음에 이르러서 유독 같지 않다고 할 수 있겠는가. 마음이 같다는 것은 무엇인가.

이(理)이고 의(義)이다. 성인이란 우리보다 먼저 마음의 같은 바를 깨달은 사람이다.
 이런 고로 이(理)와 의(義)가 우리의 마음을 기쁘게 하여 주는 것은 쇠고기와 돼지고기가 우리의 미각을 즐겁게 해주는 것과 같은 것이다."

8. 牛山之木

孟子曰, 牛山之木이 嘗美矣러니 以其郊於大國也라.
斧斤이 伐之어니 可以爲美乎아. 是其日夜之所息과 雨露
之所潤에 非無萌蘖之生焉이언마는 牛羊이 又從而牧之라.
是以로 若彼濯濯也하니 人이 見其濯濯也하고 以爲未嘗有
材焉이라 하나니 此豈山之性也哉리오.
雖存乎人者인들 豈無仁義之心哉리오마는 其所以放其良
心者는 亦猶斧斤之於木也에 旦旦而伐之어니 可以爲美乎
아. 其日夜之所息과 平旦之氣에 其好惡 與人相近也者
幾希어늘 則其旦晝之所爲有梏亡之矣나니 梏之反覆 則
其夜氣 不足以存이오 夜氣 不足以存則其違禽獸不遠矣
니 人이 見其禽獸也 而以爲未嘗有才焉者라 하나니 是豈人
之情也哉리오. 故로 苟得其養이면 無物不長이오 苟失其養

이면 無物不消니라.
　　　　　무물불소

孔子曰, 操則存하고 舍則亡하여 出入無時하여 莫知其
공자왈　조즉존　　　사즉무　　　출입무시　　　막지기

鄕은 惟心之謂與인저 하시니라.
향　　유심지위여

【解釋】 맹자가 말했다.

"우산(牛山)의 나무들은 일찍이 아름다웠다. 서울 밖에 있음으로 해서 도끼로 다 베어 버렸으니 아름답다고 할 수 있겠는가? 그러나 나무는 밤낮으로 쉬지 않고 자라고 비와 이슬이 윤택하게 내려 새싹이 늘 돋고 있다. 그런데 싹이 돋으면 목동이 소나 양을 데려와 길러 벌거숭이가 되고 말았다. 사람은 그 벌거숭이가 된 것을 보고 나무가 없었던 것으로 알고 있다. 이것이 어찌 산의 본성일 수가 있겠는가. 사람이라면 누구든 인의의 마음을 어찌 가지고 있지 않겠느냐. 그 타고난 양심을 잃게 되는 것은 도끼로 나무를 베는 것과 같다. 날마다 베어내는 데야 아름다울 수 있겠는가. 밤낮으로 쉼없이 자라고 기운이 감돌지마는 양심을 되찾기에 이르지 못하는 것은 사람이 낮 동안 행동에 의해 겨우 싹트기 시작한 양심을 잃게 되는 것이니, 이것이 반복되면 야기의 부족을 가져오고, 야기가 부족하면 사람은 짐승과 다를 것이 없게 된다. 사람이 짐승과 다를 것이 없는 사람을 보면, 재질이 없는 것으로 생각한다. 이것이 어찌 인간의 본성일 수야 있겠는가. 그런 까닭에 알뜰히 기르면 아무리 발육이 더딘 것이라도 잘 자라게 되고 그대로 버려 두면 말라죽게 된다. 공자도 말하기를 '붙들어 두면 그대로 있고, 버리면 없어진다. 출입은 때가 없어 그 있는 곳을 알 수가 없다.' 하였다. 이것은 사람의 마음을 가리킨 것이다."

9. 一暴十寒

孟子曰, 無或乎王之不智也로다. 雖有天下 易生之物
也나 一日暴之오 十日寒之면 未有能生者也니 吾見이 亦罕
矣오 吾退而寒之者 至矣니 吾如有萌焉에 何哉리오.
今夫弈之爲數 小數也나 不專心致志則不得也니 弈秋
는 通國之善弈者也라. 使弈秋로 誨二人弈이어든 其一人은
專心致志하여 惟弈秋之爲聽하고 一人은 雖聽之나 一心에
以爲有鴻鵠이 將至어든 思援弓繳而射之하면 雖與之俱學
이라도 弗若之矣나니 爲是其智 弗若與아 曰, 非然也니라.

【解釋】 맹자가 말했다.
"왕이 지혜롭지 못한 것은 이상할 것이 없다. 아무리 천하에 살기 쉬운 사물일지라도 하루 따뜻하고 열흘이 차가우면 살 수가 없다. 내가 임금을 만나는 것은 드문 일이고 내가 물러나면 차갑게 하는 자들이 모여든다. 모처럼 트기 시작한 싹을 내가 어떻게 하겠는가. 이제 바둑의 수란 하찮은 수에 불과하지만 그 뜻에 이르도록 마음을 한곳에 전념하지 않으면 잘 두게 되지 않는다. 혁추(弈秋)는 나라 안에서 바둑을 가장 잘 두는 자이다. 그가 두 명의 제자를 가르친다고 하자. 한 사람은 그 뜻에 이르려고 전심으로 오직 혁추의 소리에 귀를 기울이고, 한 사람은 비록 귀를 기울이나 마음 한구석으로는 '기러기란 놈이 날아오면 화살로 쏘아 잡아야지.' 하고 생각한다면, 비록 같이 배운다고 할지라도 같이 잘 둘 수는 없는 것이다. 이것은 재주가 같지 않은 때문일까? 그런 것은 아니다."

10. 생명보다 중한 것

孟子曰, 魚도 我所欲也며 熊掌도 亦我所欲也언마는 二者를 不可得兼인댄 舍魚而取熊掌者也로리라. 生亦我所欲也며 義亦我所欲也언마는 二者를 不可得兼인댄 舍生而取義者也로리라. 生亦我所欲이언마는 所欲이 有甚於生者라 故로 不爲苟得也하며 死亦我所惡언마는 所惡有甚於死者라 故로 患有所不辟也니라. 如使人之所欲이 莫甚於生이면 則凡可以得生者를 何不用也며 使人之所惡 莫甚於死者면 則凡可以辟患者를 何不爲也리오. 由是라 則生而有不用也하며 由是라 則可以辟患而有

불위야   시고   소욕   유심어생자   소오 유심어
不爲也니라. 是故로 所欲이 有甚於生者하며 所惡 有甚於
  사자   비독현자유시심야   인개유지   현자 능
死者하니 非獨賢者有是心也라 人皆有之언마는 賢者는 能
  물상이
勿喪耳니라.

  일단사   일두갱   득지즉생   불득즉사   호이이
一簞食와 一豆羹을 得之則生하고 弗得則死라도 嘑爾而
  여지   행도지인   불수   축이이여지 걸인 불설야
與之면 行道之人도 弗受하며 蹴爾而與之면 乞人도 不屑也
    만종즉불변례의이수지   만종   어아하가언
니라. 萬鍾則不辨禮義而受之하나니 萬鍾이 於我何加焉이
리오. 爲宮室之美와 妻妾之奉과 所識窮乏者 得我與인저.
  향위신   사이불수   금위궁실지미   위지   향
鄕爲身엔 死而不受다가 今爲宮室之美하여 爲之하며 鄕
  위신   사이불수   금위처첩지봉   위지   향위신
爲身엔 死而不受다가 今爲妻妾之奉하여 爲之하며 鄕爲身
    사이불수   금위소식궁핍자   득아이위지   시역
엔 死而不受다가 今爲所識窮乏者 得我而爲之하나니 是亦
  불가이이호   차지위실기본심
不可以已乎아. 此之謂失其本心이니라.

【解釋】 맹자가 말했다.

"생선도 곰의 발바닥도 내가 좋아하는 것이다. 두 가지를 겸해서 가질 수 없으면 생선을 버리고 곰의 발바닥을 가진다. 나는 생명도 지키고 싶지만 의리 또한 지키고 싶다. 두 가지를 같이 지닐 수 없으면 생명을 버리고 의리를 지키겠다. 생명도 또한 내가 지키고 싶은 바이지마는 생명보다 더 깊이 지키고 싶은 것이 있다. 그런 까닭에 생명을 버리기까지 하는 것이다. 죽음 또한 내가 싫어하는 바이다. 그러나 죽는 것보다 더 싫어하는 것이 있다. 그런 까닭에 죽음을 피하지 않게 된다. 사람의 욕망 중에서 목숨보다 더 중요한 것이 없다면, 무릇 목숨을 지키

기 위하여 무슨 짓인들 못하겠느냐. 사람이 싫어하는 것 중에서 죽음보다 더 싫어하는 것이 없다면 죽음을 피하기 위하여 무슨 짓이든지 다 할 것이다. 이렇게 하면 목숨을 건지더라도 그렇게 하지 않는 수가 있다. 이렇게 하면 죽음을 피할 수 있더라도 그렇게 하지 않는 수가 있다. 이 까닭은 목숨보다도 귀중한 것이 있고 죽음보다도 싫은 것이 있기 때문이다. 현자만이 홀로 그런 마음이 있는 것은 아니다. 사람이면 다 가지고 있다. 현자만이 잠시도 그것을 잊지 않고 있는 것이다.

한 그릇의 밥, 한 대접의 국만 있으면 죽지 않고 살아 갈 수 있다. 욕설을 퍼부으며 이것을 주게 되면 떠돌아 다니는 사람이라도 받지 않는다. 발로 차며*(蹴爾) 주게 되면 거지라도 받지 않는다. 만종(萬鍾―1鍾은 6石 4斗)일 경우는 예의도 따지지 않고 받는다. 만종이 나에게 무엇을 더해 준다는 것일까. 아름다운 궁전, 처와 첩의 봉사, 궁핍한 자에게 내가 도움을 주는 것, 그런 것이 아니겠는가.

앞서는 굶어죽는 것을 면하게 되는 경우에도 받지 않았는데 아름다운 궁전, 처첩의 봉사, 친구에게 선심을 쓰기 위하여 만 종을 받아야 하는 것인가. 이것이 과연 꼭 해야 되는 것일까. 본심을 잃는다는 것은 이것을 두고 일컫는 말이다."

11. 放心

孟子曰, 仁은 人心也오 義는 人路也니라. 舍其路而不由하며 放其心而不知求하나니 哀哉라. 人이 有鷄犬이 放則知求之하되 有放心而不知求하나니 學問之道는 無他라. 求

> 기 방 심 이 이 의
> **其放心而已矣** 니라.

【解釋】 맹자가 말했다.

"어질다는 것은 사람의 마음을 말하는 것이고, 의롭다는 것은 사람이 걸어야 될 길을 말한다. 그 길을 버리고 걸어가지 않고 그 마음을 놓치고 찾을 줄을 모른다. 슬픈 일이다. 사람은 닭이나 개를 놓치면 찾을 줄 알면서도 마음을 놓치면 찾을 줄 모른다. 학문의 길은 다른 데 있지 아니하고 그 놓친 마음을 찾는 데 있을 뿐이다."

12. 無名指와 마음

> 맹 자 왈   금 유 무 명 지 지   굴 이 불 신   비 질 통 해 사 야
> **孟子曰, 今有無名之指 屈而不信**이 **非疾痛害事也**언
> 여 유 능 신 지 자   즉 불 원 진 초 지 로   위 지 지 불 약
> 마는 **如有能信之者**면 **則不遠秦楚之路**하나니 **爲指之不若**
> 인 야   지 불 약 인 즉 지 오 지   심 불 약 인 즉 부 지 오
> **人也**니라. **指不若人則知惡之**하되 **心不若人則不知惡** 니라.
> 차 지 위 부 지 류 야
> **此之謂不知類也**니라.

【解釋】 맹자가 말했다.

"지금 무명지가 꾸부러진 사람이 있다고 하자. 아프거나 일을 하는 데 방해가 되지 아니한다. 무명지를 펼 수 있는 사람이 있다면 진(秦)나라나 초(楚)나라 길도 멀지 않다고 찾아간다. 손가락이 남과 같지 않기 때문이다. 손가락이 남과 같지 않으면 싫어할 줄 알면서 마음이 남과

같지 않은 것은 싫어할 줄 모른다. 이것을 일컬어 중하고 중하지 않음을 모르는 사람이라고 한다."

13. 桐梓의 비유

> 孟子曰, 拱把之桐梓를 人苟欲生之인댄 皆知所以養之者로되 至於身하여는 而不知所以養之者하나니 豈愛身이 不若桐梓哉리오 弗思 甚也일새니라.

【解釋】 맹자가 말했다.

"오동나무나 가래나무를 키우고자 하는 자라면, 그것을 키우는 방법을 누구나 다 알고 있다. 그런데 자기 몸이 되고 보면, 다스리는 법을 모르게 된다. 그렇다면 오동나무나 가래나무가 자기 몸보다 소중하다는 말인가. 생각이 없는 것도 이만저만이 아니다."

14. 大를 키우는 것

> 孟子曰, 人之於身也엔 兼所愛니 兼所愛 則兼所養也

라. 無尺寸之膚를 不愛焉 則無尺寸之膚를 不養也니 所
以考其善不善者는 豈有他哉리오 於己에 取之而已矣니라.
體有貴賤하며 有小大하니 無以小害大하며 無以賤害貴
니 養其小者 爲小人이오 養其大者 爲大人이니라.
今有場師 舍其梧檟하고 養其樲棘하면 則爲賤場師焉
이니라. 養其一指하고 而失其肩背而不知也면 則爲狼疾人
也니라.
飮食之人을 則人賤之矣니 爲其養小而失大也니라. 飮
食之人이 無有失也면 則口腹이 豈適爲尺寸之膚哉리오.

【解釋】 맹자가 말했다.

"사람은 자기 몸을 소중히 사랑한다. 사랑한다는 것은 소중하게 키우는 것이다. 한 자 한 치의 피부라도 소중히 사랑하지 않는 곳이 없으므로 한 자 한 치의 피부도 다 키우는 것이다. 그러나 그 키우는 법이 좋고 나쁨의 소이가 어찌 남에게 있겠는가. 자기가 취함에 있을 뿐이다. 원래 몸에는 귀한 부분, 천한 부분의 구별, 소중한 부분, 쓸데없는 부분의 구별이 있다. 쓸데없는 부분을 위해 소중한 부분을 희생해서는 안 되고, 천한 부분을 위해 귀한 부분을 희생해서는 안 된다. 쓸데없는 부분을 키우는 데만 힘을 기울이는 자는 소인이 되며, 소중한 부분을 키우는 데만 힘쓰는 자는 대인이 된다. 오동나무나 가래나무는 내버려 두고 대추나무나 장미나무만 키우는 정원사가 있다면 그것은 서투른 정원사이다. 손가락 하나의 병에만 정신을 빼앗겨, 어깨나 등의 병을 알아

차리지 못하는 의사는 당치도 않은 돌팔이 의사이다. 음식만을 중히 여기는 사람은 세상에서 천시를 받는다. 쓸데없는 부분만 키우고 있고 소중한 부분을 잊고 있기 때문이다. 그러나 음식을 중히 여기는 사람이라도 소중한 방면을 잊지만 않으면 입과 배를 키우는 것도 어찌 한 치의 피부를 키우기 위해서만의 일이겠는가."

15. 大人과 小人

公都子問曰, 鈞是人也로되 或爲大人하며 或爲小人은 何也이꼬 孟子曰, 從其大體爲大人이오 從其小體 爲小人이니라.

曰, 鈞是人也로되 或從其大體하며 或從其小體는 何也이꼬 曰, 耳目之官은 不思而蔽於物하나니 物이 交物則引之而已矣오 心之官則思라. 思則得之하고 不思則不得也니 此天之所與我者라. 先立乎其大者면 則其小者 不能奪也니 此 爲大人而已矣니라.

【解釋】 공도자(公都子)가 물었다.
"다 같은 사람인데 어떤 사람은 대인이라고 하고 어떤 사람은 소인이라고 하니 어째서입니까?"

맹자가 말했다.

"큰 것을 따르면 대인이 되고 작은 것을 좇으면 소인이 된다."

"하지만 다 같은 사람인데, 어떤 사람은 큰 것을 좇고 어떤 사람은 작은 것을 좇게 되는 것은 왜 그렇습니까?"

"귀나 눈은 생각하는 기능이 없기 때문에 사물을 제대로 판단하지 못하고 사물에 접촉하면 그것에 끌려들기 마련이다. 그러나 마음만은 생각하는 기능을 갖고 있어서 생각만 하면 사물의 참다운 모습을 파악할 수 있다. 그러나 생각을 하지 못하면 기능을 발휘하지 못한다. 마음이든 이목이든 다같이 하늘이 준 것이지만, 이 두 가지 중 큰 것, 즉 마음으로 사물을 판단하게 되면, 작은 것, 즉 이목의 유혹에 끌리지 않게 된다. 그것이 바로 대인인 것이다."

16. 天爵과 人爵

孟子曰, 有天爵者하며 有人爵者하니 仁義忠信 樂善不倦은 此天爵也오 公卿大夫는 此人爵也니라. 古之人은 修其天爵 而人爵이 從之러니라. 今之人은 修其天爵하여 以要人爵하고 旣得人爵 而棄其天爵하나니 則惑之甚者也라. 終亦必亡而已矣니라.

【解釋】 맹자가 말했다.

"벼슬에는 천작과 인작이 있다. 인의충신(仁義忠信) 등 착한 것을 즐기며 게을리 하지 않는 것이 천작이다. 공(公)이니 경(卿)이니 대부(大夫)니 하는 것은 인작이다. 옛날 사람들은 천작을 몸에 올바로 지닌 다음에 인작이 거기에 따라 얻어지게 되었다. 지금 사람들은 인작을 얻기 위해 천작을 얻으려고 한다. 이미 인작을 얻게 되면 천작을 버리는 심한 미혹에 빠져 있는 자도 있다. 끝내는 반드시 인작도 잃고 말 뿐이다."

17. 참으로 귀한 것

孟子曰, 欲貴者는 人之同心也니 人人이 有貴於己者언마는 弗思耳니라. 人之所貴者는 非良貴也니 趙孟之所貴를 趙孟이 能賤之니라. 詩云, 旣醉以酒오 旣飽以德이라 하니 言飽乎仁義也라 所以不願人之膏粱之味也며 令聞廣譽施於身이라 所以不願人之文繡也니라.

【解釋】 맹자가 말했다.
"귀하게 되고자 하는 마음은 사람이면 같다. 사람들은 자기가 귀한 것을 갖고 있다는 것은 생각해 보지도 않는다. 남이 자기를 귀하게 하는 것은 참으로 귀한 것이 아니다. 이를테면 조맹(趙孟)이 스스로 귀하게 하고 조맹이 마음대로 천하게 한 그런 것이기 때문이다.

《시경》에
  몸은 온통 술에 취하고,
  또 왕덕(王德)이 마음 가득하다.

라는 말이 있는데, 이것은 인의(仁義)의 덕에 만족했다는 뜻이다. 인의의 덕에 만족하면 이미 사람이 먹는 진미에도 마음이 끌리지 않고, 그 결과 평판이 나고 명예가 높아지므로*(廣譽) 남의 화사한 옷차림을 봐도 부러운 생각이 들지 않는다."

18. 不仁에 관여하는 자

孟子曰, 仁之勝不仁也 猶水勝火하니 今之爲仁者는
猶以一杯水로 救一車薪之火也라. 不熄 則謂之水不勝火
라 하나니 此又與於不仁之甚者也라. 亦終必亡而已矣니라.

【解釋】 맹자가 말했다.

"인이 불인을 이기는 것은, 물이 불을 이기는 것과 같다. 그러나 지금의 인을 행하는 사람은 말하자면 겨우 한 잔의 물로 수레에 산더미처럼 쌓인 장작이 타오르는 것을 끄려는 것이나 마찬가지이다. 꺼지지 않는 것은 당연한 일인데 물은 불을 이길 수 없다고 말한다. 이래서야 인을 행하기는커녕, 크게 불인에 관여하는*(與) 것이다. 그 행하다 만 약간의 인도 결국 잃어버리게 될 것이다."

19. 仁도 성숙이 중요하다

> 맹자왈 오곡자 종지미자야 구위불숙 불여제
> 孟子曰, 五穀者는 種之美者也나 苟爲不熟이면 不如荑
> 패   부인 역재호숙지이이의
> 稗니 夫仁도 亦在乎熟之而已矣니라.

【解釋】 맹자가 말했다.
"오곡이라는 것은 여러 가지 곡식 중에서도 좋은 것이지만, 아무리 오곡이라도 익지 않으면 피만도 못하다. 이와 마찬가지로 인도 익게 하는 데 있을 뿐이다."

20. 中心으로 삼는 것

> 맹자왈   예지교인사   필지어구   학자   역필지
> 孟子曰, 羿之敎人射에 必志於彀하나니 學者도 亦必志
> 어구   대장 회인   필이규구   학자   역필이규
> 於彀니라. 大匠이 誨人에 必以規矩하나니 學者도 亦必以規
> 구
> 矩니라.

【解釋】 맹자가 말했다.
"예(羿)가 활쏘기를 사람들에게 가르칠 때는 반드시 맞히겠다는 마음을 갖도록 가르치고 배우는 자도 반드시 그것을 중심으로 배웠었다. 목공이 동량(棟梁)을 다듬을 때도, 반드시 곡척(曲尺)과 그림쇠의 사용법을 중심으로 가르치고 배우는 자도 그것을 중심으로 배웠었다."

〔註釋〕 *杞柳 냇가에 자라는 버드나무.
*桮棬 버드나무 가지로 만든 그릇.
*尸 제사를 지낼 때 조상을 대신하여 神位에 나가 서는 사람.
*蒸民 모든 백성.
*蹴爾 발로 차는 것.
*廣譽 넓은 칭찬.
*與 관여하는 것.

告子章句 下

1. 비교하는 방법의 문제

<pre>
      임인   유문옥려자왈   예여식   숙중   왈 례중
    任人이 有問屋廬子曰, 禮與食이 孰重고. 曰, 禮重이니라.
       색여례   숙중   왈 례중   왈 이례식 즉기이
     色與禮 孰重고. 曰, 禮重이니라. 曰, 以禮食 則飢而
 사   불이례식 즉득식   필이례호   친영즉부득
 死하고 不以禮食 則得食이라도 必以禮乎아. 親迎則不得
 처   불친영즉득처   필친영호   옥려자 불능대
 妻하고 不親迎則得妻라도 必親迎乎아. 屋廬子 不能對하
    명일   지추   이고맹자   맹자왈 어답시야
 여 明日에 之鄒하여 以告孟子한대 孟子曰, 於答是也에 何
 유   불췌기본이제기말   방촌지목   가사고어잠루
 有리오. 不揣其本而齊其末이면 方寸之木을 可使高於岑樓
     금중어우자   기위일구금   여일여우지위재   취
 니라. 金重於羽者는 豈謂一鉤金 與一輿羽之謂哉리오. 取
    식지중자   여례지경자이비지   해시식중   취색지중
  食之重者와 與禮之輕者而比之면 奚翅食重이며 取色之重
  자   여례지경자이비지   해시색중
  者와 與禮之輕者而比之면 奚翅色重이리오.
     왕응지왈   진형지비이탈지식   즉득식   부진즉부
     往應之曰, 紾兄之臂而奪之食 則得食하고 不紾則不
   득식   즉장진지호   유동가장이루기처자 즉득처
   得食이라도 則將紾之乎아. 踰東家牆而摟其處子 則得妻
</pre>

하고 **不摟則不得妻**(불루즉부득처)라도 **則將摟之乎**(즉장루지호)아 하랴.

【解釋】 임(任)나라 사람이 옥려자(屋廬子)에게 물었다.
"예(禮)와 먹는 것과 어느 것이 중요한가?"
"예가 중요하다."
"색(色)과 예와 어느 것이 중요한가?"
"물론 예가 중요하다."
"그러면 예를 지키면 굶어죽게 되고, 예를 지키지 않으면 밥을 먹게 될 경우에도 반드시 예를 지켜야 하는가? 친영(親迎)의 예를 갖추면 장가를 들 수 없고, 친영의 예를 갖추지 않으면 장가를 들 수 있을 경우라도 반드시 친영의 예를 갖추어야만 된다는 건가?"
옥려자는 대답을 못하고, 이튿날 추(鄒)나라로 가서 맹자에게 물었다. 맹자는 이렇게 대답했다.
"그런 질문도 대답 못한단 말이냐. 밑바닥은 보지 않고 끝만 가지고 맞추기로 말하면, 한 치 나무로써도 높은 언덕보다 더 높다고 말할 수 있다. 쇠가 깃털보다 무겁다고 하지만, 허리띠 쇠고리 하나와, 수레에 가득 실은 깃털의 무게를 비교해 말하겠느냐. 먹는 것의 중대함과 예에 관한 가벼운 문제를 가지고 비교한다면 어찌 먹는 것이 중요하다고 할 뿐이겠는가. 색(色)의 중대함과 예절의 가벼움을 비교할 경우에도 어찌 색을 중요하다고 할 뿐이겠는가. 가서 이렇게 말하여라. '형의 팔을 비틀어서 먹을 것을 빼앗으면 먹을 수 있고, 비틀 수 없어서 먹을 수 없다면 팔을 비틀겠느냐. 옆집 담을 넘어가 그 집 처녀를 안으면 아내를 얻을 수 있고, 그렇지 못해서 아내를 얻을 수 없다면 담을 넘어가 끌어안겠는가.'라고."

2. 다만 실행이 있을 뿐

曹交^{조교} 問曰^{문왈}, 人皆可以爲堯舜^{인개가이위요순}이라 하니 有諸^{유저}이까. 孟子曰^{맹자왈}, 然^연하오.

交^교는 聞文王^{문문왕}은 十尺^{십척}이오 湯^탕은 九尺^{구척}이라 하니 今交^{금교}는 九尺四寸以長^{구척사촌이장}이로되 食粟而已^{식속이이}로니 如何則可^{여하즉가}이꼬.

曰^왈, 奚有於是^{해유어시}리오. 亦爲之而已矣^{역위지이이의}오. 有人於此^{유인어차}하니 力不能勝一匹雛^{역불능승일필추}면 則爲無力人矣^{즉위무력인의}오 今日擧百鈞^{금왈거백균}이면 則爲有力人矣^{즉위유력인의}니 然則擧烏獲之任^{연즉거오획지임}이면 是亦爲烏獲而已矣^{시역위오획이이의}니 夫人^{부인}은 豈以不勝爲患哉^{기이불승위환재}리오. 弗爲耳^{불위이}오. 徐行後長者^{서행후장자}를 謂之弟^{위지제}오 疾行先長者^{질행선장자}를 謂之不弟^{위지부제}니 夫徐行者^{부서행자}는 豈人所不能哉^{기인소불능재}리오. 所不爲也^{소불위야}니 堯舜之道^{요순지도}는 孝弟而已矣^{효제이이의}오.

子服堯之服^{자복요지복}하며 誦堯之言^{송요지언}하며 行堯之行^{행요지행}이면 是堯而已矣^{시요이이의}오 子服桀之服^{자복걸지복}하며 誦桀之言^{송걸지언}하며 行桀之行^{행걸지행}이면 是桀而已矣^{시걸이이의}오.

> 왈 교득현어추군   가이가관   원류이수업어문
> 曰, 交得見於鄒君이면 可以假館이니 願留而受業於門
>
> 하노이다.
>
> 　　왈 부도약대로연   기난지재   인병불구이 자
> 　　曰, 夫道若大路然하니 豈難知哉리오 人病不求耳니 子
>
> 귀이구지   유여사
> 歸而求之면 有餘師리오.

【解釋】　조교(曹交)가 물었다.
"사람은 누구나 다 요 임금이나 순 임금이 될 수 있다는데　사실입니까?"
맹자가 말했다.
"그렇다."
"내가 듣기로는 문왕은 10척이고, 탕왕은 9척이었다고 합니다.　이제 저는 키가 9척 네 치로 밥만 먹을 뿐이니 어찌하면 좋겠습니까?"
"그런 것에 무슨 상관이 있으리오. 다만 실행할 뿐이다. 오리 새끼 한 마리조차 이길 수 없는 사람이 있다면 힘없는 사람이라고 하겠지만 백균(百鈞)을 들어올린다면 힘있는 사람이라고 할 것이다. 그러니 오획(烏獲)이 든 것을 들면 그 사람도 오획이라 할 수밖에 없다. 사람이 어찌 감당하지 못한다고 해서 근심하겠는가. 해보지 않았을 따름이다. 천천히 걸어서 어른보다 뒤에 가는 자를 제(弟)라고 일컫고, 어른보다 앞질러 가는 자를 불제(不弟)라고 하는데, 천천히 걸어가는 것을 사람이 어찌 할 수 없겠는가. 해보지 않는 것이다. 요 임금과 순 임금의 도는 효제(孝悌)일 뿐이니, 그대가 요 임금의 옷을 입고 요 임금의 말을 외며 요 임금의 행동을 하면 반드시 요 임금이 될 것이며, 그대가 걸(桀)의 옷을 입고 걸의 말을 외며 걸의 행동을 하면 반드시 걸이 될　것이다."
"제가 추(鄒)나라 임금을 만나보고 있을 집을 얻을 수 있다면, 원컨대 여기에 머물면서 선생님 문하에서 배우고 싶습니다."

"대체로 도(道)라는 것은 큰 길과 같으므로 어찌 알기가 어렵다고 하겠는가. 사람들이 구하려 하지 않는 것을 근심할 따름이다. 그대도 돌아가서 이것을 구하면 많은 스승이 있을 것이다."

3. 부모의 과실

公孫丑 問曰, 高子曰, 小弁은 小人之詩也라 하더이다.

孟子曰, 何以言之오. 曰, 怨이니이다.

曰, 固哉라 高叟之爲詩也여. 有人於此하니 越人이 關弓而射之어든 則己 談笑而道之는 無他라 疏之也오. 其兄이 關弓而射之어든 則己 垂涕泣而道之는 無他라 戚之也니 小弁之怨은 親親也라 親親은 仁也니 固矣夫라 高叟之爲詩也여.

曰, 凱風은 何以不怨이니이꼬. 曰, 凱風은 親之過 小者也오 小弁은 親之過 大者也니 親之過 大而不怨이면 是는 愈疏也오 親之過 小而怨이면 是는 不可磯也니 愈疏도 不孝야 不可磯도 亦不孝也니라. 孔子曰, 舜은 其至孝矣인저 五十而慕라 하시니라.

【解釋】 공손추(公孫丑)가 물었다.
"고자(高子)께서는 '《시경》『소변(小弁)』의 시는 소인의 작품이다.'라고 말씀합니다만."
 맹자가 말했다.
"왜 그렇게 말했을까."
"부모를 원망하고 있기 때문입니다."
"고자(高子)의 시를 읽는 법이 고루하군. 지금 여기에 어떤 사람이 있어 월(越)나라 사람이 활을 당겨 쏘려고 하는데 담소하며 그러지 말라고 말하는 것은 다름이 아니라 그 사람과 멀기 때문이다. 그 형이 활을 당겨 쏘려고 한다면 눈물을 떨구며 말하기를 '그러지 마라.'고 하는 것은 남이 아니라 형이기 때문이다. 소변의 시가 부모를 원망하는 것은 부모를 친애하는 데서 나온 것이니 부모를 친애하는 것은 인(仁)이다. 고자의 시를 읽는 법이 고루하구나."
"개풍(凱風)의 시에선 무엇 때문에 어머니를 원망하지 않았습니까?"
"개풍의 시에서는 부모의 과실이 작다. 소변의 시에서는 부모의 과실이 크다. 부모의 과실이 큰데도 원망하지 않으면 이것은 부모와 더욱 멀어지는 것이다. 부모의 허물이 작은데도 부모를 원망한다면 이것은 부모에게 사소한 일에도 성내는 것이다. 더욱 멀어지는 것도 불효요, 자식이 부모에게 사소한 일에 성내는 것도 또한 불효이다. 공자가 말하기를 '순 임금은 참으로 효자다. 쉰이 되어도 부모를 사모했다.' 하였다."

4. 仁義와 利害

宋牼이 將至楚러니 孟子 遇於石丘하시다. 曰, 先生은 將何之오

曰, 吾聞秦楚構兵하니 我將見楚王하여 說而罷之하되 楚王이 不悅이어든 我將見秦王하여 說而罷之하리니 二王에 我將有所遇焉이리오

曰, 軻也는 請無問其詳이오 願聞其指하노니 說之將何如오 曰, 我將言其不利也하리오. 曰, 先生之志則大矣어니와 先生之號則不可하오. 先生이 以利로 說秦楚之王이면 秦楚之王이 悅於利하여 以罷三軍之師하리니 是는 三軍之士 樂罷而悅於利也라. 爲人臣者 懷利以事其君하며 爲人子者 懷利以事其父하며 爲人弟者 懷利以事其兄이면 是는 君臣父子兄弟 終去仁義하고 懷利以相接이니 然而不亡者 未之有也오. 先生이 以仁義로 說秦楚之王이면 秦楚之王이 悅於仁義하여 而罷三軍之師하리니 是는 三軍之士 樂罷而悅於仁義也오. 爲人臣者 懷仁義以事其君하며 爲人子者 懷仁義以事其父하며 爲人弟者 懷仁義以事其兄이면 是는 君臣父子兄弟 去利하고 懷仁義以相接也니 然而不王者 未之有也니 何必曰利리오.

【解釋】　송경(宋牼)이 초(楚)나라로 급히 가던 도중, 석구(石丘)에서 맹자와 마주쳤다.

맹자가 말했다.

"선생은 지금 어디로 가시는 길이오?"

송경이 말했다.

"내가 듣건대 진(秦)나라와 초나라가 싸움을 벌이고 있다기에, 나는 초나라 왕을 만나 설득시켜 싸움을 중지시킬 작정입니다. 초나라 왕이 좋아하지 않으면 진나라 왕을 설득시켜 싸움을 그치게 할 생각입니다. 두 왕 중 한쪽이라도 뜻맞는 사람이 있을 것입니다."

"그렇다면 자세한 것은 묻고 싶지 않습니다. 다만 설득을 하는 데 어떤 식으로 할 것인지 그 요지를 듣고 싶습니다."

"나는 전쟁을 하는 것이 이롭지 못하다는 것을 말할 생각입니다."

"선생의 뜻은 큰데, 선생의 말하려는 점은 잘못되어 있습니다. 선생이 이해 관계를 말해서 설득에 성공했다고 합시다. 진나라와 초나라의 두 임금은 이해만을 따져서 3군의 싸움을 중지하게 될 것이며, 장병들이 싸움을 그만둔 것을 기뻐하는 것도 이익 본위에서일 겁니다.

만일 신하된 사람이나 자식된 사람이나 남의 아우된 사람이, 이익을 위주로 해서 임금이나 부형을 섬기게 된다면 이것은 군신, 부자, 형제가 다 인의를 버리고 이익을 그리워하여 서로 접촉하는 것이니, 그러고도 망하지 않은 나라는 일찍이 없었습니다.

선생이 인의로 진나라와 초나라의 왕을 설복했다고 합시다. 이 경우 진나라와 초나라의 두 왕은 인의를 기뻐하며 3군의 싸움을 중지시킬 것입니다. 3군의 장병들이 싸움이 그친 것을 기뻐하는 것도 인의의 입장에서일 것입니다.

신하된 사람이나 자식된 사람이나 아우된 사람이, 인의를 사모하여 임금과 부형을 섬긴다면 이것은 군신, 부자, 형제의 이익을 버리고 인의를 사모하여 서로 접촉하는 것입니다. 이러고서 왕자가 되지 않은 예는 일찍이 없었습니다.

그런데 하필 이익을 가지고 말하려 합니까."

5. 만남과 만나지 않음

孟子가 居鄒하실새 季任이 爲任處守러니 以幣交한대 受之而不報하시고 處於平陸하실새 儲子爲相이러니 以幣交한대 受之而不報하시다.

他日에 由鄒之任하사 見季子하시고 由平陸之齊하사 不見儲子하신대 屋廬子 喜曰, 連이 得間矣와라. 問曰, 夫子 之任하사 見季子하시고 之齊하사 不見儲子하시니 爲其爲相與이까.

曰, 非也라. 書에 曰, 享은 多儀하니 儀不及物이면 曰, 不享이니 惟不役志于享이라 하니 爲其不成享也니라.

屋廬子 悅이어늘 或이 問之한대 屋廬子曰, 季子는 不得之鄒오 儲子는 得之平陸일새니라.

【解釋】 맹자가 추(鄒)나라에 살고 있을 때, 임(任)나라의 처수(處守)인 계임(季任)이 예물을 보내어 교제를 요청해 왔다. 맹자는 이 예물

을 받기만 하고 가서 답례를 하지 않았다. 평륙(平陸)에 있을 때에도 재상으로 있는 저자(儲子)가 예물을 보내오며 교제를 요청했는데도 받기만 하고 가서 보답하지 않았다. 후일에 추나라에서 임나라로 갔을 때 맹자는 계자를 만났으나 평륙으로부터 제나라에 갔을 때에는 저자를 만나지 않았다. 옥려자(屋廬子)가 기뻐하면서 "내가 선생님의 잘못을 발견했다."고 말하며 묻기를, "선생께서는 임나라에 갔을 때는 계자를 만나보고 제나라에 갔을 때는 저자를 만나보지 않았으니, 저자가 재상이기 때문입니까?"

"아니다. 《서경》에 말하기를 '물건을 보내려면 예를 다하여야 한다. 예가 소홀하고 물건이 시원치 않으면 보내지 않는 것보다 못하다. 이것은 보내는 마음이 소홀하기 때문이다.'라고 하였다. 그의 예가 소홀하여 참된 예물이 될 수 없었기 때문이다."

옥려자는 기뻐하였다. 어떤 사람이 물으니 옥려자는 말하기를 "계자는 추(鄒)나라에 갈 수 없었고, 저자는 평륙에 갈 수 있었기 때문이다."

6. 君子의 생각, 小人의 생각

淳于髡이 曰, 先名實者는 爲人也오 後名實者는 自爲也니 夫子ㅣ 在三卿之中하사 名實이 未加於上下而去之하시니 仁者도 固如此乎이까.

孟子曰, 居下位하여 不以賢事不肖者는 伯夷也오 五就湯하며 五就桀者는 伊尹也오 不惡汙君하며 不辭小官者는

柳下惠也니 三子者 不同道하나 其趨는 一也니 一者는 何
也오 曰, 仁也라.

君子는 亦仁而已矣니 何必同이리오.

曰, 魯繆公之時에 公儀子 爲政하고 子柳子思 爲臣이
로되 魯之削也 滋甚하니 若是乎賢者之無益於國也여.

曰, 虞不用百里奚而亡하고 秦穆公이 用之而霸하니 不
用賢則亡이니 削을 何可得與리오.

曰, 昔者에 王豹 處於淇 而河西 善謳하고 綿駒處於
高唐 而齊右善歌하고 華周 杞梁之妻 善哭其夫 而變
國俗하니 有諸內면 必刑諸外하나니 爲其事而無其功者를
髡이 未嘗覩之也로니 是故로 無賢者也니 有則髡必識之니
이다.

曰, 孔子 爲魯司寇러시니 不用하고 從而祭에 燔肉이 不
至어늘 不稅冕而行하시니 不知者는 以爲爲肉也라 하고 其知
者는 以爲爲無禮也라 하니 乃孔子則欲以微罪行하사 不欲
爲苟去하시니 君子之所爲를 衆人이 固不識也니라.

【解釋】 순우곤(淳于髡)이 말했다.

"명예와 공적을 먼저 앞세우는 사람은 남을 위해서 일을 하는 것이고, 명예와 공적을 뒤로 돌리는 사람은 자기를 위하여 일을 하는 것입니다. 선생께서는 3경(三卿) 중의 한 사람으로서 명예와 공적이 상하에 미치지 못하였는데, 그러고서도 이 나라를 떠나려 하시니 어진 사람은 본래 그런 것입니까?"

맹자가 말했다.

"낮은 지위에 있으면서 현명한 것을 가지고 불초한 임금을 섬기지 않은 사람은 백이(伯夷)다. 다섯 차례씩이나 각각 탕왕과 걸왕에게 나아간 사람은 이윤(伊尹)이다. 더러운 임금을 싫어하지 않고 작은 벼슬이라도 사양하지 않은 사람은 유하혜(柳下惠)다. 세 사람은 방법은 같지 않았으나 그 나아가는 바는 하나였다."

"그 하나란 무엇입니까?"

"어진 것이다. 군자도 역시 어질어야 할 뿐인데 하필이면 같아야 하는가."

"노나라 목공 때 공의자(公儀子)가 재상으로 있었고, 자유(子柳), 자사(子思)가 신하로서 벼슬하고 있었지만, 노나라는 영토를 날로 깎이고만 있었으니 현명한 사람이 나라에 아무 도움도 주지 못하는 것이 이런 것입니까?"

"우(虞)나라는 백리해(百里奚)를 등용하지 못했기 때문에 망하고, 진목공(秦穆公)은 그를 쓴 까닭에 패자(霸者)가 되었다. 현명한 사람을 등용(登用)하지 않으면 망하는 것이다. 영토가 깎이는 정도로 끝나는 것이 아니다."

"옛날 왕표(王豹)가 기수(淇水) 근처에 살게 되자 하서(河西) 사람까지 노래를 잘 부르게 되었고, 면구(綿駒)가 고당(高唐)에 살게 되자 가까운 제나라 서부 지방 사람까지 노래를 잘 부르게 되었고, 화주(華周)와 기량(杞梁)의 아내는 남편의 죽음에 어찌나 슬프게 울었던지, 그로 인해 나라의 풍속이 바뀌고 말았습니다. 이같이 안에 깃들어 있는 힘은 반드시 밖에 나타나게 되는 것입니다. 일을 하여서 아무런 성과도 나타내지 못하는 사람을 나는 본 적이 없습니다. 그것은 결국 어진 사람이 없다는 것이 됩니다. 만일 있다면 내가 반드시 그것을 알게 될 것입니다."

 "공자가 노나라 사구(司寇)로 있었는데 그다지 중용(重用)되지 않았다. 마침 제사가 있어, 그 제사 지낸 고기를 나눠주지 않는 것을 보자 예복을 갈아 입지도 않은 채 노나라를 떠났다. 공자를 모르는 사람들은 제사 고기 때문이라고 생각하고, 알고 있는 사람이라도 임금이 예를 지키지 않은 때문이라고밖에 생각하지 못했다. 그러나 사실은 공자가 임금의 사소한 잘못을 구실로 떠나려 한 것으로 굳이 사실을 밝히고 싶지 않았기 때문인 것이다. 이와 같이 군자가 하는 일은 보통 사람이 알지 못하는 것이다."

7. 五霸는 三王의 罪人

孟子曰, 五霸者는 三王之罪人也오 今之諸侯는 五霸之罪人也오 今之大夫는 今之諸侯之罪人也니라. 天子 適諸侯曰, 巡狩오 諸侯 朝於天子 曰, 述職이니 春省耕而補不足하며 秋省斂而助不給하나니 入其彊하여 土地辟하며 田野治하며 養老尊賢하며 俊傑이 在位則有慶이니 慶以地하고 入其彊하여 土地荒蕪하며 遺老失賢하며 掊克이 在位則有讓이니 一不朝則貶其爵하고 再不朝則削其地하고 三不朝則六師로 移之하나니 是故로 天子는 討而不伐하고

諸侯는 伐而不討하나니 五霸者는 摟諸侯하여 以伐諸侯者
也라. 故로 曰, 五霸者는 三王之罪人也니라.
五霸에 桓公이 爲盛하더니 葵丘之會에 諸侯束牲載書而
不歃血하고 初命曰, 誅不孝하며 無易樹子하며 無以妾爲
妻라 하고 再命曰, 尊賢育才하여 以彰有德이라 하고 三命曰,
敬老慈幼하며 無忘賓旅라 하고 四命曰, 士無世官하며 官
事無攝하며 取士必得하며 無專殺大夫라 하고 五命曰, 無
曲防하며 無遏糴하며 無有封而不告라 하고 曰, 凡我同盟
之人은 旣盟之後에 言歸于好라 하니 今之諸侯 皆犯此五禁
하나니 故로 曰, 今之諸侯는 五霸之罪人也니라.
長君之惡은 其罪 小하고 逢君之惡은 其罪 大하니 今之
大夫 皆逢君之惡하나니 故로 曰, 今之大夫는 今之諸侯
之罪人也니라.

【解釋】 맹자가 말했다.
"5패는 3왕의 죄인이요, 지금의 제후는 5패의 죄인이며, 지금의 대신은 지금의 제후의 죄인이다. 천자가 제후가 있는 곳으로 행차하여 시찰하는 것을 순수(巡狩)라 하고, 제후가 천자가 있는 곳에 입조(入朝)하는 것을 술직(述職)이라 했다. 천자는 봄에는 경작 상태를 순수하여, 농구가 부족하면 보충해 주고, 가을에는 수확 상황을 순수하여 일손이 부족하면 일손을 마련해 주었던 것이다. 천자가 순수하여 제후의 영지 내로 들어갔을 때 토지는 잘 개간되고, 논밭은 손질이 잘 되었으며, 백성간에는 노인을 소중히 하고 현자를 존중하는 풍습이 있어 걸출한 인물이 관직에 오르고 있으면 상으로 토지를 준다. 그러나 토지는 황폐하고 노인은 돌보지도 않고 현자는 푸대접하며, 조세를 가혹하게 거둬가는 나쁜 관리*(掊克)가 관직에 있다면 견책하는 것이다. 제후가 한 번 입조하지 않으면 작위가 떨어지고, 재차 입조하지 않으면 영지를 삭제하고, 세번째 입조하지 않으면 6사(六師)에게 명하여 추방한다. 그러기에 천자는 제후의 죄상을 들어 토벌의 명령은 내리나 손수 군을 이끌고 토벌하는 일은 없고, 제후는 천자의 명령을 받고 토벌에 나서기는 하나, 다른 제후의 죄상을 들어 토벌 명령을 내리지는 않는다. 그런데 5명의 패자란 마음대로 제후를 이끌고, 다른 제후를 토벌한 자들이다. 그러므로 나는 '5패는 3왕의 죄인이다.'라고 하는 것이다.

　5명의 패자 중에선 제나라의 환공(桓公)이 가장 강성했다. 규구(葵丘)에서 회맹(會盟)했을 때, 제후는 다만 묶어놓은 희생우(犧牲牛) 위에 서약서를 올려놓았을 뿐이며, 소를 죽여 피를 입가에 칠하지는 않았다. 그 서약서는, 제 1 조 '불효자는 죽이고 후계자는 바꾸지 않으며 첩을 정실로 삼지 않을 것', 제 2 조 '현자를 존중하고 재능있는 자를 육성하며 유덕한 사람을 표창할 것', 제 3 조 '노인을 공경하고, 나이 어린 자를 소중히 여길 것. 빈객(賓客)과 여행자에 대하여 염려할 것', 제 4 조 '선비에게는 관직을 세습케 하지 않을 것 및 겸직케 하지 않을 것, 선비를 채용하려면 반드시 적재(適材)를 얻을 것. 함부로 대신을 죽이지 말 것', 제 5 조 '황하(黃河)의 둑을 구부려 쌓지 말 것. 곡물 수출을 금지하지 않을 것. 남에게 토지를 주어 영주로 삼았을 때는 반드시 맹주(盟主)에게 보고할 것' 등의 5개조로 이루어지고 마지막에는 '우리 맹세를 함께 하는 자가 이미 이 맹약을 맺은 바에는 서로 우호를 유지해 가자.'라고 끝맺어져 있다. 그런데 지금의 제후는 이 5개조를 범하고 있다. 그러므로 나는 '지금의 제후는 5패의 죄인이다.'라고 하는 것이다. 임금의 악정을 조장시키는 그 죄는 그래도 가볍다.

　그러나 임금을 교사(敎唆)하여 악을 끌어내게 되면 그 죄는 중대하다.

지금의 대신은 다 임금을 교사하여 악을 끌어내는 일만 하고 있다. 그러므로 나는 '지금의 대신은 그 제후의 입장에서 보면 죄인이다.' 라고 하는 것이다."

8. 이긴다 해도 옳지 않다

魯^노 欲使愼子^{욕사신자}로 爲將軍^{위장군}이러니 孟子曰^{맹자왈}, 不敎民而用之^{불교민이용지}를 謂之殃民^{위지앙민}이니 殃民者^{앙민자}는 不容於堯舜之世^{불용어요순지세}이오 一戰勝齊^{일전승제}하여 遂有南陽^{수유남양}이라도 然且不可^{연차불가}하오. 愼子^{신자} 勃然不悅曰^{발연불열왈}, 此則滑釐^{차즉골리}의 所不識也^{소불식야}로소이다. 曰^왈, 吾^오 明告子^{명고자}하리오 天子之地^{천자지지} 方千里^{방천리}니 不千里^{불천리}면 不足以^{부족이} 待諸侯^{대제후}오 諸侯之地方百里^{제후지지방백리}니 不百里^{불백리}면 不足以守宗廟之典籍^{부족이수종묘지전적}이오. 周公之封於魯^{주공지봉어노}에 爲方百里也^{위방백리야}니 地非不足^{지비부족}이로되 而儉於百里^{이검어백리}하며 太公之封於齊也^{태공지봉어제야}에 亦爲方百里也^{역위방백리야}니 地非不足也^{지비부족야}로되 而儉於百里^{이검어백리}하리오. 今魯^{금노} 方百里者^{방백리자} 五^오니 子^자 以爲有王者作^{이위유왕자작} 則魯在所損乎^{즉노재소손호}

아. 在所益乎아. 徒取諸彼하여 以與此라도 然且仁者不爲
는 況於殺人以求之乎아. 君子之事君也는 務引其君以當
道하여 志於仁而已이오.

【解釋】 노(魯)나라는 신자(愼子)를 장군으로 삼으려고 하였다.
맹자가 말했다.
"백성들을 가르치지 않고 전쟁에 내보낸다는 것은 백성들을 재앙에 몰아 넣는 일이다. 백성들을 재앙에 몰아 넣는 자는 요 임금이나 순 임금의 세상에서는 용납되지 않는다. 제나라와 한번 싸워서 남양(南陽)을 빼앗았다고 하더라도 옳지 않은 일이다."
신자는 좋지 않은 듯이 뾰루퉁하여 말했다.
"그런 것은 나로서*(滑釐)는 모르는 일입니다."
"내가 그대에게 분명히 알려 주지. 천자의 땅은 사방 천 리이다. 천리가 아니되면 제후들을 상대하기가 부족하기 때문이고, 제후의 땅은 사방 백 리이니 백 리가 아니 되면 종묘(宗廟)의 전적을 지키기가 부족하기 때문이다. 주공이 노나라에 부임했을 때 사방 백 리에 지나지 않았다. 땅이 모자랐던 것은 아니지만 백 리를 초과하지 않게 하였다. 태공이 제나라에 부임했을 때 또한 사방 백 리였다. 땅이 모자랐던 것은 아니나 백 리를 초과하지 않게 했다*(儉). 지금 노나라는 사방 백 리의 다섯 배나 된다. 그대는 만일 참된 왕자가 나타났다면 노나라 땅이 깎일 것인지 또는 늘 것인지 어느 쪽이라고 생각하는가? 전쟁을 않고 저쪽 땅을 빼앗아다가 이쪽에 주는 일조차도 어진 사람은 오히려 하지 않거든, 하물며 사람을 죽여서까지 구하려고 하겠는가. 군자가 임금을 섬기는 데는 그 임금을 이끌어 도리에 맞도록 하고 인(仁)에 뜻을 두도록 하는 것뿐이다."

9. 桀을 위해 富를 늘림

孟子曰, 今之事君者 曰, 我 能爲君하여 辟土地하며 充府庫라 하나니 今之所謂良臣이오 古之所謂民賊也라. 君不鄕道하여 不志於仁이어든 而求富之하니 是는 富桀也니라.

我 能爲君하여 約與國하여 戰必克이라 하나니 今之所謂 良臣이오 古之所謂民賊也라. 君不鄕道하여 不志於仁이어든 而求爲之强戰하니 是는 輔桀也니라. 由今之道하여 無變今之俗이면 雖與之天下라도 不能一朝居也니라.

【解釋】 맹자가 말했다.
"요즈음 임금을 섬기는 자들은 말하기를 '나는 능히 임금을 위하여 황무지를 개간하고 창고를 채울 수 있다.'고 한다. 요즈음 소위 좋은 신하는 옛날의 소위 민적(民賊)이다. 임금이 도를 행하지도 않고 인(仁)에 뜻을 두지 않는데도 임금의 부만 늘린다면 이것은 걸왕을 위해 부를 늘리는 것과 마찬가지다. '나는 능히 임금을 위해 동맹국과 더불어 약속을 맺고 전쟁을 하면 반드시 이길 수 있다.'고 하는 요즈음의 이른바 좋은 신하는 옛날의 소위 민적이다. 임금이 도를 행하지도 않고 인에 뜻을 두지 않는데도 임금을 위해 무리하게 전쟁을 하기 바라니 이것은 걸을 돕는 것이다. 요즈음의 도를 따르고, 그리하여 지금의 습속을 고치지 않으면 비록 천하를 준다 하더라도 하루도 앉아 있을 수 없을 것이다."

10. 20분의 1의 세금

白圭曰, 吾欲二十而取一하노니 何如하니이꼬.
孟子曰, 子之道는 貉道也오. 萬室之國에 一人이 陶則 可乎아. 曰, 不可하니 器不足用也니이다. 曰, 夫貉은 五穀이 不生하고 惟黍生之하나니 無城郭宮室宗廟祭祀之禮하며 無諸侯幣帛饔飧하며 無百官有司라 故로 二十에 取一이 而足也오 今에 居中國하여 去人倫하며 無君子면 如之何其可也리오. 陶以寡라도 且不可以爲國이온데 況無君子乎아. 欲輕之於堯舜之道者는 大貉에 小貉也오 欲重之於堯舜之道者는 大桀에 小桀也오.

【解釋】 백규(白圭)가 말했다.

"나는 20분의 1의 세금을 받고 싶은데 어떻습니까?"
맹자가 말했다.
"그대의 방법은 맥(貉)의 방법이다. 일만 호가 있는 나라에 한 사람의 도공(陶工)으로 된다고 생각하는가?"
"안 됩니다. 그릇이 부족합니다."
"대체로 맥이란 나라는 오곡이 자라지 않고 오직 수수만이 자란다. 성곽, 궁실, 종묘, 제사의 예(禮)도 없고, 제후에의 예물을 주는 것과 손님을 접대하는 향응도 없으며, 백관과 유사도 없다. 그러므로 20분의 1의 세금으로도 충족하다. 이제 중국에 살면서 인륜도 버리고 군자도 없다면 어떻게 옳다고 할 수 있겠는가. 도공이 적어도*(陶以寡) 나라를 잘 다스릴 수 없는데 하물며 군자가 없다면야. 요 임금이나 순 임금의 방법보다 가벼운 세금을 하려는 자는 대맥(大貉)이나 소맥이요, 요 임금이나 순 임금보다 세금을 무겁게 하려는 자는 대걸(大桀)이나 소걸이다."

11. 禹 임금의 治水

白圭曰, 丹之治水也 愈於禹하니이다.
孟子曰, 子 過矣오. 禹之治水는 水之道也오. 是故로
禹는 以四海爲壑이어늘 今에 吾子는 以隣國爲壑이오. 水逆
行을 謂之洚水니 洚水者는 洪水也라. 仁人之所惡也니 吾
子 過矣로오.

【解釋】 백규가 말했다.
"내*(丹)가 한 치수는 우 임금보다 뛰어납니다."
"그대의 잘못이다. 우 임금의 치수는 물의 본성에 따랐으므로 이런 까닭에 우 임금은 사해를 구렁으로 삼았다. 지금 당신은 이웃 나라를 물이 떨어지는 구렁으로 삼고 있다. 물이 거꾸로 흐르는 것을 강수(洚水)라고 하는데, 강수(洚水)는 홍수(洪水)인지라 어진 사람이 싫어하는 것이니, 그대의 잘못이다."

12. 융통성

> 맹자왈 군자 불량 오호집
> 孟子曰, 君子 不亮이면 惡乎執이리오.

【解釋】 맹자가 말했다.
"군자는 시비를 가릴 줄 모르고 신의만을 지키지*(亮)는 않는다. 하나의 신의에 얽매여 그 결과 다른 도덕 법칙을 범하는 것을 두려워하기 때문이다."

13. 착한 일을 좋아하는 자

> 노 욕사악정자 위정 맹자왈 오문지 희
> 魯 欲使樂正子로 爲政이러니 孟子曰, 吾 聞之하고 喜

而不寐호라 公孫丑曰, 樂正子는 强乎이까. 曰, 否라. 有
知慮乎이까. 曰, 否라. 多聞識乎이까. 曰, 否라.
然則奚爲喜而不寐시니이꼬 曰, 其爲人也 好善이니라. 好
善이 足乎이까. 曰, 好善이 優於天下은 而況魯國乎아. 夫
苟好善 則四海之內 皆將輕千里而來하여 告之以善하고
夫苟不好善 則人將曰, 訑訑를 予旣已知之矣로라 하리니 訑
訑之聲音顏色이 距人於千里之外하나니 士 止於 千里之外
則讒諂面諛之人이 至矣리니 與讒諂面諛之人으로 居면 國
欲治인들 可得乎아.

【解釋】 노나라는 악정자(樂正子)에게 정치를 하게 하려고 했다. 맹자가 말했다.
"나는 그 말을 듣고 너무 기뻐서 잠을 이룰 수 없다."
공손추(公孫丑)가 말했다.
"악정자는 강의(剛毅)한 사람입니까?"
"그렇지 않다."
"총명하고 생각이 깊은 사람입니까?"
"그렇지 않다."
"박식한 사람입니까?"
"아니다."
"그럼 왜 기뻐서 잠을 못 이룬다고 말씀하십니까?"
"착한 것을 좋아하는 사람이기 때문이다."
"착한 것을 좋아하면 그것으로 되는 겁니까?"

"착한 것을 좋아하면, 천하를 다스리고도 여유가 있다*(優於天下). 노나라를 다스리는 일쯤이야 쉬운 일이다. 대개 착한 것을 좋아하면 사방으로부터 사람들이 천 리 길도 멀다 않고 찾아와서 착한 것을 가르쳐 준다. 그러나 착한 것이 싫어진다면 사람들은 곧 '으스대고*(訑訑) 나는 모든 것을 다 안다는 듯한 얼굴을 하고.' 이렇게 말하게 되는 것이다. 으스대는 자의 말투나 얼굴 모습이나 태도는 선비를 천 리나 멀리 떼밀어 낸다. 선비가 천 리나 멀리 밀려나면 그 대신 참언(讒言)하는 자나, 비위 맞추는 자나 입만을 놀리는 인간이 반드시 모여든다.

참언하는 자, 비위 맞추는 자, 입만 놀리는 인간들로 둘러싸인다면 나라를 다스리고 싶어도 다스릴 수 없지 않겠는가."

14. 세 가지 去就

陳子曰, 古之君子 何如則仕니이꼬. 孟子曰, 所就 三이오 所去 三이오 迎之致敬以有禮하며 言將行其言也 則就之하고 禮貌未衰나 言弗行也 則去之오 其次는 雖未行其言也나 迎之致敬以有禮 則就之하고 禮貌衰 則去之오 其下는 朝不食하며 夕不食하여 飢餓不能出門戶어든 君이 聞之曰, 吾 大者 不能行其道하고 又不能從其言也하

```
      여  使飢餓於我土地를 吾 恥之라하고 周之인댄 亦可受也어
      면  이  이  의
  니와 免死而已矣이오.
```

【解釋】 진자(陳子)가 말했다.
"옛날의 군자는 어떤 경우에 벼슬을 하였습니까?"
맹자가 말했다.
"벼슬하는 경우도 세 가지, 사직하여 떠나는 경우도 세 가지가 있다. 진심으로 존경하고 예의를 다해 초빙하면 '의견을 실행하겠습니다.'라고는 말하지 않더라도, 진심으로 존경하고 예의를 다해 대접*(迎)하면 벼슬을 한다. 이 경우는 임금의 예의나 존경의 기분이 희박해졌으면 사직하고 떠난다. 최후로는 조석이 간 데 없고, 굶주려 집 밖에도 못 나갈 정도로 곤궁했을 때 영주가 그 말을 듣고, '나는 크게는 그가 설명하는 길을 실행할 수도 없고, 작게는 그 의견을 취급하지도 못했지만 그렇다고 해서 우리 영내에서 굶주리게 해서야 나의 수치다.'라고 말하고 구조의 녹(祿)을 주는 경우인데, 이것은 받아도 좋다. 그러나 기아를 모면할 정도에서 그쳐야만 한다."

15. 하늘의 시련

```
      맹자왈  순 발어견묘지중    부열  거어판축지간
      孟子曰, 舜은 發於畎畝之中하고 傅說은 擧於版築之間
         교격  거어어염지중   관이오  거어사    손숙
      하고 膠鬲은 擧於魚鹽之中하고 管夷吾는 擧於士하고 孫叔
     오  거어해   백리해  거어시
     敖는 擧於海하고 百里奚는 擧於市하니라.
```

故로 天將降大任於是人也인댄 必先苦其心志하며 勞其
筋骨하며 餓其體膚하며 空乏其身하여 行拂亂其所爲하나니
所以動心忍性하여 曾益其所不能이니라.
人恒過然後에 能改하나니 困於心하며 衡於慮而後에 作
하며 徵於色하며 發於聲而後에 喩니라. 入則無法家拂士하
고 出則無敵國外患者는 國恒亡이니라. 然後에 知生於憂患
而 死於安樂也니라.

【解釋】 맹자가 말했다.

"순은 백성 속에서 몸을 일으켰고, 부열(傅說)은 토목 공사 인부 속에서 발견되었고, 교격(膠鬲)은 어염(魚鹽) 상인 속에서 찾아냈고, 관이오(管夷吾)는 옥관(獄官)의 수중에서 끌어냈고, 손숙오(孫叔敖)는 해변가 어촌에서 발견되었고, 백리해는 시장에서 기용되었다. 이런 것으로 미루어 하늘이 중대한 임무를 어떤 사람에게 맡기려고 할 때는 반드시 우선 그 정신을 괴롭히고, 그 근골(筋骨)을 아프게 하고, 육체를 굶주리게 하고, 생활은 곤궁케 하여 하는 일마다 의지와 엇갈리게 하는 것이다. 이것은 그렇게 함으로써 마음을 분발케 하고, 인내심을 강하게 하고, 지금까지 하지 못했던 일도 할 수 있도록 하기 위해서이다. 대체로, 인간은 실패한 다음에야 비로소 발분(發憤)하고 곤고(困苦)가 안색이나 목소리에 나타날 때까지 괴로워하다 비로소 정말 알게 되는 것이다. 국가도 마찬가지로 안으로는 대대로 유법(遺法)을 지키는 신하나 임금을 보좌*(拂士)할 현신(賢臣)이 없고, 밖으로는 대항할 수 있는 나라나 타국의 압박이 없으면 그 나라는 반드시 멸망한다. 이렇게 본다면 개인이나 국가나 곤란, 우고(憂苦) 속에서야 참되게 살 수 있고, 무사 안락 속에서는 죽는 것을 알게 된다."

16. 不屑之敎

> 맹자왈 교 역다술의   여불설지교회야자   시역교
> 孟子曰, 敎 亦多術矣니 予不屑之敎誨也者는 是亦敎
> 회 지 이 이 의
> 誨之而已矣니라.

【解釋】 맹자가 말했다.

"가르치는 데는 여러 가지 방법이 있다. 이곳에서 상대방을 가르치기를 달가워하지 않는 것도*(不屑) 역시 가르치는 방법이다."

【註釋】 *掊克 세금을 가혹하게 걷어 가는 나쁜 관리.
* 滑釐 愼子의 이름.
* 儉 그 이상 초과하지 않게 한다.
* 陶以寡 '도공이 적어도'로 해석했으나 以를 甚으로 보는 說도 있다.
* 丹 白圭의 이름.
* 亮 諒의 뜻으로 해석.

* 憂於天下 천하를 다스리고도 여유가 있다.
* 訑訑 똑똑한 체하여 으스대는 것.
* 迎 대접하는 뜻으로 해석하는 것이 좋다.
* 拂士 임금을 충심으로 보좌함.
* 不屑 달가워하지 않다.

■ 盡心篇

盡心章句 上

1. 하늘을 섬기는 길

맹자왈　　진기심자　　지기성야　　지기성즉지천의
孟子曰, 盡其心者는 知其性也니 知其性則知天矣니라.
존기심　　　양기성　　소이사천야　　요수　　불이　　수신
存其心하여 養其性은 所以事天也오 殀壽에 不貳하여 修身
이사지　　소이립명야
以俟之는 所以立命也니라.

【解釋】 맹자가 말했다.
"자기의 마음을 탓하는 자는 자기의 본성을 알게 된다. 본성을 알게 되면 하늘을 안 것이 된다. 자기의 마음을 보존하여 자기의 본성을 키워 가는 것이 하늘을 섬김이다. 일찍 죽느냐, 장수하느냐를 의심하지*(不貳) 않고 몸을 닦아서 천명을 기다리는*(俟之) 것이 천명에 순응하는 방법이다."

2. 天命

맹자왈　　막비명야　　순수기정　　　　시고　　지명자
孟子曰, 莫非命也나 順受其正이니라. 是故로 知命者는

> 불립호암장지하   진기도이사자   정명야   질곡사
> 不立乎巖牆之下 하나니라. 盡其道而死者는 正命也오 桎梏死
> 자   비정명야
> 者는 非正命也니라.

【解釋】 맹자가 말했다.

"모든 일이 천명이 아닌 것이 없다. 올바른 천명을 순리로 받아들여야 한다. 이런 까닭에 천명을 깨달은 사람은 험준한 담장*(巖牆) 밑에서 있지 않는다. 해야 할 도리를 다하고 죽는 것은 올바른 천명이요, 죄지어 죽는 것은 올바른 천명이 아니다."

3. 구하는 것과 구하지 않는 것

> 맹자왈   구즉득지   사즉실지   시구   유익어
> 孟子曰, 求則得之 하고 舍則失之 하나니 是求는 有益於
> 득야   구재아자야   구지유도   득지유명   시
> 得也니 求在我者也 일새니라. 求之有道 하고 得之有命 하니 是
> 구   무익어득야   구재외자야
> 求는 無益於得也니 求在外者也 일새니라.

【解釋】 맹자가 말했다.

"구하면 얻고 놓으면 잃어버린다. 구하는 것은 얻는 데 유익한 것이니 내게 있는 것을 구하는 것이다. 구하는 데는 방법이 있고 얻는 데는 운명이 있다. 구하는 것은 얻는 데 무익한 것이니 밖에 있는 것을 구하기 때문이다."

4. 최대의 즐거움

> 맹자왈   만물   개비어아의   반신이성   낙막대언
> 孟子曰, 萬物이 皆備於我矣니 反身而誠이면 樂莫大焉
> 이오   강서이행   구인   막근언
> 彊恕而行이면 求仁이 莫近焉이니라.

【解釋】 맹자가 말했다.
"만물은 모두가 내 마음에 갖추어져 있다. 스스로를 반성하여 참되다고 하면 즐거움이 이보다 더 큰 것이 없다. 자신의 마음을 미루어 보고 남을 대우하는 데 힘써 나아가면*(彊恕而行) 인을 구하는 데 이보다 더 가까운 길이 없다."

5. 도리를 모르는 자

> 맹자왈   행지이부저언   습의이불찰언   종신유
> 孟子曰, 行之而不著焉하며 習矣而不察焉이라 終身由
> 지   이부지기도자   중야
> 之 而不知其道者 衆也니라.

【解釋】 맹자가 말했다.

"행하고 있으면서 분명히 알지 못하고 되풀이하면서도 그 뜻을 밝게 살피지 못하고 종신토록 거기에 따르면서도 도를 알지 못하는 사람이 많다."

6. 부끄러워하는 마음

> 맹자왈 인불가이무치 무치지치 무치의
> 孟子曰, 人不可以無恥니 無恥之恥면 無恥矣니라.

【解釋】 맹자가 말했다.
"사람에게는 부끄러워하는 마음이 없어서는 안 된다. 부끄러워하는 마음이 없는 것을 부끄럽게 생각한다면 부끄러운 행위는 없어질 것이다."

7. 부끄러움을 아는 첫걸음

> 맹자왈 치지어인 대의 위기변지교자 무소용
> 孟子曰, 恥之於人에 大矣라. 爲機變之巧者는 無所用
> 치언 불치불약인 하약인유
> 恥焉이니라. 不恥不若人이면 何若人有리오.

【解釋】 맹자가 말했다.
"부끄러움을 안다는 것은 사람에게 있어서 가장 중요한 것이다. 임기

응변에 뛰어난 사람은 부끄러운 것인 줄 모른다. 남만 못한 것을 부끄러워하지 않으면 어떻게 남과 같을 수 있겠는가."

8. 善을 좋아하면 권세를 잊는다

孟子曰, 古之賢王이 好善而忘勢하더니 古之賢士何獨
不然이리오. 樂其道而忘人之勢라. 故로 王公이 不致敬盡
禮 則不得亟見之하니 見且猶不得亟은 而況得而臣之乎아.

【解釋】 맹자가 말했다.
"옛날의 현명한 왕은 선을 좋아하여 권세를 염두에 두지 않았다. 옛날의 현명한 선비도 어찌 홀로 그렇게 하지 않았겠는가. 역시 그 길을 즐기고 타인의 권세 따위는 염두에 두지 않았다. 그러므로 왕공(王公)이라도 경의와 예의를 다하지 않는 한, 그들을 자주 만날 수 없었다. 만나는 것마저 자주 할 수 없는데 하물며 현사(賢士)를 신하로 삼는 일에 있어서야 쉬웠겠는가."

9. 窮達無關

孟子 謂宋句踐曰, 子 好遊乎오 吾 語子遊하리오 人

知之라도 亦囂囂하며 人不知라도 亦囂囂이오 曰, 何如라
야 斯可以囂囂矣이꼬 曰, 尊德樂義 則可以囂囂矣니라.
故로 士는 窮不失義하며 達不離道이오 窮不失義故로 士得
己焉하고 達不離道故로 民不失望焉이오 古之人이 得志하
얀 澤加於民하고 不得志하얀 修身見於世하니 窮則獨善其
身하고 達則兼善天下오.

【解釋】 맹자가 송구천(宋句踐)에게 말했다.
"그대는 유세하기를 좋아하는가. 내가 유세에 대하여 말하지. 남이 나를 알아 주어도 태연자약하여야 하고, 몰라 주어도 태연자약하여야 한다."
"어떻게 하면 태연자약할 수 있습니까?"
"덕을 받들고 의(義)를 즐기면 태연자약할 수 있게 된다. 선비는 가난해도 의를 잃지 않고 영달해도 도리에 벗어나지 않는다. 가난해도 의를 잃지 않는 까닭에 선비는 자기 본성을 잃지 않고 지켜 나가며, 영달하여도 도리에 벗어나지 않기 때문에 백성들의 신망을 잃지 않게 된다. 옛사람들은 뜻을 이루게 되면 은택이 백성들에게까지 미치고, 그렇지 못하면 수신하여서 세상에 알려지게 되었다. 가난해지면 홀로 자신을 착하게 해나갔고, 영달하면 천하를 착하게 해나갔다."

10. 호걸의 선비

> 孟子曰, 待文王而後에 興者는 凡民也니 若夫豪傑之士는 雖無文王이라도 猶興이니라.

【解釋】 맹자가 말했다.

"문왕(文王)과 같은 큰 인물이 나타나면서부터 비로소 일어서는 것은 보통 백성이다. 뛰어난 호걸의 선비라면 가령 문왕이 없었다 해도, 자기 힘으로 일어서는 것이다."

11. 韓·魏의 富도 만족하지 않음

> 孟子曰, 附之以韓魏之家라도 如其自視 欿然이면 則 過人이 遠矣니라.

【解釋】 맹자가 말했다.

"한(韓)씨와 위(魏)씨의 가산을 준다 해도 스스로 만족치 않는 사람이 있다면 보통 사람을 아득히 초월한 것이다."

12. 죽이는 사람을 원망하지 않는다

孟子曰, 以佚道使民이면 雖勞나 不怨하고 以生道殺民이면 雖死나 不怨殺者니라.

【解釋】 맹자가 말했다.
"백성을 편안히 해주려는 방법으로 일을 시키면 비록 힘이 들더라도 원망하지 않는다. 백성을 살려 주려는 방법으로 죽도록 하면 비록 죽더라도 죽이는 사람을 원망하지 않는다."

13. 霸者의 백성과 王者의 백성

孟子曰, 霸者之民은 驩虞如也오 王者之民 皡皡如也니라. 殺之而不怨하며 利之而不庸이라 民日遷善 而不知 爲之者니라.
夫君子는 所過者化하며 所存者神이라 上下 與天地同

流하나니 豈曰小補之哉리오

【解釋】 맹자가 말했다.

"패자 밑에 있는 백성은 화려하게 흥겨워하고 있다. 그러나 왕자 밑에서 살고 있는 백성은 대범하고 밝게 살고 있다. 그래서 죽여도 원망치 않고 반대로 이익을 줘도 별로 공로로 생각지 않는다. 백성은 날마다 선으로 옮겨 가나, 누가 그렇게 시키고 있는지 모른다. 원래 군자가 가는 곳에 사는 자는 저절로 교화가 되고 군자가 살고 있는 곳이 잘 다스려진다*(神). 상하가 모두 천지와 움직임을 함께 하여 아무런 부자연도 없다. 찢어진 곳을 깁는 것과는 전혀 이야기가 다르지 않은가."

14. 善政과 善敎

孟子曰, 仁言이 不如仁聲之入人深也니라. 善政이 不如善敎之得民也니라. 善政은 民이 畏之하고 善敎는 民이 愛之하나니 善政은 得民財하고 善敎는 得民心이니라.

【解釋】 맹자가 말했다.

"어진 말도 좋지만 인덕(仁德)이 있다는 소리가 백성들에게 깊이 파고드는 것보다 못하다. 선정(善政)도 좋지만 백성들의 마음을 선교(善敎)로 얻는 것만 못하다. 선정은 백성들이 두려워하나, 선교는 백성들이 사랑한다. 선정은 백성들의 재산을 얻고 선교는 백성들의 마음을 얻는다."

15. 良知와 良能

> 孟子曰, 人之所不學而能者는 其良能也오 所不慮而知者는 其良知也니라. 孩提之童이 無不知愛其親也며 及其長也하여 無不知敬其兄也니라. 親親은 仁也오 敬長은 義也니 無他라 達之天下也니라.

【解釋】 맹자가 말했다.

"사람이 배우지 않고도 능한 것을 양능(良能)이라 하고, 생각지 않고도 아는 것을 양지(良知)라 한다. 두세 살짜리 어린아이*(孩提)도 그 부모를 사랑할 줄 알고 자라면 형을 공경할 줄 알게 된다. 어버이를 사랑하는 것이 인(仁)이요, 어른을 공경하는 것이 의(義)이다. 이것은 다른 것이 아니라 천하가 다 공통된 것이다."

16. 深山의 舜

> 孟子曰, 舜之居深山之中에 與木石居하며 與鹿豕遊하

> 其所以異於深山之野人者 幾希러니 及其聞一善言하며 見一善行하얀 若決江河라 沛然莫之能禦也러라.

【解釋】 맹자가 말했다.

"옛날, 순이 심산(深山) 속에 살 때는 나무나 돌 속에 몸을 두고 사슴이나 산돼지와 함께 돌아다녔다. 심산의 야인(野人)과 다른 점이 거의 없을*(幾希) 정도였다. 그러나 착한 말을 듣고, 착한 행위를 보면 마치 장강(長江)이나 황하(黃河)의 물이 둑을 끊고 터져나오듯 흘러 그를 막을 자는 아무도 없었다."

17. 탐내지 않는 것

> 孟子曰, 無爲其所不爲하며 無欲其所不欲이니 如此而已矣니라.

【解釋】 맹자가 말했다.

"하지 말아야겠다 하는 것은 하지 않는다. 탐내지 말아야겠다 하는 것은 탐내지 않는다. 이와 같이 할 따름이다."

18. 사리를 통달하는 길

> 맹자왈 인지유덕혜술지자 항존호진질 독고
> 孟子曰, 人之有德慧術知者는 恒存乎疢疾이니라. 獨孤
> 신얼자 기조심야 위 기려환야 심고 달
> 臣孼子는 其操心也 危하며 其慮患也 深故로 達이니라.

【解釋】 맹자에게 말했다.
"덕행과 지혜와 학술과 재지를 지닌 사람은 항상 열병을 겪는 데 있게 마련이다. 버림받은 신하와 서자(庶子)만이 그 마음가짐에 있어 위태함을 두려워하고 환난을 염려하기 때문에 사리에 통달하게 된다."

19. 大人

> 맹자왈 유사군인자 사시군 즉위용열자야
> 孟子曰, 有事君人者하니 事是君 則爲容悅者也니라.
> 유안사직신자 이안사직위열자야 유천민자
> 有安社稷臣者하니 以安社稷爲悅者也니라. 有天民者하니
> 달가행어천하이후 행지자야 유대인자 정기이
> 達可行於天下而後에 行之者也니라. 有大人者하니 正己而
> 물정자야
> 物正者也니라.

【解釋】 맹자가 말했다.

"임금을 섬기는 자가 있다. 그것은 특정된 임금을 섬길 때, 마음에 들도록 차림새를 꾸미고, 기쁘게 해주는 자이다. 사직을 편안케 하는 신하라는 자도 있다. 그것은 국가를 안일하게 함을 기쁨으로 하는 자이다. 하늘의 백성이라 일컬어야 할 인물도 있다. 그것은 사리에 통달하여 천하에 도(道)를 행할 수 있게 된 뒤에 그 도를 행하는 자이며, 대인이라고 일컬어야 할 사람도 있다. 그것은 자기를 올바르게 해가면, 거기 따라 만물이 저절로 바르게 될 만한 인물이다."

20. 君子의 三樂

> 孟子曰, 君子 有三樂而王天下 不與存焉이니라. 父母俱存하며 兄弟 無故 一樂也오 仰不愧於天하며 俯不怍於人이 二樂也오 得天下英才 而教育之三樂也니 君子 有三樂而王天下 不與存焉이니라.

【解釋】 맹자가 말했다.

"군자에게는 세 가지 즐거움이 있다. 이것에는 천하의 왕이 되는 것 따위는 포함되어 있지*(不與存) 않다. 부모가 다 살아계시고 형제가 별일 없는 것이 첫째 즐거움이다. 우러러보아도 하늘에 부끄럽지 않고 굽어보아서 사람에게 부끄럽지 않은 것이 두 번째 즐거움이다. 천하의 뛰어난 인물을 얻어 교육하는 것이 세 번째 즐거움이다. 군자의 즐거움에는 천하의 왕노릇하는 것 따위는 들어 있지 않다."

21. 君子가 本性을 생각하는 일

> 孟子曰, 廣土衆民을 君子欲之나 所樂은 不存焉이니라.
> 中天下而立하여 定四海之民을 君子樂之나 所性은 不存焉
> 이니라. 君子所性은 雖大行이나 不加焉이며 雖窮居나 不損
> 焉이니 分定故也니라. 君子所性은 仁義禮智根於心이라 其
> 生色也 睟然見於面하며 盎於背하며 施於四體하여 四體
> 不言而喩니라.

【解釋】 맹자가 말했다.

"넓은 토지, 수많은 백성, 그것은 군자도 얻고자 함일 것이다. 그러나 군자가 즐기는 일은 이 속에는 존재하지 않는다. 천하의 중심에 꽉 버티고 서서 사해(四海)의 백성을 안정시키는 일을, 군자는 즐길 것이나, 그러나 군자가 인간의 본성이라 생각하는 것은 그같은 영위 속에는 존재하지 않는다. 군자가 본성으로 하는 것은 천하를 통치한다 해도 그 이상으로 늘어나지도 않고, 아무리 곤궁하게 살고 있어도 그 이하로 줄지도 않는다. 군자가 본성으로 삼는 것은 인의예지(仁義禮智)이며, 그것은 인간의 마음에 뿌리박고 있다. 그것이 싱싱하게 밖으로 나타날 때는 해맑은 윤기로 얼굴에 나타나고, 키에 풍부히 넘쳐흐르고, 온몸에 퍼져간다. 사체(四體)가 말할 수 없는 빛을 띠고, 구태여 설명하지 않아도 깨닫게 되는 것이다."

22. 노인을 잘 모신다

孟子曰, 伯夷 辟紂하여 居北海之濱이러니 聞文王作興
하고 曰, 盍歸乎來리오 吾聞西伯은 善養老者라 하고 太公이
辟紂하여 居東海之濱이러니 聞文王作興하고 曰, 盍歸
乎來리오 吾聞西伯은 善養老者라 하니 天下에 有善養老 則
仁人이 以爲己歸矣니라.
五畝之宅에 樹墻下以桑하여 匹婦蠶之 則老者 足以衣
帛矣며 五母鷄와 二母彘를 無失其時면 老者 足以無失肉
矣며 百畝之田을 匹夫 耕之면 八口之家 可以無饑矣니라.
所謂西伯이 善養老者는 制其田里하여 教之樹畜하며 導
其妻子하여 使養其老니 五十에 非帛不煖하며 七十에 非肉
不飽하나니 不煖不飽를 謂之凍餒니 文王之民이 無凍餒之
老者 此之謂也니라.

【解釋】 맹자가 말했다.

"백이(伯夷)는 주(紂)를 피해 북해(北海) 근처에 있었으나, 주나라의 문왕이 일어섰다는 말을 듣고 '어찌 그에게 돌아가지 않으리오. 내가 듣건대 문왕은 노인을 잘 모신다고 하더군.' 하고 말했다.

태공망 여상(呂尙)은 주를 피해 동해 근처에 있었는데, 문왕이 일어섰다는 말을 듣고 '어찌 그에게 돌아가지 않으리오. 문왕은 노인을 잘 돌봐준다니.' 하고 말했다.

천하에 노인을 잘 모시는 자가 나타나니, 인인(仁人)들도 이곳이야말로 자기들이 몸을 의지할 곳이라고 생각하는 것이다. 5묘(畝—9.1아르) 넓이의 택지(宅地)라면 그 담 밑에 뽕나무를 심고, 필부(匹婦)가 누에실을 자아 만든다면, 노인은 비단옷을 입을 수 있을 것이다. 다섯 마리의 암탉과 두 마리의 암퇘지를 키워 번식기를 놓치지 말고 새끼를 낳게 하면 노인은 고기를 주리지 않고 먹을 수 있을 것이다. 1백묘(182아르)의 논밭을 남편이 일구면 여덟 식구쯤이야 그럭저럭 굶지 않고 살아갈 수 있을 것이다.

'서방(西方)의 주인 문왕이 노인을 잘 모셨다.'라는 것은 그가 백성들의 논밭이나 마을에 규칙을 세워, 사람들에게 뽕나무를 기르게 하고 가축 기르는 것을 가르쳐 그의 처자를 인도하여 집안에 있는 노인을 잘 돌봤다는 말이 되는 것이다. 쉰이 되면 비단 옷을 입어야 따뜻하게 지낼 수 있다. 일흔이 되면 고기를 먹어야 배가 찬다. 따뜻하지 않고 배가 차지 못한 것을 굶주림에 떤다고 형용한다. 문왕이 다스리는 백성 중에는 굶주림에 떤 노인이 없었다는 것은 이를 두고 하는 말이다."

23. 생활부터 넉넉해야

맹 자 왈   이 기 전 주   박 기 세 렴   민 가 사 부 야
孟子曰, 易其田疇하며 薄其稅斂이면 民可使富也니라.

```
    식 지 이 시        용 지 이 례      재 불 가 승 용 야
    食之以時하며  用之以禮면 財不可勝用也니라.
       민 비 수 화    불 생 활       혼 모    고 인 지 문 호       구 수
    民非水火면 不生活이로되 昏暮에 叩人之門戶하여 求水
    화       무 불 여 자 는    지 족 의       성 인     치 천 하      사 유 숙
    火어든 無弗與者는 至足矣일새니 聖人이 治天下에 使有菽
    속 을     여 수 화 니   숙 속 이   여 수 화 면    이 민 이    언 유 불 인 자 호
    粟을 如水火니 菽粟이 如水火면 而民이 焉有不仁者乎리오.
```

【解釋】 맹자가 말했다.

"논밭을 잘 가꾸도록 하여주고 세금을 거두는 것을 경감하여 주면 백성들을 부유하게 할 수 있다. 먹는 것을 때에 맞추어 하고, 쓰는 것을 예에 맞도록 하면 재물이 다 쓸 수 없도록 넉넉해질 것이다. 백성들은 물과 불이 아니면 하루도 생활할 수 없지만, 날이 저물어서 남의 집의 문을 두드려서 불과 물을 달라고 하면 주지 않는 사람이 없다. 그것은 물이나 불이 쓰고도 남을 정도로 넉넉하기 때문이다. 성인이 천하를 다스리는 데 있어서는 곡식이 물과 불처럼 넉넉하도록 만든다. 곡식이 이렇게 넉넉하면 백성들 중에 어찌 어질지 못한 자가 생기겠는가."

24. 太山 위의 孔子

```
    맹 자 왈    공 자   등 동 산 이 소 노        등 태 산 이 소 천 하
    孟子曰, 孔子 登東山而小魯하시고 登太山而小天下하시
       고      관 어 해 자       난 위 수    유 어 성 인 지 문 자      난 위 언
    니 故로 觀於海者에 難爲水요 遊於聖人之門者에 難爲言이니라.
       관 수   유 술       필 관 기 란            일 월    유 명      용 광
    觀水 有術하니 必觀其瀾이니라. 日月이 有明하니 容光에
```

必照焉이니라. 流水之爲物也 不盈科면 不行하나니 君子之
志於道也에도 不成章이면 不達이니라.

【解釋】 맹자가 말했다.
"공자는 전에 동산(東山)에 올라가 내려다보고 노나라는 작다고 생각했다. 마침내 태산에 올라가서도 천하가 작다는 생각을 했다고 한다. 그러므로 넓은 바다를 내려다본 자는 작은 강의 물을 물로서 생각하기 어렵고, 성인(聖人)의 문 앞에 와서 배운 자는 다른 여러 말들은 올바른 말로 생각하기 어렵다. 물을 내려다보려면 알아 둘 일이 있다. 꼭 물결을 봐야 한다. 해와 달이 빛나 그 빛이 물 속에 흡수되었다 반사되는 그 당당한 모습을 내다볼 필요가 있다.

 대체적으로 흐르는 물이란, 움푹 팬 곳을 채운 다음에야 비로소 흘러 내리는 법이다. 군자가 도에 뜻을 두었을 경우에도, 마디마디 이룩하지 않고는 전체에 통달할 수가 없다."

25. 舜과 盜蹠

孟子曰, 鷄鳴而起하여 孳孳爲善者는 舜之徒也오 鷄鳴
而起하여 孳孳爲利者는 蹠之徒也니 欲知舜與蹠之分인댄
無他라. 利與善之間也니라.

【解釋】 맹자가 말했다.

"닭이 울면 일어나서 부지런히 선(善)을 행함은 순 임금을 본보기로 받드는 무리이다. 닭이 울면 일어나서 부지런히 이(利)를 위해 일하는 것은 도척(盜蹠)의 무리이다.

순 임금과 도척의 구별이 무엇인가 하면, 다름이 아니라 이(利)를 목표로 하느냐, 선을 목표로 하느냐의 차이이다."

26. 子莫의 執中

孟子曰, 楊子는 取爲我하니 拔一毛而利天下라도 不爲也하니라. 墨子는 兼愛하니 摩頂放踵이라도 利天下인댄 爲之하니라. 子莫은 執中하니 執中이 爲近之나 執中無權이 猶執一也니라. 所惡執一者는 爲其賊道也니 擧一而廢百也니라.

【解釋】 맹자가 말했다.

"양자는 나를 위한다는 주의를 가지고 있어서 머리털 하나를 뽑아서라도 천하에 이익을 주는 것이라면 하지 않았다. 묵자는 겸애(兼愛)를 주장하여 머리 끝에서 발꿈치*(摩頂放踵)까지 털이란 털은 다 뽑는다 해도 천하에 이익되면 하였다. 자막(子莫)은 그 중간을 주장하고 있다. 중간을 주장하는 것은 도에 가깝다고 말할 수 있으나, 중간을 주장하면서도 권세가 없으면 한 가지를 주장하는 것과 같다. 한 가지를 주장하는 것을 미워하는 것은 그것이 올바른 도를 해치기 때문이다. 한 가지를 주장하여 백 가지를 막아 버리게 되기 때문이다."

27. 飢渇之害

> 孟子曰, 飢者_{기자} 甘食_{감식}하고 渴者_{갈자} 甘飲_{감음}하나니 是_시 未得飲_{미득음}
> 食之正也_{식지정야}라 飢渴_{기갈}이 害之也_{해지야}니 其惟口腹_{기유구복}이 有飢渴之害_{유기갈지해}리오
> 人心_{인심}이 亦皆有害_{역개유해}하니라. 人能無以飢渴之害_{인능무이기갈지해}로 爲心害則不_{위심해즉불}
> 及人_{급인}을 不爲憂矣_{불위우의}리라.

【解釋】 맹자가 말했다.

"굶주린 자는 무엇이든지 맛있게 먹고 갈증 난 사람은 무엇이든지 맛있게 마신다. 이것은 음식의 바른 맛을 안 것이 아니다. 기갈이 이것을 해친 것이다. 어찌 유독 입과 배에만 기갈의 해가 있겠는가. 사람의 마음에도 또한 그러한 해가 있다.

사람이 기갈의 해로 마음을 해롭게 하지 않을 수 있다면 남처럼 잘 살지 못하는 것을 근심하지 않을 것이다."

28. 柳下惠

> 孟子曰_{맹자왈}, 柳下惠_{유하혜}는 不以三公_{불이삼공}으로 易其介_{역기개}하니라.

【解釋】 맹자가 말했다.

"유하혜는 삼공(三公)과 같은 귀한 지위를 가지고 와도 그 절개를 바꾸지 않았다."

29. 우물파기와 같은 사업

> 맹자왈 유위자 비약굴정 굴정구인 이불급천
> 孟子曰, 有爲者 辟若掘井하니 掘井九軔 而不及泉이
> 유위기정야
> 면 猶爲棄井也니라.

【解釋】 맹자가 말했다.

"사업을 해내는 것은 우물을 파는 것과 같다. 아홉 길이나 우물을 파 내려갔어도 샘물에까지 이르지 못하면 그것은 스스로 우물을 포기한 것이나 같다."

30. 堯舜·湯武·五霸의 仁義

> 맹자왈 요순 성지야 탕무 신지야 오패 가지
> 孟子曰, 堯舜 性之也오 湯武는 身之也오 五霸는 假之
> 야 구가이불귀 오지기비유야
> 也니라. 久假而不歸하니 惡知其非有也리오.

【解釋】 맹자가 말했다.

"요 임금이나 순 임금은 본성 그대로 행하였으며, 탕왕이나 무왕은 힘써 체득하였으며, 오패(五霸)는 거짓이었다. 오래되도록 거짓인 채 돌아가지 않았으니 자기가 진정으로 인의를 가지고 있지 않다는 것을 어떻게 알겠는가?"

31. 伊尹만한 뜻이 있으면 된다

公孫丑曰, 伊尹이 曰, 予不狎于不順이라 하고 放太甲 于桐한대 民이 大悅하고 太甲이 賢커늘 又反之한대 民이 大 悅하니 賢者之爲人臣也에 其君이 不賢 則固可放與이까. 孟子曰, 有伊尹之志 則可커니와 無伊尹之志 則篡也니라.

【解釋】 공손추가 물었다.

"이윤(伊尹)이 말하기를 '나는 부정한 일을 그냥 보고 견딜 수 없다.'라고 말하고 태갑(太甲)을 동(桐)이라는 고장으로 추방했더니, 백성들은 크게 기뻐했습니다.

뒷날 태갑이 반성하여, 현명한 젊은이가 되었으므로, 다시 되불러 맞아들였더니, 백성은 크게 기뻐했다는 것입니다.

그런데 현자가 남의 신하가 되었을 때, 그 임금이 어리석으면 용서없이 추방해도 되는 겁니까?"

맹자가 말했다.

"이윤만한 뜻이 있으면 된다. 그러나 이윤과 같은 뜻이 없으면 자리를 빼앗은 셈이 되고 만다."

32. 일하지 않으면 먹지 마라

> 公孫丑曰, 詩曰, 不素餐兮라 하니 君子之不耕而食은 何也이꼬. 孟子曰, 君子 居是國也에 其君이 用之則安富尊榮하고 其子弟 從之則孝弟忠信하나니 不素餐兮 孰大於是리오.

【解釋】 공손추가 물었다.

"《시경》(魏風, 伐檀篇)에는 '일하지 않으면 먹지 마라.'라는 말이 있습니다. 그런데 세상의 군자라는 사람은 농사일을 하지 않고도 먹으니 어찌된 일입니까?"

맹자가 말했다.

"군자가 한 나라에 살고 있어서 그 임금이 그를 채용하면, 나라는 편안하고 부유해지며, 존귀하고 번영해진다.

그 나라의 자제가 그의 뒤를 따르면 효제(孝弟) 충신이라는 말을 듣게 된다. '일하지 않으면 먹지 않는다.'라는 것에 이보다 더 큰 것이 다시 없을 것이다."

33. 大人의 일

王子墊이 問曰, 士는 何事이꼬 孟子曰, 尚志이오 曰,
何謂尚志이꼬 曰, 仁義而已矣니 殺一無罪 非仁也며 非
其有而取之 非義也니 居惡在오 仁이 是也라 路惡在오 義
是也라 居仁由義면 大人之事 備矣이오.

【解釋】 왕자 점(墊)이 물었다.
"선비는 무슨 일을 해야 합니까?"
맹자가 말했다.
"뜻을 고상하게 하는 일입니다."
"뜻을 고상하게 한다는 것은 무엇을 말하는 겁니까?"
"인의에 뜻을 둘 뿐입니다. 한 사람이라도 죄없는 자를 죽이는 것은 인(仁)이 아닙니다. 자기 것이 아닌데 빼앗는 것은 의(義)가 아닙니다. 몸을 둘 곳은 어딘가 하면 인입니다. 걷는 길은 무엇인가 하면 의입니다. 인에 몸을 두고 의를 따르면 대인이 해야 할 일을 다 갖추는 것입니다."

34. 陳仲子의 결벽

> 孟子曰, 仲子 不義로 與之齊國而弗受를 人皆信之어니와 是舍箪食豆羹之義也라 人莫大焉이어늘 亡親戚君臣上下하니 以其小者로 信其大者 奚可哉리오.

【解釋】 진중자는 어머니와 형하고 인연을 끊고 오릉(於陵) 땅에 은퇴하고 있었다. 맹자가 말했다.

"중자는 도리에 어긋나면, 가령 제나라를 준다 해도 받아들이지 않을 것이라고 하므로, 사람들이 모두 신뢰하고 있다. 그러나 이것은 한 사발의 밥, 국 한 그릇도 예의에 맞지 않으면 받지 않는다는 사소한 결벽성을 내세우는 마음가짐이다. 인간으로서는 친척, 군신(君臣), 상하(上下) 같은 인간 관계를 무시해 버리는 일만큼 중대한 과실은 없다. 사소한 결벽성이 있다 해서 큰 점까지 신뢰할 수 있겠는가."

35. 法과 人情

> 桃應이 問曰, 舜이 爲天子오 皐陶 爲士어든 瞽瞍 殺人

則如之何이꼬 孟子曰, 執之而已矣니라. 然則舜은 不禁與이까. 曰, 夫舜이 惡得而禁之리오 夫有所受之也니라. 然則舜은 如之何이꼬. 曰, 舜이 視棄天下하되 猶棄敝蹝也하여 竊負而逃하여 遵海濱而處하여 終身訢然 樂而忘天下하리라.

【解釋】 도응(桃應)이 물었다.
"순 임금이 천자로 있을 때, 고요(皐陶)는 법관이었습니다. 고수(瞽瞍)가 사람을 죽였다고 하면 어떻게 하겠습니까?"
맹자가 말했다.
"붙잡을 수밖에 없다."
"순 임금은 이것을 금지시킬 수 없습니까?"
"순 임금도 금지시킬 수 없다. 법이란 자기가 만든 것이 아니고 옛날부터 전해 내려오는 것이다."
"그러면 순 임금은 어떻게 하겠습니까?"
"순 임금은 천하를 버리는 것을 헌신짝 버리듯이 본다. 몰래 아버지를 업고 도망쳐서 해변가에 숨어 살며 세상을 잊고 일생을 즐겁게 보낼 것이다."

36. 人格과 品位

孟子 自范之齊러시니 望見齊王之子하시고 喟然嘆曰,

居移氣하며 養移體하나니 大哉라 居乎여. 夫非盡人之子
與아. 孟子曰, 王子宮室車馬衣服이 多與人同 而王子
若彼者는 其居 使之然也니 況居天下之廣居者乎아. 魯君
이 之宋하여 呼於垤澤之門이어늘 守者曰, 此非吾君也로
되 何其聲之似我君也오 하니 此는 無他라 居相似也니라.

【解釋】 맹자가 범(范)에서 제(齊)나라로 갔을 때 제나라 왕자를 보고 감탄하여 말했다.
"살고 있는 데 따라 기질이 달라지고 먹는 것에 따라 체질이 달라진다고 하지만 환경의 힘이란 참으로 크다. 저 왕자 역시 사람의 자식이 아닌가."

맹자는 계속하여 말했다.
"왕자의 궁실이나 수레, 의복도 많은 사람과 같다. 그런데도 왕자는 저렇게 크게 보인다. 그가 거처하는 곳이 그렇게 만든 것이다. 하물며 천하의 넓은 곳에 살고 있는 자에게 있어서랴. 노나라 임금이 송(宋)에 갔을 때 질택(垤澤) 성문의 문지기를 불렀다. 문지기가 말하기를 '저 분은 우리 임금이 아닌데도 어쩌면 그 소리가 우리 임금과 그렇게도 같을까.' 하였다. 이것은 다름이 아니라 거처하는 환경이 같기 때문이다."

37. 알맹이 없는 禮貌

孟子曰, 食而弗愛면 豕交之也오 愛而不敬이면 獸畜之

> 야   공경자   폐지미장자야   공경이무실   군자
> 也니라. 恭敬者는 幣之未將者也니라. 恭敬而無實이면 君子
> 불가허구
> 不可虛拘니라.

【解釋】 맹자가 말했다.
"먹이기만 할 뿐 사랑이 없다면 돼지를 기르는 것과 같다. 사랑은 하지만 존경하는 마음이 없으면 짐승을 기르는 것과 같다. 공경한다는 것은 예물이나 선물을 보내는 것이 아니다. 공경하는 체하며 참된 마음이 없는 그런 허식에 군자는 얽매여서는 안 된다."

38. 육체와 색욕은 본성

> 맹자왈   형색   천성야   유성인연후   가이천형
> 孟子曰, 形色은 天性也니 惟聖人然後에 可以踐形이니라.

【解釋】 맹자가 말했다.
"육체와 색욕은 하늘에서 인간에게 내려준 본성이다. 그러나 성인만이 그것을 마음대로 다룰 수 있는 것이다."

39. 喪의 단축

> 제선왕   욕단상   공손추왈   위기지상   유유어
> 齊宣王이 欲短喪이어늘 公孫丑曰, 爲朞之喪이 猶愈於

```
이호       맹자왈   시유혹   진기형지비      자위지고서
已乎인저. 孟子曰, 是猶或이 紾其兄之臂어든 子謂之姑徐
   서운이   역교지효제이이의
徐云爾로다. 亦敎之孝悌而已矣니라.
    왕자 유기모사자    기부  위지청수월지상    공
    王子 有其母死者어늘 其傅 爲之請數月之喪이러니 公
   손추왈  약차자  하여야    왈  시욕종지이불가득야
   孫丑曰, 若此者는 何如也이꼬. 曰, 是欲終之而不可得也
    수가일일   유어이    위부막지금이불위자야
라 雖加一日이나 愈於已하니 謂夫莫之禁而弗爲者也니라.
```

【解釋】 제선왕(齊宣王)은 상(喪)을 단축하고 싶었다. 공손추(公孫丑)가 말했다.

"3개월의 상(喪)을 입는 것도 못 입게 하는 것보다는 낫겠죠."

맹자가 말했다.

"이것은 어떤 아이가 자기 형의 팔꿈치를 꼬집고 말하기를 '할머니가 꼬집으려거든 살살 꼬집으라고 하셨어요.' 하는 것과 같다. 역시 효제의 도를 가르쳤다고 할 수 있겠는가?"

왕자로서 그 어머니와 사별한 사람이 있었다. 시종은 몇 개월만이라도 상을 입게 해주고 싶다고 왕에게 말했다.

공손추가 "이런 경우는 어떻습니까?" 하고 물었다. 맹자가 말했다. "이럴 경우는 3년상을 입으려고 해도 그럴 수가 없다. 비록 하루라도 상 입는 기간이 길면 입지 않는 것보다는 좋다. 앞에서 말한 것은 금지하는 사람이 없는데 상을 입지 않는 것을 일컬음이다."

40. 교육의 다섯 가지

```
    맹자왈   군자지소이교자  오 유여시우  화지자
    孟子曰, 君子之所以敎者 五니 有如時雨 化之者하며
```

有成德者하며 有達財者하며 有答問者하며 有私淑艾者하
니 此五者는 君子之所以敎也니라.

【解釋】 맹자가 말했다.

"군자가 교육하는 데는 다섯 가지가 있다. 때 맞추어 내리는 비처럼 만물을 감화시키는 법, 덕성을 완성하는 법, 재능을 함양하는 법, 의문에 해답을 주는 법, 선인의 덕을 사모하여 스스로 학습하는 법의 다섯 가지가 군자가 사람을 교육하는 법이다."

41. 교육이란

公孫丑曰, 道則高矣美矣나 宜若登天然이라 似不可及
也니 何不使彼로 爲可幾及 而日孳孳也이꼬 孟子曰, 大
匠이 不爲拙工하여 改廢繩墨하며 羿 不爲拙射하여 變其
彀率이니라. 君子引而不發하여 躍如也하여 中道而立이어든
能者從之니라.

【解釋】 공손추가 말했다.

"도란 너무 높고 아름답습니다. 마치 하늘을 오르라고 하는 것 같아 도저히 미칠 수 없을 것 같습니다. 누구나 힘써 노력하면 가능할 수 있도록 조금 방법을 바꿀 수는 없습니까?"

맹자가 말했다.

"큰 목수는 제자가 서투르더라도 먹줄을 그들을 위해 바꾸지 않는다. 예(羿)는 제자들을 위해 활 당기는 것을 줄였다 늘였다 하지는 않는다. 활을 당겨 화살을 쏘아 보낼 듯이 하면 화살은 과녁에 가 당장 꽂힐 듯이 보인다. 군자가 길 중간에 서 있으면 따라오고 싶은 사람은 모두 따라온다."

42. 天下의 道

孟子曰, 天下 有道엔 以道殉身하고 天下 無道엔 以身殉道하나니 未聞以道로 殉乎人者也케라.

【解釋】 맹자가 말했다.

"천하에 도가 있을 때는 도를 내 몸의 동반자로 하여 크게 활약하면 된다. 천하에 도가 있지 않을 때는, 도를 꿰뚫기 위해 내 몸을 버리는 것이다. 인간의 욕심 때문에 도(道) 그 자체를 희생했다는 말은 들은 적이 없다."

43. 물어도 답하지 않는 경우

公都子曰, 滕更之在門也에 若在所禮而不答은 何也이

> 맹자왈   협귀이문   협현이문   협장이문   협
> 孟子曰, 挾貴而問하며 挾賢而問하며 挾長而問하며 挾
> 유훈로이문   협고이문   개소부답야   등갱 유이언
> 有勳勞而問하며 挾故而問이 皆所不答也니 滕更이 有二焉하니라.

【解釋】 공도자(公都子)가 말했다.

"등갱(滕更)이 선생의 문하에 있을 때 예로써 대우할 만한 입장에 있을 것 같은데 답하지 않은 것은 무엇 때문입니까?"

맹자가 말했다.

"지위를 빙자해서 묻고, 현명함을 빙자해서 묻고, 연장자라는 것을 빙자해서 묻고, 공훈이 있었다는 것을 빙자해서 묻고, 전부터의 연고(緣故) 관계를 빙자해서 묻는, 이 다섯 가지 경우는 상대방에게 대답하지 않아도 되는 것이다. 등갱은 이 중 두 가지를 갖추고 있다."

44. 성급한 사람

> 맹자왈   어불가이이이자   무소불이   어소후자박
> 孟子曰, 於不可已而已者는 無所不已오 於所厚者薄이
> 무소불박야   기진 예자   기퇴 속
> 면 無所不薄也니라. 其進이 銳者는 其退 速이니라.

【解釋】 맹자가 말했다.

"그만두어서는 안 될 때 그만두는 사람은 모든 일에 끝을 보지 못한다. 정성껏 해야 할 자리에 별로 힘을 쓰지 않는 사람은 무슨 일이고 성의가 없다. 성급하게 앞으로 나가는 사람은 그만두는 것도 빠르다."

45. 君子의 하는 일

> 맹자왈 군자지어물야 애지이불인 어민야 인
> 孟子曰, 君子之於物也에 愛之而弗仁하고 於民也에 仁
> 지이불친 친친이인민 인민이애물
> 之而弗親하나니 親親而仁民하며 仁民而愛物이니라.

【解釋】 맹자가 말했다.

"군자는 만물을 사랑하나 백성에게 하듯 인으로 하지는 않는다. 백성에게는 인으로 대하나 부모에게 하듯 친근성을 나타내지는 않는다. 부모에게는 친밀히 대하고 백성에게 인으로 대한다. 백성에게는 인으로 대하고 사물에게는 애정을 쏟는다."

46. 우선 해야 할 임무

> 맹자왈 지자 무부지야 당무지위급 인자 무불
> 孟子曰, 知者 無不知也나 當務之爲急이오 仁者 無不
> 애야 급친현지위무 요순지지 이불편물 급선무야
> 愛也나 急親賢之爲務니 堯舜之知로 而不偏物은 急先務也
> 요순지인 불편애인 급친현야
> 오 堯舜之仁으로 不偏愛人은 急親賢也니라.

> 不能三年之喪 而緦小功之察하며 放飯流歠而問無齒
> 決이 是之謂不知務니라.

【解釋】 맹자가 말했다.
 "지자(知者)는 모르는 것이 없다. 사무를 맡으면 서둘러서 한다. 인자(仁者)는 사랑하지 않는 것이 없다. 급히 현명한 사람과 친해지기를 노력한다. 요 임금이나 순 임금 같은 지혜라도 만물을 골고루 사랑하기 전에 우선 해야 함을 서두른다.
 요 임금이나 순 임금 같은 인이라도 모든 사람을 골고루 사랑하기 전에 우선 현명한 사람과 친해지기를 서두른다. 3년에 걸친 부모의 상을 제대로 지키지 못하면서 3개월 동안 입는 상복이나 2개월 상에 대하여 자잘하게 살핀다.
 밥을 마구 퍼먹고 국물을 훌훌 들이켜면서 마른 고기를 이로 끊어 실례되지 않도록 하라고 문제삼는다. 이것이야말로 먼저 해야 할 일을 모르는 것이다."

〔註釋〕 *不貳 의심하지 않는다.
 *俟之 천명을 기다린다.
 *巖牆 험준한 담장.
 *彊恕而行 남을 대우하는 데 힘써 나아간다.
 *神 다스린다는 뜻.
 *孩提 두세 살 난 어린아이.
 *幾希 거의 없다.
 *不與存 아무런 관계가 없다.
 *摩頂放踵 머리끝부터 발꿈치까지.

盡心章句 下

1. 不仁한 梁惠王

> 맹자왈　　불인재　　　양혜왕야　　　인자　　　이기소애　　　급
> 孟子曰, 不仁哉라 梁惠王也여. 仁者는 以其所愛로 及
> 기소불애　　　불인자　　　이기소불애　　급기소애
> 其所不愛하고 不仁者는 以其所不愛로 及其所愛니라.
> 공손추왈　　　　하위야　　　양혜왕　　이토지지고　　　미란기
> 公孫丑曰, 何謂也이꼬. 梁惠王이 以土地之故로 糜爛其
> 민이전지　　　　대패　　　　장부지　　　공불능승고　　　구기소
> 民而戰之하여 大敗하고 將復之하되 恐不能勝故로 驅其所
> 애자제　　　이순지　　　시지위이기소불애　　　급기소애야
> 愛子弟하여 以殉之하니 是之謂以其所不愛로 及其所愛也니라.

【解釋】　맹자가 말했다.
"양혜왕은 얼마나 어질지 못한 사람인가. 어진 사람은 인애(仁愛) 의 덕을 가지고 그 사랑하는 바를 사랑하지 않는 대상에게까지 미친다. 어질지 못한 사람은 사랑하지 않는 것으로 사랑하는 것에 미치려고 한다."
"무엇을 일컫는 말입니까?"
"양혜왕은 토지 때문에 그 백성들을 희생시켜 가며 싸웠으나 크게 패하였다. 장차 보복을 하려고 해도 이기지 못할 것이 두려웠다. 그래서 사랑하는 아들을 내보내어 전쟁의 희생물이 되게 하였다. 이것이야말로 사랑하지도 않는 것으로써 사랑하는 것에게까지 미치게 한 것이다."

2. 《春秋》에 義戰이 없다

> 孟子曰, 春秋에 無義戰하니 彼善於此 則有之矣니라.
> 征者는 上이 伐下也니 敵國은 不相征也니라.

【解釋】 맹자가 말했다.
 "《춘추》에는 정의에 불타는 전쟁이 없다. 저쪽이 이쪽보다 좀 낫다는 정도의 것은 있다. 정벌이란 천자가 제국을 토벌하는 것이다. 같은 제후들끼리는 서로 치지를 못하는 것이다."

3. 經典도 다 믿을 수 없다

> 孟子曰, 盡信書 則不如無書니라. 吾於武成에 取二三
> 策而已矣로라. 仁人은 無敵於天下니 以至仁으로 伐至不仁
> 이어니 而何其血之流杵也리오.

【解釋】 맹자가 말했다.

"《서경》의 기록이라고 덮어놓고 믿는다면 차라리 읽지 않는 편이 좋다. 『무성(武成)』편만 하더라도 나는 두세 줄만 취할 뿐이다. 어진 자는 천하에 적이 없다. 지극히 어진 것으로 지극히 어질지 못한 것을 토벌하는 데 어찌 절구공이가 피에 떠내려갈 수 있겠느냐."

4. 전쟁 무용론

孟子曰, 有人이 曰, 我善爲陳하며 我善爲戰이라 하면 大罪也니라. 國君이 好仁이면 天下에 無敵焉이니 南面而征에 北狄이 怨하며 東面而征에 西夷 怨하여 曰, 奚爲後我오 하니라. 武王之伐殷也에 革車 三百兩이오 虎賁이 三千人이러니라. 王曰, 無畏하라. 寧爾也라 非敵百姓也라 한대 若崩厥角하여 稽首하니라. 征之爲言은 正也니 各欲正己也니 焉用戰이리오.

【解釋】 맹자가 말했다.

"어떤 사람이 말하기를 '나는 진(陣)을 잘 치고 전쟁도 잘한다.'고 한다면 그 죄는 매우 크다. 나라의 임금이 어진 것을 좋아한다면 천하에 적이 없다. 남쪽부터 정벌하면 북쪽에서 우리를 먼저 정벌하지 않는다고 원망하고 동쪽부터 정벌하면 서쪽이 '우리를 늦게 정벌한다.'고 원망한다. 무왕이 은나라를 정벌할 때 전차(戰車)가 3백 량이고 병사가

3천 인에 지나지 않았다. 무왕이 말하기를 '두려울 것이 없다. 너희들을 편안하게 해 주려는 것이다. 백성들은 적으로 여기지 않는다.'라고 하니, 백성들은 무너지는 것처럼 다 머리를 숙여 복종하였다. 정(征)은 바로 잡는다는 정(正)이다. 각자가 자기를 바로잡는다면 전쟁이 소용이 있겠는가."

5. 전부는 가르칠 수 없다

> 맹자왈   재장륜여   능여인규구   불능사인교
> 孟子曰, 梓匠輪輿 能與人規矩언정 不能使人巧니라.

【解釋】 맹자가 말했다.

"나무를 다루는 목수와 수레를 만드는 장인들이 남에게 곡자와 그림쇠를 줄 수는 있지만, 남의 기술까지 교묘하게는 하지 못한다."

6. 舜 임금의 無欲

> 맹자왈   순지반후여초야   약장종신언   급기위
> 孟子曰, 舜之飯糗茹草也에 若將終身焉이러니 及其爲
> 천자야   피진의고금   이녀과   약고유지
> 天子也하얀 被袗衣鼓琴하며 二女果를 若固有之러라.

【解釋】 맹자가 말했다.

"순 임금은 마른 밥과 푸성귀를 먹고*(舜之飯精茹草也) 사실 때는 평

생을 그렇게 마칠 것 같더니, 천자가 되어서는 화려한 옷을 입고, 금(琴)을 뜯고 두 여인이 시종하였는데, 그때도 본래부터 그랬던 것처럼 담담했다고 한다."

7. 죽이는 것에 대한 두려움

> 맹자왈   오 금이후   지살인친지중야   살인지부
> 孟子曰, 吾 今而後에 知殺人親之重也와라. 殺人之父
> 　인역살기부   살인지형   인역살기형   연즉
> 면 人亦殺其父하고 殺人之兄이면 人亦殺其兄하나니 然則
> 　비자살지야   일간이
> 非自殺之也언정 一間耳니라.

【解釋】 맹자가 말했다.
"나는 이제야 비로소 남의 어버이를 죽이는 것이 얼마나 중대한 일인가를 알았다. 남의 어버이를 죽이면 그도 역시 이쪽 어버이를 죽일 것이다. 남의 형을 죽이면 그도 역시 이쪽의 형을 죽일 것이다. 그렇게 되면 자기 손으로 부형을 죽이는 것과 차이가 없다*(一間)."

8. 무엇을 위한 關門인가

> 　맹자왈   고지위관야   장이어포   금지위관야   장
> 孟子曰, 古之爲關也는 將以禦暴러니 今之爲關也는 將
> 이위포
> 以爲暴로다.

【解釋】 맹자가 말했다.
"옛날에 관문을 설치한 것은 난폭함을 막기 위해서였는데, 오늘날 관문을 두는 것은 난폭한 짓을 하기 위해서이다."

9. 道의 실행

> 맹자왈 신불행도 불행어처자 사인불이도 불능
> 孟子曰, 身不行道면 不行於妻子면 使人不以道면 不能
> 행어처자
> 行於妻子니라.

【解釋】 맹자가 말했다.
"자기가 도를 행하지 않으면 처자들도 행하지 않는다. 도로써 사람을 쓰지 않으면 처자들도 능히 행하여지지 않는다."

10. 德이 많은 者

> 맹자왈 주우리자 흉년 불능살 주우덕자 사
> 孟子曰, 周于利者는 凶年이 不能殺하고 周于德者는 邪
> 세 불능란
> 世 不能亂이니라.

【解釋】 맹자가 말했다.

"영리에 밝은 자*(周于利者)는 쌓아둔 곡식이 풍족하므로 흉년이 되어도 죽일 수 없고 덕이 많은 자*(周于德者)는 사악한 세상도 마음을 어지럽힐 수 없다."

11. 진정한 명예

> 맹자왈 호명지인 능양천승지국 구비기인
> 孟子曰, 好名之人은 能讓千乘之國하나니 苟非其人이면
> 단사두갱 현어색
> 簞食豆羹에 見於色하나니라.

【解釋】 맹자가 말했다.

"명예를 좋아하는 사람은 천승(千乘)의 나라를 주어도 사양한다. 하지만 진정으로 명예를 좋아하는 사람이 아니면, 밥 한 그릇, 국 한 사발에도 그 본색이 얼굴에 드러나고 만다."

12. 禮義의 소중함

> 맹자왈 불신인현 즉국 공허 무례의즉상하난
> 孟子曰, 不信仁賢 則國이 空虛하고 無禮義則上下亂
> 무정사 즉재용 부족
> 하고 無政事 則財用이 不足하니라.

【解釋】 맹자가 말했다.

"인자하고 현명한 사람을 믿지 않으면 나라는 텅 비게 된다. 예의가 없으면 상하의 질서가 문란해진다. 정치가 바로 행해지지 않으면 재정이 부족해진다."

13. 一國과 天下

> 孟子曰, 不仁而得國者는 有之矣어니와 不仁而得天下는 未之有也니라.

【解釋】 맹자가 말했다.
"어질지 못한 사람이 나라를 얻는 경우는 있으나 어질지 못한 사람이 천하를 얻는 경우는 없다."

14. 백성의 귀중함

> 孟子曰, 民이 爲貴하고 社稷이 次之하고 君이 爲輕하니라. 是故로 得乎丘民이 而爲天子오 得乎天子 爲諸侯오 得乎諸侯 爲大夫니라.

諸侯가 危社稷하면 則變置하나니라. 犧牲이 旣成하며 粢盛이 旣潔하고 祭祀以時하되 然而旱乾水溢하면 則變置社稷하나니라.

【解釋】 맹자가 말했다.

"백성이 첫째로 귀중하며, 자식은 그 다음이고, 임금이 가장 가볍다. 이런 까닭에 백성*(丘民)에게 신임을 얻으면 천자가 되고, 천자의 신뢰를 받으면 제후가 되며, 제후의 신뢰를 받으면 대신이 된다. 사직을 위태롭게 하는 제후는 바꿀 수도 있고, 제사 지내는 짐승을 살찐 것으로 준비하고, 제사 곡식을 깨끗한 것으로 준비하여 제때에 제사를 올렸는데도 가뭄이 들고 홍수가 지면 사직을 바꿀 수도 있다."

15. 聖人은 百世의 스승

孟子曰, 聖人은 百世之師也니 伯夷柳下惠是也라. 故로 聞伯夷之風者는 頑夫廉하며 懦夫有立志하고 聞柳下惠之風者는 薄夫敦하며 鄙夫寬하나니 奮乎百世之上이어든 百世之下에 聞者莫不興起也하니 非聖人而能若是乎아. 而況於親炙之者乎아.

【解釋】 맹자가 말했다.

"성인은 백세의 스승이다. 백이(伯夷)와 유하혜(柳下惠)가 그러하다. 그런 까닭에 백이의 풍격을 들은 사람은 탐욕한 사람도 청렴해지고 나약한 사람도 뜻을 세우게 된다. 유하혜의 풍격을 들은 사람은 경박한 사람도 돈독해지고 속이 좁은 사람도 너그러워진다. 백세 전에도 분발하였는데 백세 후에도 듣는 자들은 분발하지 않는 이가 없다. 성인이 아니라면 어떻게 이와 같이 될 수 있겠느냐. 하물며 직접 가까이에서 모신 자들에게 있어서랴."

16. 仁과 道

> 맹자왈 인야자 인야 합이언지 도야
> 孟子曰, 仁也者는 人也니 合而言之하면 道也니라.

【解釋】 맹자가 말했다.
"어질다고 하는 것은 사람이 되라는 뜻이니 이것을 합쳐 말하여 도라고 한다."

17. 부모의 나라를 떠날 때

> 맹자왈 공자지거노 왈 지지 오행야 거부
> 孟子曰, 孔子之去魯에 曰, 遲遲라 吾行也여 하시니 去父
> 모국지도야 거제 접석이행 거타국지도야
> 母國之道也오 去齊에 接淅而行하시니 去他國之道也니라.

【解釋】 맹자가 말했다.

"공자께서 노나라를 떠날 때 '내 발걸음이 잘 떨어지지 않는구나.'라고 말씀했다 한다. 이것이 부모의 나라를 떠나는 도리이다. 그가 제나라를 떠날 때는 물에 담근 쌀을 건져가지고 밥을 짓다 말고 떠났다. 이것이 다른 나라를 떠날 때의 도리이다."

18. 陳·蔡에서의 재난

> 孟子曰, 君子之戹於陳蔡之間은 無上下之交也니라.
> (맹자왈, 군자지액어진채지간 무상하지교야)

【解釋】 맹자가 말했다.

"군자(공자를 말함)가 진(陳)나라와 채(蔡)나라 사이에서 재난을 당한 것은 서로가 교섭이 없었기 때문이다."

19. 誹謗

> 貉稽 曰, 稽 大不理於口하노이다. 孟子曰, 無傷也오
> 士 憎玆多口하오 詩云, 憂心悄悄어늘 慍于群小라 하니
> 孔子也시고 肆不殄厥慍하나 亦不隕厥問이라 하니 文王也이오.

【解釋】 맥계(貉稽)가 맹자에게 말했다.
"나는 사람들의 입에서 비난을 받고 있습니다."
"상심할 필요가 없다. 선비는 더 많이 비난을 받는 것이다. 《시경》에 〈답답한 마음 근심*(悄悄)에 차 있도다. 소인배들에게 성*(慍)냄을 받도다.〉 하였는데, 공자가 그러했다. 또 〈그들의 성냄을 없앨 길 없으나 내 명예*(問)를 떨어뜨리지는 않는다.〉 하였으니 문왕이 그러했다.

20. 지도자의 어제와 오늘

孟子曰, 賢者는 以其昭昭로 使人昭昭어늘 今엔 以其昏昏으로 使人昭昭로다.

【解釋】 맹자가 말했다.
"현명한 사람은 스스로의 높은 덕을 밝힌*(昭昭) 후에 백성들을 밝게 해주었다. 지금은 덕이 흐리면서도 백성들을 밝게 해주려고 한다."

21. 마음의 황야

孟子 謂高子曰, 山徑之蹊間이 介然用之而成路하고 爲間不用 則茅塞之矣나니 今에 茅塞子之心矣로다.

【解釋】 맹자가 고자(高子)에게 말했다.
"산 속의 좁은 길이라도 고정적으로*(介然)발자국을 따라 쉴 새 없이 다니면 길이 된다. 잠시 다니는 것을 그만두면 띠풀이 우거져 막혀 버리게 된다. 지금 그대의 마음에 띠풀이 우거져 있다."

22. 禹王의 음악

> 高子曰, 禹之聲이 尚文王之聲이로소이다. 孟子曰, 何以言之오 曰, 以追蠡니이다. 曰, 是奚足哉리오. 城門之軌 兩馬之力與아.

【解釋】 고자가 말했다.
"우 임금의 음악은 문왕의 음악 위에 있는가?"
맹자가 말했다.
"무엇을 가지고 그렇게 말할 수 있는가?"
"쇠종의 손잡이가 썩어가고*(蠡) 있기 때문이다."
"이것으로 어찌 족히 말할 수 있겠는가. 성문 밖의 궤도는 두 마리 말의 힘이라고 할 수 있겠는가."

23. 馮婦의 흉내

> 齊饑어늘 陳至秦이 曰, 國人이 皆以夫子로 將復爲發棠

이라 하니 殆不可復로소이다. 孟子曰, 是爲馮婦也로다. 晋人有
馮婦者 善搏虎하더니 卒爲善士하여 則之野할새 有衆이 逐
虎하니 虎負嵎어늘 莫之敢攖하여 望見馮婦하고 趨而迎之
한대 馮婦 攘臂下車하니 衆皆悅之하고 其爲士者는 笑之하니라.

【解釋】 제나라에 기근이 닥쳐왔다. 진진(陳臻)이 맹자에게 말했다. "나라 사람이 모두 선생께서 다시 당(棠)에 있는 곡식 창고를 열어 줄 것이라고 기대하고 있습니다. 다시 한번 그렇게 해주실 수 없습니까?" "그것은 풍부(馮婦)의 흉내를 내는 것이다. 진(晋)나라에 풍부라는 사람이 범을 잘 때려잡았다. 나중에 착한 선비가 되어 들에 나갔는데 여러 사람들이 범을 쫓고 있었다. 범은 산굽이를 등지고 앉았는지라 감히 가까이 가지 못하였다. 풍부를 보자 달려가서 맞아들였다. 풍부는 팔을 걷어붙이고 수레에서 내렸다. 여러 사람들이 모두 기뻐하였다. 그러나 뜻있는 선비들은 그를 비웃었다."

24. 本性과 天命

孟子曰, 口之於味也와 目之於色也와 耳之於聲也와 鼻
之於臭也와 四肢之於安佚也에 性也나 有命焉이라 君子 不
謂性也니라.

仁之於父子也와 義之於君臣也와 禮之於賓主也와 智之
於賢者也와 聖人之於天道也에 命也나 有性焉이라 君子
不謂命也니라.

【解釋】 맹자가 말했다.
"입으로는 맛을 보고, 눈으로는 아름다운 것을, 귀로는 음악을 듣고, 코로는 냄새를 맡으며 사지(四肢)가 편안해지고 싶은 것은 본성이다. 그러나 마음대로 안 되는 것이 천명이므로 군자는 본성이라고 일컫지 않는다. 부자 사이의 인(仁), 임금과 신하 사이의 의(義), 주인과 손(賓) 사이의 예(禮), 현명한 사람의 지혜, 성인의 천도(天道), 이것을 얻고 못 얻는 것도 천명임에는 틀림없다. 그러나 인의예지란 것은 밖으로부터 얻어지는 것이 아니고 인간의 본성에 뿌리를 박고 있는 것이므로, 군자는 이것을 천명이라고는 생각지 않는다."

25. 善과 信

浩生不害 問曰, 樂正子는 何人也이꼬. 孟子曰, 善人
也며 信人也이오.
何謂善이며 何謂信이꼬. 曰, 可欲之謂善이오 有諸己之
謂信이오 充實之謂美오 充實而有光輝之謂大오 大而化之

盡心章句 下 391

> 지위성　　　성이불가지지지위신　　악정자　　이지중
> 之謂聖이오 聖而不可知之之謂神이니 樂正子는 二之中이
> 　사지하야
> 오 四之下也이오.

【解釋】 호생불해(浩生不害)가 맹자에게 물었다.
"악정자(樂正子)는 어떤 사람입니까?"
"착한 사람이다. 믿음이 두터운 사람이다."
"무엇을 착하다 하고 무엇을 믿음이라고 합니까?"
"본성이 바라는 대로 하는 것을 선이라 하고*(可欲之謂善), 착한 것을 몸에 지니고 있는 것을 미덥다고 하고, 몸에 지닌 것을 충실케 하는 것을 아름답다고 하고, 충실케 하여 빛나는 것을 위대하다고 하며, 위대하여 남을 감화시키는 것을 성스럽다고 하고, 성스러워서 알 수 없는 것을 신이라 한다. 악정자는 여섯 가지 중 앞의 두 가지 가운데에 있으며 뒤의 네 가지 아래에 있다*(二之中四之下也)."

26. 오는 것은 받아들이자

> 맹자왈　도묵　　　필귀어양　　도양　　　필귀어유
> 孟子曰, 逃墨이면 必歸於楊이오 逃楊이면 必歸於儒니
> 귀　　　사수지이이의　　　　금지여양묵변자　　　여추방돈
> 歸커든 斯受之而已矣니라. 今之與楊墨辯者는 如追放豚하
> 　　기입기립　　　　　　우종이초지
> 니 旣入其苙이어든 又從而招之로다.

【解釋】 맹자가 말했다.
"묵자(墨子)에게서 도망쳐 나오면 반드시 양주(楊朱)에게 귀의하고,

양주에게서 도망쳐 나오면 반드시 유가(儒家)로 돌아온다. 귀의하여 오면 받아들일 뿐이다. 요즈음의 양·묵(楊墨)과 변론을 벌이는 자는 도망친 돼지를 쫓는 것과 같다. 이미 우리 속에 들어갔는데도 다시 따라가 끈으로 묶는 것과 같다."

27. 세 가지 세금

孟子曰, 有布縷之征과 粟米之征과 力役之征하니 君子 用其一이오 緩其二니 用其二면 而民이 有殍하고 用其三이면 而父子離니라.

【解釋】 맹자가 말했다.

"직물로 받는 세금, 곡식으로 받는 세금, 노동력으로 받는 세금의 세 가지가 있다. 군자는 그 중의 하나만 쓰고 나머지 두 가지는 완화하여 준다. 두 가지를 적용하면 굶주리는 백성이 생기고, 세 가지를 적용하면 부자간이 이별하게 된다."

28. 세 가지 보물

孟子曰, 諸侯之寶 三이니 土地와 人民과 政事요 寶珠

　　옥 자　　앙 필 급 신
　　玉者는 殃必及身이니라.

【解釋】 맹자가 말했다.

"제후에게는 세 가지 보물이 있다. 토지, 인민, 정사(政事)이다. 주옥만을 보물로 여기는 자는 반드시 그 몸에 재앙이 미친다."

29. 살해당한 조건

　　분 성 괄　　사 어 제　　　맹 자 왈　　사 의　　　분 성 괄　　분
　　盆成括이 仕於齊러니 孟子曰, 死矣로다 盆成括이여. 盆
　　성 괄　 견 살　　　문 인　　문 왈　　부 자　하 이 지 기 장 견 살
　　成括이 見殺이어늘 門人이 問曰, 夫子 何以知其將見殺이
　　　　　왈　 기 위 인 야　 소 유 재　 미 문 군 자 지 대 도 야　　즉
　　시니꼬. 曰, 其爲人也 小有才오 未聞君子之大道也하니 則
　　족 이 살 기 구 이 이 의
　　足以殺其軀而已矣니라.

【解釋】 분성괄(盆成括)이라는 사람이 제나라에서 벼슬을 살았다.

"분성괄은 이제 죽을 것이다."

분성괄이 살해되는 것을 보고 문인들이 물었다.

"선생께서는 어찌 그가 장차 죽을 것을 알았습니까?"

"그 사람의 인품은 소인이나 재주가 있는데, 군자의 대도(大道)를 들어보지를 못하였으니, 이만하면 그 몸을 죽이기에 족할 따름이다."

30. 오는 것을 막지 말라

> 孟子ㅣ 之滕하사 館於上宮이러시니 有業屨於牖上이러니 館
> 人이 求之弗得하다. 或이 問之曰, 若是乎從者之廋也여.
> 曰, 子以是로 爲竊屨來與아. 曰, 殆非也라. 夫子之設科
> 也는 往者를 不追하며 來者를 不拒하사 苟以是心으로 至커
> 든 斯受之而已矣시니라.

【解釋】 맹자가 등(滕)나라 이궁(離宮)에 거처를 정하고 있을 때이다. 창살 위에 삼던 짚신이 놓여 있었는데, 여관 주인이 찾았으나 보이지를 않았다. 어떤 사람이 물어 말하기를 "그런 짓까지 하는가. 선생을 따라온 사람이 훔친 것*(廋)이다." 하였다.

"그대는 신을 훔치러 그 사람을 데리고 온 줄 아는가."

"그렇지야 않겠지요."

"나는 과목을 설정하고 가르치는 데에 가는 사람을 붙들지도 않고 오는 자를 거절하지도 않았다. 진실로 배우고자 하는 마음으로 오기만 하면 그를 받아들일 뿐이다."

31. 仁과 義

孟子曰, 人皆有所不忍하니 達之於其所忍이면 仁也오
人皆有所不爲하니 達之於其所爲면 義也니라.
人能充無欲害人之心이면 而仁을 不可勝用也며 人能充
無穿踰之心이면 而義를 不可勝用也니라. 人能充無受爾汝
之實이면 無所往而不爲義也니라.
士 未可以言而言이면 是는 以言餂之也오 可以言而不
言이면 是는 以不言餂之也니 是皆穿踰之類也니라.

【解釋】 맹자가 말했다.

"사람은 누구나 참지 못하는 면이 있다. 이것을 참는 데까지 미루어 가는 것이 인(仁)이다. 사실은 누구나 다 함부로 하지 않는 면이 있다. 이것을 함부로 하는 면으로 미루어가는 것이 의(義)이다. 사람은 남을 해치지 않는 마음을 가득하게 하면 인을 쓰고도 남을 것이요, 사람은 벽을 뚫거나 담을 뛰어넘는 짓을 하지 않는 마음이 가득하면 의를 쓰고도 남을 것이다. 사람이 너, 나 하고 서로가 다투는 것이 없는 행실로 가득 차면 무슨 일을 하든 의가 되지 않는 것이 없을 것이다. 선비가 말을 해서는 안 되는데 말을 하면 이것은 말함으로써 빼앗아오는*(餂) 것이요, 말을 해야 할 때 말을 하지 않으면 이것은 말을 하지 않음으로써 빼앗아오는 것이다. 이런 것들은 다 담을 넘거나 벽을 뚫는 것과 같은 종류이다."

32. 善言과 善道

孟子曰, 言近而指遠者는 善言也오 守約而施博者는 善道也니 君子之言也는 不下帶而道存焉이니라. 君子之守는 脩其身而天下平이니라. 人病은 舍其田而芸人之田이니 所求於人者 重이오 而所以自任者 輕이니라.

【解釋】 맹자가 말했다.

"누구나 알아들을 수 있는 말로서 그 가진 바 뜻이 깊은 것은 착한 말이다. 누구나 실천할 수 있는 일로 베풀어짐이 큰 것은 착한 길이다. 군자는 마음 속에 있는 그대로를 말한다. 그러나 거기에는 깊은 진리가 깃들어 있다. 그러기에 군자가 자기 수양에 전념함으로써 천하는 절로 화평해지게 된다. 사람의 병폐는 내 집 밭은 돌아보지도 않고, 남의 집 밭에 풀난 것만 뽑아 주려는 데 있다. 이것은 구하는 것만을 중하게 여기고 자기의 책임은 가볍게 여기기 때문이다."

33. 행하고 운명을 기다린다

孟子曰, 堯舜은 性者也오 湯武는 反之也니라. 動容周旋이 中禮者는 盛德之至也니 哭死而哀 非爲生者也며 經德不回 非以干祿也며 言語必信이 非以正行也니라. 君子는 行法하여 以俟命而已矣니라.

【解釋】 맹자가 말했다.
"요 임금이나 순 임금은 본성대로 하고 탕왕이나 무왕은 본성을 어긴 것이다. 몸을 움직이는 것이 그대로 예에 들어맞는 것은 성덕(盛德)이 지극한 것이다. 죽은 사람 앞에서 곡을 하고 슬퍼하는 것은 산 자를 위해서가 아니다. 덕을 행하여*(經德) 어기지 않는 것은 녹을 구하려고 함이 아니다. 말을 하여도 반드시 믿음이 있는 것은 바르게 행동하기 위해서가 아니다. 군자는 하늘의 법을 행하고 천명을 기다릴 뿐이다."

34. 權勢를 어리석게 봐라

孟子曰, 說大人則藐之하여 勿視其巍巍然이니라.

당고수인과 최제수척을 我 득지라도 弗爲也며 식전방
堂高數仞과 榱題數尺을 我 得志라도 弗爲也며 食前方
장과 시첩수백인을 아득지라도 불위야며 반락음주와 구빙
丈과 侍妾數百人을 我 得志라도 弗爲也며 般樂飮酒와 驅騁
전렵과 후거천승을 아득지라도 불위야니 재피자는 개아
田獵과 後車千乘을 我 得志라도 弗爲也니 在彼者는 皆我
소불위야오 재아자는 개고지제야니 오하외피재리오.
所不爲也오 在我者는 皆古之制也니 吾何畏彼哉리오.

【解釋】 맹자가 말했다.

"대인을 설득할 때에는 가볍게 여기고 부귀와 위세 있는 모습을 보아서는 안 된다. 집의 높이가 여러 길이 되고 서까래 머리가 여러 자가 되는 집엔 나는 뜻을 얻어 출세하였다 해도 살지는 않는다. 음식을 차린 밥상이 사방 열 자나 되고 시녀와 첩들이 수백 명이 되는 호사는 나는 뜻을 얻어 출세를 하였더라도 하지는 않는다. 술을 마시며 즐기고, 말을 달려 사냥하고, 따르는 수레가 천 대가 되더라도 나는 뜻을 얻어 출세를 해도 그런 것은 하지는 않는다. 그들 권세있는 자들이 하는 일은 다 내가 하지 않는 것들이다. 내가 하는 것들은 옛사람들의 제도이다. 무엇 때문에 그들이 두렵겠느냐."

35. 寡欲

맹자왈, 양심이 막선어과욕하니 기위인야 과욕이면 수
孟子曰, 養心이 莫善於寡欲하니 其爲人也 寡欲이면 雖
유부존언자라도 과의오 기위인야 다욕이면 수유존언자
有不存焉者라도 寡矣오 其爲人也 多欲이면 雖有存焉者
라도 과의니라.
라도 寡矣니라.

【解釋】 맹자가 말했다.
"마음을 기르는 데에는 욕심을 적게 가지는 것보다 더 좋은 것이 없다. 욕심이 적은 사람으로 비록 양심을 보존하지 않은 일이 있다고 하더라도 극히 적을 것이다. 사람이 욕심이 많으면 비록 양심을 보존하는 일이 있다고 하더라도 극히 적을 것이다."

36. 불고기와 검은 대추

> 曾晳이 嗜羊棗러니 而曾子 不忍食羊棗하시니라.
> 公孫丑 問曰, 膾炙與羊棗 孰美이꼬? 孟子曰, 膾炙哉인저.
> 公孫丑曰, 然則曾子는 何爲食膾炙 而不食羊棗시니이꼬? 曰, 膾炙는 所同也오 羊棗는 所獨也니 諱名不諱姓하나니 姓은 所同也오 名은 所獨也일새니라.

【解釋】 증석(曾晳)이 검은 대추를 먹기 좋아하였으므로, 증자는 검은 대추를 차마 먹을 수 없었다.
공손추가 물었다.
"불고기와 검은 대추 중 어느 것이 더 맛이 있겠습니까?"
맹자가 말했다.
"불고기이다."
공손추가 말했다.
"그러면 증자는 왜 불고기는 먹고 검은 대추는 먹지 않았습니까?"

"불고기는 다 같이 먹기 좋아하는 것이고 검은 대추는 홀로 즐기는 것이기 때문이다. 그것은 마치 어른의 이름을 부르는 것은 꺼리고 성은 꺼리지 않는 것과 같다. 성은 다 같이 쓰는 것이요, 이름은 혼자만이 쓰는 것이기 때문이다."

37. 나쁜 자를 미워한다

萬章이 問曰, 孔子 在陳하사 曰, 盍歸乎來리오 吾黨
之士 狂簡하여 進取하되 不忘其初라 하시니 孔子 在陳하사
何思魯之狂士시니이꼬.

孟子曰, 孔子 不得中道而與之인댄 必也狂獧乎인저.
狂者는 進取요 獧者는 有所不爲也라 하시니 孔子 豈不欲中
道哉시리오마는 不可必得故로 思其次也시니라.

敢問何如라야 斯可謂狂矣니이꼬. 曰, 如琴張曾晳牧皮
者 孔子之所謂狂矣니라.

何以謂之狂也니이꼬. 曰, 其志 嘐嘐然 曰, 古之人古
之人이여 하되 夷考其行而不掩焉者也니라.

狂者를 又不可得이어든 欲得不屑不潔之士而與之하시니

시 견야   시 우기 차야
是 獧也니 是 又其次也니라.

　　　　공자왈　과아문이불입아실　　　　아불감언자　　기유
　　　　孔子曰, 過我門而不入我室이라도 我不憾焉者는 其惟
향원호　　　향원 덕지적야　　　　　왈　하여　　사가위
鄕原乎인저. 鄕原은 德之賊也라 하시니 曰, 何如라야 斯可謂
지향원의
之鄕原矣니이꼬.

　　　왈　하이시효효야　　언불고행　　　행불고언　　즉
　　　曰, 何以是嘐嘐也하여 言不顧行하며 行不顧言이오. 則
왈　고지인고지인　　　행하위우우량량　　　　생사세야
曰, 古之人古之人이라 하며 行何爲踽踽涼涼이리오 生斯世也
　위사세야　　　선사가의　　　엄연미어세야자 시향원
라 爲斯世也하여 善斯可矣라 하여 閹然媚於世也者 是鄕原
야
也니라.

　　　만장　왈　일향　개칭원인언　　무소왕이불위원인
　　　萬章이 曰, 一鄕이 皆稱原人焉이면 無所往而不爲原人
　　　　공자 이위덕지적　하재
이어늘 孔子 以爲德之賊은 何哉이꼬.

　　　왈　비지무거야　자지무자야　　동호류속　　합호
　　　曰, 非之無擧也오 刺之無刺也하여 同乎流俗하며 合乎
오세　　거지사충신　　　행지사렴결　　중개열지
汙世하여 居之似忠信하며 行之似廉潔하여 衆皆悅之어든
자이위시 이불가여입요순지도　고　왈　덕지적야
自以爲是 而不可與入堯舜之道니 故로 曰, 德之賊也라
하시니라.

　　　공자왈　오사이비자　　　오유　공기란묘야　　오녕
　　　孔子曰, 惡似而非者하노니 惡莠는 恐其亂苗也오 惡佞
　　공기란의야　　오리구　공기란신야　　오정성　공기란
은 恐其亂義也오 惡利口는 恐其亂信也오 惡鄭聲은 恐其亂
악야　　오자　공기란주야　　오향원　공기란덕야
樂也오 惡紫는 恐其亂朱也오 惡鄕原은 恐其亂德也라 하시니

> 군자   반경이이의   경정즉서민   흥   서민   흥
> 라. 君子 反經而已矣니 經正則庶民이 興하고 庶民이 興이
>   사무사특의
> 면 斯無邪慝矣라.

【解釋】 만장(萬章)이 물었다.
"공자께서 진(陳)나라에 계실 때에 말하기를 '어떻게 돌아가지 않을 수 있겠는가. 내 고장 문인(門人)들은 광간*(狂簡)하여 진취적이고 그 초지를 잊지 않는다.'라고 말씀하셨는데, 공자께서는 진나라에 계시면서 무엇 때문에 노나라의 광사(狂士)들을 생각하셨을까요?"
맹자가 말했다.
"공자께서는 중용을 하는 사람을 얻어서 함께 하지 못하면 반드시 광견(狂獧)을 구하겠다고 하셨다. 광자는 진취적이고 견자는 이것만은 하지 말자는 지조가 있다. 공자인들 어찌 중용을 걷는 자를 원하지 않았겠는가. 반드시 얻을 수 있다는 것이 없는 까닭에 그 다음을 생각한 것이다."
"감히 물어보겠사온데 어떤 것을 광(狂)이라고 합니까?"
"금장(琴張), 증석(曾晳), 목피(牧皮) 같은 자들이 공자께서 말하는 광자일 것이다."
"어째서 그들을 광이라고 합니까?"
"그들은 뜻은 커서 '옛사람이여, 옛사람이여!'하나 그들의 행동을 살펴보면 행동을 아주 쉽게 생각하고 그 행동이 말을 덮어 주지 못하고 있는 자들이다. 이런 광자도 또한 얻지 못하면 불결한 행동을 더럽게 여기는 선비를 얻어서 같이하려고 했다. 이것이 견(獧)이다. 이것은 광의 다음에 오는 것이다."
"공자께서 말하기를 '내 앞을 지나면서 내 집으로 들어오지 않는 것을 내가 유감스럽게 여기지 않는 자는 향원(鄕原)뿐이리라. 향원은 덕(德)의 적이다.' 하였습니다. 어떠한 것을 향원이라고 합니까?"
"무엇 때문에 뜻은 크다고 자랑하면서 말은 행동을 돌보지 않고 행동은 말을 돌보지 않느냐. 그러면서도 늘 '옛사람이여, 옛사람이여!'

라고 말한다. 또 견자를 비난하여 '행동이 왜 그렇게도 혼자 떨어져 나와 사람들과 친하지 않고 쌀쌀한가. 이 세상에 태어난 이상 이 세상 사람이 되어야 한다. 이 세상에서 잘 생각해 주면 되지 않겠는가?'라고 하며 크게 세상에 아첨하는 것이 향원이다."

만장이 말했다.

"한 고을 사람이 모두가 그 사람을 일컫기를 원만한 사람이라고 한다면 어디를 가더라도 원만한 사람이 아닐 수 없습니다. 그런데도 공자께서 덕의 적이라고 한 것은 어찌된 일입니까?"

"비난하려 해도 비난할 것이 없고, 잘못을 공격하려고 해도 잘못이 없다. 유속(流俗)과 동조하고 더러운 세상과 합류하여, 앉아 있는 것은 신의가 있는 듯하며 행동하는 것은 청렴결백한 듯해서 많은 사람들이 모두 그를 좋아한다. 스스로도 그것이 옳다고 생각하는데, 그러한 사람과는 함께 요 임금이나 순 임금의 도에 들어 갈 수 없다. 그러므로 덕의 적이라고 하는 것이다. 공자께서 '사이비한 사람을 미워한다. 잡초를 미워하는 것은 모종과 혼동될까 두려워서이고, 말을 잘 둘러대는 자를 미워하는 것은 의를 어지럽힐까 두려워서이다. 말주변이 좋은 자를 미워하는 것은 그자가 신용을 어지럽힐까 두려워서이다. 정(鄭)나라의 음악을 미워하는 것은 그것이 정악(正樂)을 어지럽힐까 두려워서요, 자주빛을 미워하는 것은 그것이 붉은빛을 어지럽힐까 두려워서이다. 향원을 미워하는 것은 그가 덕을 어지럽힐까 두려워서이다.'라고 하셨다. 군자는 인의예지의 상도(常道)로 돌아갈 뿐이다. 상도가 바르면 서민들도 선에 감흥하여 일어설 것이며, 서민들이 선에 감흥하여 일어서면 사특(邪慝)한 것이 없어진다."

38. 使命感

<u>맹자왈</u> <u>유요순지어탕</u> <u>오백유여세</u> <u>약우고요즉견</u>
孟子曰, 由堯舜至於湯이 五百有餘歲니 若禹皐陶則見

이지지　　　　약 탕 즉 문 이 지 지
而知之하고　若湯則聞而知之하니라.
　　　　유 탕 지 어 문 왕　　오 백 유 여 세　　약 이 윤 내 주　　즉 견 이 지
　　　　由湯至於文王이 五百有餘歲니 若伊尹萊朱 則見而知
지　　　약 문 왕 즉 문 이 지 지
之하고　若文王則聞而知之하니라.
　　　　유 문 왕 지 어 공 자　　오 백 유 여 세　　약 태 공 망 산 의 생 즉 견
　　　　由文王至於孔子 五百有餘歲니 若太公望散宜生則見
이 지 지　　　약 공 자　　즉 문 이 지 지　　　　　유 공 자 이 래　　　지
而知之하고　若孔子 則聞而知之하시니라. 由孔子而來로 至
어 금　　백 유 여 세　　거 성 인 지 세　　약 차 기 미 원 야　　근 성 인
於今이 百有餘歲니 去聖人之世 若此其未遠也며 近聖人
지 거　　약 차 기 심 야　　　연 이 무 유 호　　　　즉 역 무 유 호 이
之居 若此其甚也로되 然而無有乎爾하니 則亦無有乎爾
로다.

【解釋】 맹자가 말했다.

"요 임금·순 임금으로부터 탕왕에 이르기까지 5백여 년의 세월, 우 임금이나 고요(皐陶) 같은 사람은 보고서 알았고, 탕왕은 들어서 알았다.

탕왕으로부터 문왕에 이르기까지 5백여 년, 이윤(伊尹)이나 내주(萊朱)는 보고서 알았고, 문왕은 들어서 알았다. 문왕으로부터 공자에 이르기까지 5백여 년, 태공망(太公望)이나 산의생(散宜生)은 보고서 알았고 공자는 들어서 알았다.

공자로부터 지금에 이르기까지 백여 년, 성인이 살던 시대에서 아직 그리 먼 뒷날은 아니다. 성인이 살던 곳에서 이토록 가깝건만 그런데도 공자의 가르침을 아는 사람이 없다. 앞으로 역시 가르침을 듣고서 알 사람이 없을 것이다."

〔註釋〕 *舜之飯糗茹草也 飯과 茹는 먹는다는 뜻. 糗는 마른 밥.
*一間 자기 손으로 하는 것과 별 차이가 없다.
*周于利者 周는 풍족, 利는 곡식을 말함.
*丘民 衆民. 백성.
*悄悄 근심하는 것.
*慍 성냄.
*問 명예.
*昭昭 높은 덕을 밝힘.

*介然 '고정으로 변함없이'의 뜻.
*蠹 벌레가 나무를 파먹는 것.
*可欲之謂善 본성이 바라는 대로 하는 것은 선이다.
*二之中四之下 둘 가운데 있고 넷 아래에 있다.
*廋 훔치는 것.
*餂 빼앗아 온다.
*經德 덕을 행하는 것.
*狂簡 뜻은 크고 사무에는 간략한 것.

東洋古典百選·④
孟　子

譯解者：金　文　海
發行者：南　　溶
發行所：一信書籍出版社

주소：1̲2̲1̲-1̲1̲0̲
　　　서울 마포구 신수동 177-3
등록：1969. 9. 12. NO. 10-70
전화：영업부 / 703-3001~6
　　　편집부 / 703-3007~8
　　　F A X / 703-3009
ⓒ ILSIN PUBLISHING Co. 990.

값 14,000원　　＊파본된 책은 바꿔 드립니다.